河南省哲学社会科学规划年度项目《中原汉画舞蹈图像的动态美研究》（项目编号：2022BYS032）的阶段研究成果。

汉画的文化背景与艺术功能

邹 玮 著

吉林文史出版社

图书在版编目（CIP）数据

汉画的文化背景与艺术功能 / 邹玮著 . — 长春：
吉林文史出版社，2024. 6. — ISBN 978-7-5752-0326-5

Ⅰ. K879.424

中国国家版本馆 CIP 数据核字第 202425VG45 号

汉画的文化背景与艺术功能

HAN HUA DE WENHUA BEIJING YU YISHU GONGNENG

著　　者：邹　玮
责任编辑：靳宇婷
出版发行：吉林文史出版社
电　　话：0431-81629359
地　　址：长春市福祉大路 5788 号
邮　　编：130117
网　　址：www.jlws.com.cn
印　　刷：河北万卷印刷有限公司
开　　本：710mm×1000mm　1/16
印　　张：16.25
字　　数：240 千字
版　　次：2024 年 6 月第 1 版
印　　次：2024 年 6 月第 1 次印刷
书　　号：ISBN 978-7-5752-0326-5
定　　价：98.00 元

前　言

汉代，以其辉煌灿烂的文化和深远的历史影响显得格外璀璨。继秦朝后，汉朝开启了中华民族历史的新篇章。在这个时期，儒家文化成为主流，科技发达，汉文化圈正式形成，推动了整个社会的全面进步。

汉画，作为时代的艺术瑰宝，承载了丰富的文化内涵和民族特色。这种艺术形式不仅仅局限于画像石、画像砖或墓室壁画，更扩展至帛画与器物画。在河南、山东、江苏、四川、陕西等地，汉画都留下了浓墨重彩的一笔，成为留给后世子孙的宝贵的非物质文化遗产。

《汉画的文化背景与艺术功能》便是对这一艺术珍宝的深入探索和综合研究，旨在全面呈现汉画的艺术特色、文化价值和时代意义，以及其在当代的持续影响。通过对汉画的基本概念和风格特征的深入解析，为读者揭开汉画艺术的神秘面纱，展现汉代艺术家高超的技艺和独到的创新视角。

艺术的诞生与发展总是与其时代背景紧密相连，汉画也不例外。它的形成和发展深受汉代政治、经济、文化和习俗的影响，这些社会背景为汉画的兴盛提供了坚实的物质和精神支持，从画像石到画像砖，从壁画到帛画，再到漆器和玉器，汉画艺术正是汉代社会生活的充分体现。

汉画的题材广泛，内容丰富，涵盖了天文、神话、历史故事、日常生活等诸多领域，不仅展示了汉代人民的生活状态和思想情感，还反映了当时的社会文化趋势和审美标准。这些丰富的题材使汉画成为理解汉代社会的一扇窗口，让我们得以洞察那个时代的精神世界。由此，本书则不仅深入探讨了汉画的宇宙观念和美学价值，还关注了汉代哲学思想与汉画艺术的相互作用。

在当今时代，汉画的影响力依然深远。无论是在考古学的研究，还是在现代艺术领域的应用，抑或是在收藏与传播上，汉画均展现出其作为文化遗产的持久魅力和价值。这部书不仅是对汉画艺术的研究，更是对整个汉代文化的一次深刻反思和回顾。

在汉画世界里，有大漠孤烟的壮阔，有昭君出塞的哀愁；有铁骑长驱的气势，有宫廷密斗的险恶；有农事耕作的辛劳，有百戏宴乐的欢愉……

通过这些生动的画面，我们仿佛穿越时空，亲身感受了大汉国 400 年的历史风云——

这是一次感官与心灵的旅程；

这是一次探索中国古代艺术瑰宝的深刻体验。

2023.12.

目　录

第一章　汉画的初探与研究

第一节　汉画的定义和分类

一、汉画的定义

在学术界中，对"汉画"的理解往往局限于汉画像石和画像砖艺术，其中一些专家更倾向于将"汉画"专指汉画像石艺术。而实际上，包括画像石、画像砖在内的汉代艺术作品，如汉代铜镜、瓦当及陶瓷等，其制作技巧主要是雕刻和模印，这些作品在艺术形式上主要以浮雕和雕塑呈现，与现代人所理解的"绘画"在本质上有所不同。因此，我们可以从广义和狭义来理解它的含义。

广义的汉画包括了汉代的多种绘画形式。其中不仅包括画像石和画像砖，还涵盖了墓室壁画、帛画及画在其他材料上的绘画。这些作品在内容和形式上都极为丰富，反映了汉代的社会生活、文化习俗和宗教信仰。

狭义的汉画主要指汉代的画像石，也包括画像砖。画像石和画像砖因其数量众多、内容丰富，以及在表现手法上的成熟而被特别关注。画像石不仅仅是绘画作品，还与建筑、雕塑和装饰艺术紧密结合，显示一种综合性的艺术形式。它们通常通过拓印的方式复制，形式上类似于版画。如图 1-1-1：

图 1-1-1　汉画像石

"汉画"应该是以"雕、印、画相济"等造型技法创造的，以画像石与画像砖为主体，以汉代帛画、壁画、漆画及青铜文化、陶瓷文化、瓦当等历史遗存为辅的造型艺术品，并不是纯粹意义上的绘画作品，也不完全属于传统的雕塑范畴，而是一个融合了绘画、雕塑、工艺美术，甚至建筑等多种造型艺术形式的综合体。

二、汉画的分类

依据造型艺术手法对汉画艺术进行分类，我们可以将其分为四大类：

（一）雕绘相结合的造型艺术

雕绘相结合的造型艺术，是汉画艺术的一个重要分类，特别体现在画像石艺术、汉代玉器和肖形印章的篆刻艺术上。这些作品以雕刻为基础，通过精细的雕工勾勒形象和纹饰，同时引入绘画元素，增加了作品的层次和美感。这种艺术形式的创作不仅展现了汉代艺术家的高超技巧，也反映了当时社会文化的复杂性。在汉代玉器和肖形印章中，这种雕绘融合尤为突出，展示了古代艺术家在传统雕刻中融入绘画技巧的创新尝试。

（二）模印造型艺术

模印造型艺术是汉画艺术的又一重要类别，以使用模具来创作艺术品为其主要特征。这类艺术作品广泛包含汉画像砖、瓦当、泥封、铜镜、摇钱树及部分陶灶等。在制作过程中，艺术家利用预制的模具来形成这些作品的基本外形和纹理，使得艺术品具有统一性且复制性的特点。这种模印技术在汉代艺术中被广泛应用，不仅体现了当时制作工艺的高效性，也展现了汉代艺术风格的独特魅力。通过模印造型艺术，我们能够更深入地理解汉代社会的文化特色和艺术审美。如图 1-1-2：

图 1-1-2 汉"千秋万岁"瓦当（汉长城遗址采集）

（三）绘画造型艺术

这一类别包括帛画、壁画和漆画等艺术作品。这类艺术作品完全依赖于绘画技术来创造图像和场景。如图 1-1-3：

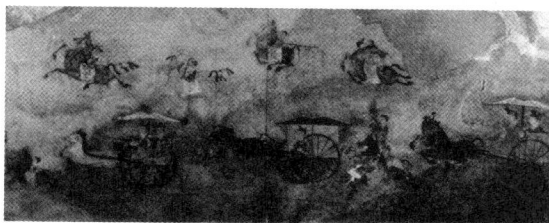

图 1-1-3 辽阳汉魏壁画《车骑出行图》（局部）

（四）塑绘相结合的造型艺术

绘画造型艺术是汉画艺术中的一个关键类别，涵盖了帛画、壁画和漆画等作品。这些艺术作品完全依赖于绘画技术来创造和呈现图像与场景。这种艺术形式突出了画面的视觉表达，通过精致的线条、色彩和细节来展现汉代的生活、历史和神话故事。它们不仅是视觉艺术的代表，也是研究古代中国社会和文化的重要窗口。如图1-1-4：

图1-1-4　汉代陶俑

通过这种分类，我们可以看到汉画艺术在造型手法上的多样性和丰富性，每种类别都有其独特的艺术表现形式和技术特点，共同构成了汉代艺术的丰富多彩的画面。

第二节　汉画的风格特征

一、汉画常见主题和内容

（一）汉画表现的主题

汉画的主题体现了汉代社会的宗教观念、对自然世界的理解以及对日常生活的热爱。现存的汉代绘画作品，多数出土自墓室壁画和帛画，其中反映了丰富的主题内容。

1. 天文与历史主题

汉画中的天文与历史主题主要体现在画像石和画像砖上。这些作品不仅展现了神话故事，还生动地描绘了天文现象、历史事件和战争场景。通过这些图像，我们可以窥见汉代人对宇宙和天文的认知，以及对重大历史事件和战争的记录。不仅是艺术表达，也是汉代天文知识和社会历史的重要见证，反映了当时人们对于自然界和人类历史的深刻理解和关注。

2. 日常生活与乐舞主题

汉画中的日常生活与乐舞主题生动地展现了汉代的社会生活和文化习俗。这些作品描绘了丰收景象、狩猎活动、戏曲表演，以及庖厨生活等日常场景，通过这些细致入微的描述，不仅展现了汉代人民生活的丰富多彩，还反映了当时社会的风俗和文化特色。这些主题的艺术表现为我们提供了一扇窗口，使我们得以深入理解汉代社会的日常生活和民间艺术形式。

汉代艺术在表现手法上并非简单地追求神灵的威严或主宰，而是更多地关注人类对客观世界的征服和对世间生活的热爱。这种艺术风格和美学基调展现了一种愉快、乐观、积极和开朗的情感，与原始艺术中神灵主宰的概念形成鲜明对比。总体来看，汉画作品不仅全面、细致地描绘了当时的生活场景，也反映了汉代人对物质世界和自然的深刻理解以及对美好生活的向往和追求。

（二）汉画表现的内容

汉画在内容上展现了汉代社会生活的多样性和丰富性，涵盖了广泛的题材和场景。

1. 社会生活与日常活动

这一类别的汉画描绘了汉代官吏、奴仆的生活场景、宴饮、借贷及贿赂等社会现象。通过这些细致的描绘，画作生动地展示了汉代社会的结构和日常生活，反映了当时社会风俗和人民生活的多样性，为我们提供了深入了解汉代社会风貌的窗口。

2. 文化与艺术

汉画在这一类别中展示了丰富的文化生活和艺术形式，如学术讲学、乐舞表演和戏曲等。这些作品不仅揭示了汉代的文化艺术水平，也显示了当时社会的文化多元性和艺术发展的成熟度，反映了汉代人民对文化艺术的重视和追求。

3. 建筑与交通

在这类汉画中，可以看到汉代建筑风格和交通工具的详细描绘，包括各式建筑物和车马出行的场景。这些绘画作品为我们提供了认识古代中国建筑艺术和交通方式的独特视角，展示了汉代建筑和交通技术的发展水平。如图1-2-1：

图 1-2-1　出行图（鲁迅藏汉画像石拓本）

4. 体育与娱乐

这一类汉画展现了汉代人民在体育活动和休闲娱乐方面的多样性。从格斗、健身运动到斗兽表演，这些汉画不仅反映了当时的体育文化和休闲生活方式，而且揭示了汉代社会对体育和娱乐的重视。通过这些生动的描绘，我们可以窥见汉代人民的生活态度和文化习惯，感受到一个活力四射、享乐生活的时代氛围。

5. 宗教信仰与神话

这类作品深入探讨了汉画中的宗教与神话元素。通过描绘羽化升仙、星象占卜、丧葬仪式等主题，这些作品揭示了汉代人民对宇宙、生命及死后世界的深刻理解和丰富想象。这些汉画不仅是视觉艺术的展现，更是汉代宗教观念和哲学思想的重要体现，为我们理解那个时代的文化和信仰提供了珍贵的视角。

6.历史与传说

这类作品通过汉画展现了汉代的历史叙事和传统美德。这些作品生动描绘了历史事件、忠臣义士、孝子烈女等主题，不仅记录了那个时代的重大历史时刻，还传达了汉代社会的价值观和道德标准。这些汉画不只是历史的见证，它们还对后世产生了深远的文化影响，成为理解汉代社会和文化的重要窗口。

7.科技与农业

汉画在这一类别中展示了汉代的农业技术、盐煮工艺及军事装备等，体现了汉代在科技和农业方面的成就。这些内容不仅展示了当时的生产力水平，也反映了汉代科技发展的成熟度和创新能力。

这些类别涵盖了汉代社会生活的各个方面，从政治到文化，从日常生活到宗教信仰，展现了一个多层面的汉代社会全景。通过这些绘画作品，我们能更加深入地理解汉代的历史背景和文化特色。

二、汉画的色彩和技法

（一）汉画的黑白色彩审美与文化意蕴

谈到中国画的色彩，必然要先从黑白谈起[①]。汉画的色彩观以黑白为主，深受中国传统文化中阴阳、五行思想的影响。在汉画中，黑色不仅是一种颜色，更是一种重要的艺术语言，用于表达画面的虚实关系、形神特征及构图平衡。这种黑白审美在历史上具有悠久传统，从新石器时代的黑陶到秦代的墨书文字，均体现了黑色在中国文化中的重要地位。汉代人对黑色与朱红的偏爱反映了当时的审美趋势和政治影响，早在秦始皇统一六国后，黑色便成了正色。

在汉画中，黑色的艺术表现不仅限于线条和形态，还在构图和主题上

---

① 中国画色彩的基本观念可以两句话概括：一是"知白守黑"：出自《老子》"知其白，守其黑，为天下式"。二是"随类赋彩"：出自南朝谢赫《古画品录》一书，它是一种评画标准，是中国画用色的基本原则。

承担重要角色，衬托出主体形象的身份地位和性格特征。与此同时，纸张的白色作为背景，在画面中与黑色形成对比，增添了作品的层次感和深度。汉画的拓片展示了黑白间虚实、动静的辩证关系，呈现出水墨画一般的特有魅力。这种黑白色彩观在后世绘画中得以发展，尤其在宋元及以后的文人画中，墨色成为主导，以"虚白"为精神理念。

文人画强调了虚实相生的构图原则，突出了"藏"与"露"的关系，以及在精神上的"虚白"艺术表达。例如，唐代以后的山水画和花鸟画中的无背景表现和绘画中的虚实对比，均体现了深刻的文化和哲学思考。汉画的这种黑白色彩观不仅仅是对色彩的运用，更是一种文化和哲学层面的深刻体现，使汉画成为一个独特而丰富的艺术门类，对后世中国绘画产生了深远影响。

（二）汉画的五彩色彩观

汉画的色彩观以五色为主，体现了中国传统的"五色观"，涵盖红、黄、青、白、黑等颜色。汉代艺术风格反映了豪放开阔的气质，尤其是在色彩的应用上。汉画中，以赤、黑为正色，配以其他颜色，形成了丰富的视觉感受。这种色彩观的形成受多种因素影响，包括周朝礼制的影响、楚文化和秦朝的影响。如图 1-2-2：

图 1-2-2　汉代帛画的色彩

汉画的色彩应用反映了当时的生死观。例如，西汉尚赤色，东汉确立火德时红色成为至尊色，彰显了统治者的千秋功业。另外，墓葬艺术延续生前的奢华生活，将生活中的色彩运用于墓室之中，反映了古人对永生的渴望。

汉画中的色彩多为天然矿物质颜料，覆盖力强、化学性质稳定，历史的洗礼对其影响不大，使得色泽保留得较为完好。汉代的墓室壁画，例如洛阳西汉卜千秋墓壁画，以黑色线条勾勒，着有丰富的色彩，如朱红、石黄等。这些作品的色彩运用，既展示了庄严肃穆的氛围，又有生机与活力。

汉画的五彩色彩观对后世绘画产生了深远影响，为后世重彩工笔画、壁画等的用色实践奠定了理论基础。敦煌莫高窟壁画中的中国特有颜料和赋色法，以及唐代及宋元时期的壁画、人物画、山水花鸟画等，均传承了汉代的色彩观，体现了中华民族的色彩审美意趣。通过这些艺术作品，我们可以看到汉代色彩观在中国美术史上的重要地位和深远影响。

（三）汉画的色彩技法

1. 勾填法（勾线涂色法）

勾填法，又称双勾廓填，是中国绘画中的一种重要着色技法，特别适用于使用矿物色和粉质颜料的作品。这种方法首先用墨线勾勒出轮廓，然后在轮廓内填充色彩，过程中要注意保持色彩与轮廓线条的协调。例如，在湖南马王堆汉墓出土的西汉帛画中，主要采用墨线双勾轮廓，接着平涂填色，使画面色彩饱和而鲜明。勾填法使画面造型清晰，色彩和谐统一，营造出神秘华丽的艺术效果。

这种技法在工笔画中继续发展，成为"三矾九染"技法的基础。唐代人物画和宋元山水花鸟画中的层层渲染、多次晕染技法，使得画面展现出富丽堂皇、工整精致的艺术效果。即便在受西洋绘画技法影响的明末以后，勾填法仍然保持着其传统特色，注重形神兼备和气韵之意趣。勾填法在中国绘画历史上的重要性体现在其对细节处理和整体视觉效果的精致表达，是中国绘画技法中不可或缺的一部分。

2. 勾点法

勾点法是中国传统绘画中的一种技法，主要分为两种形式：一种是在勾绘形体后，在必要部位进行点彩或点染，以强化某种艺术效果；另一种是在勾勒填彩的基础上进行适度调整，又称为"醒彩法"，要求精确地点彩，不影响原有色彩，对需要强调的部位进行突出处理，使色彩明快、鲜明。

汉代壁画中已经广泛使用勾点法，标志着汉代绘画技巧的成熟。例如，永城柿园梁共王汉墓的壁画中，龙鳞以淡墨打底后点染硃砂等，增强了龙身动态感，展现出色彩艳丽的效果。汉乐浪彩箧漆画中，人物服饰以黑色或朱色填底，再以石绿色勾点，使人物形象生动立体。

勾点法为后世写意画技法的发展奠定了基础，使得笔墨之法如勾、皴、擦、染、点等技法共存并用，促进了写意画笔墨混合技法的发展。这些技法的应用使得写意画的表现力更加丰富，成为后世写意画的重要组成部分。

3. 没骨法

没骨法，是中国绘画中的一种技法，指的是直接用彩笔描绘，不依赖墨线勾勒轮廓。它强调在一笔中展现色彩的层次和变化，要求笔触果断、准确。没骨法的历史可追溯到汉代，如偃师辛村汉墓壁画中的"醉态女主人"，便是通过没骨法的大笔上色，生动展现了人物形象。这种技法后来被南朝张僧繇所创新，并在唐代和宋代得到发展和传承，如徐崇嗣在花鸟画中的应用。

没骨法在写意画中发挥着至关重要的作用，特别是明清时期，随着写意画的流行，没骨法成为布色写意的主要笔法。经历了历代画家如八大山人、石涛、吴昌硕、齐白石① 等的发扬光大后，没骨法成为中国写意画中表现力极强的主要色彩技法，对中国绘画艺术产生了深远的影响。

4. 凹凸法

"凹凸法"是中国绘画中一种营造浮雕效果的技法，涵盖晕染法、深浅

---

① 八大山人（明代朱耷）、石涛（明末清初）、吴昌硕（晚清至民国）和齐白石（20世纪初）都是中国历史上非常著名的画家，他们各自对中国绘画艺术产生了深远的影响。

法、高光法等，通过色调层次的变化来展现立体感。在清代丁皋的《写真秘诀》中有所论述，指出利用明暗关系表现凹凸的艺术效果。在中国画中，传统的上色法是"赋彩"，即直接涂色，依靠线条造型，而凹凸法则通过色彩的浓淡深浅表现物象的明暗关系和立体感。这种技法源于佛教的影响，已出土的汉画作品中可以发现其早期应用。

在汉代，如洛阳西汉卜千秋壁画墓中，就运用了凹凸法，通过留白和色彩变化表现人物的立体感。马王堆一号汉墓的黑地彩绘棺也采用了类似技法，用堆漆法创造出立体的装饰效果。

凹凸法在中国画中的应用受限于二维平面的空间布局，但在佛教壁画中得到了较多运用，如敦煌壁画。这种技法不仅增强了宗教传播的形象性和逼真度，也对中国工笔重彩写实性造型和色彩技法产生了深远影响。

汉代在中国画艺术发展史中占据着承上启下的重要地位，特别是在色彩审美和技法方面对后世绘画产生了深远的影响。对后世技法的发展不仅丰富了笔墨方法，也深化了对形神与意境的表达。为中国绘画美学观和色彩审美奠定了重要的基础，确立了其在中国绘画发展史上的关键作用。

（三）汉画的艺术特点

1. 据"形"写"神"

汉代是我国封建社会的上升时期，经过高、惠、文、景四代的休养生息，汉朝的社会逐渐稳定，生产发展，国力日渐强盛。汉代是中国画艺术特征形成和发展的重要时期，其艺术风格深受楚文化的浪漫品质和鲁文化的实用功利思想影响，形成了形神兼备、尤重"传神"的风格。在汉画创作中，重视内在精神和整体表现，而非仅仅追求外形和细节的真实，强调神贵于形的理念。例如，南阳汉画像石《捕鱼图》和《仙人虎车图》等作品展现了不拘小节，注重整体神韵的艺术手法。

汉代社会在享乐主义和"升仙"思想的影响下，艺术家们创造了一个超现实的艺术世界，天地人神鬼和谐统一。汉画的这种创作方法，注重写意、传神，对后世中国画产生了深远的影响。儒家思想占据主导地位，与道教的暗流相互作用，共同培育了汉代人们的想象力。纬书中神秘科学的方术理念也激发了人们的想象，为艺术发展提供了灵感。汉画的这种创作风格，以不拘物态、注重写意传神为特点，成为中国画发展史上的重要里程碑。

2. 气势、力量和动感

汉画艺术的一个显著特征是其充满力度和动感的表现。在汉代艺术中，运动、力量和"气势"构成了其核心美学风格。例如，南阳汉画像石中的"逐疫升仙"图展示了充满动感和力度的场景，而"舞乐百戏"图则通过舞蹈动作的力度和速度展现了画面的生动感。此外，"东王公乘龙"图和"仙人虎车"图等作品也表现出风驰电掣般的动态感。

汉画的这种特点不仅是"百戏"如杂技、武术、舞蹈等影响的结果，也与汉代粗犷雄强的时代氛围紧密相联。汉代思想经历了道家和儒家的洗礼，形成了儒家主导、道家相辅的思想体系。儒家的积极入世精神和道家的自然观念共同激发了社会的生机，形成了急进而充满活力的风俗氛围，这直接影响了艺术风格，使汉画展现出独特的力度和动感。如图 1-2-3：

图 1-2-3　四川成都·画像砖车　马过桥图（东汉）

汉画的力度和动感是其重要艺术特色，这一特色的形成与艺术自身的发展规律和汉代独特的时代文化氛围密切相关。这种表现方式不仅丰富了汉画的艺术表现，也反映了汉代社会的精神面貌和文化特色。

3. 简约生动的以线绘形

汉画的一个重要艺术特色是以线绘形的简约生动表现。中国画强调用线条勾勒形象，这种对线条的重视源于古代绘画的发展历程。自新石器时代起，先民通过对鱼、蛇等自然物的抽象纹饰，开始探索线条的审美价值，逐步在各种器物上描绘以表达情感和思想。经过夏、商、周等朝代的发展，至汉代时，线条的运用已达到成熟状态。

汉画充分展现了线条的多样性和表现力。在南阳汉画《大雄图》中，通过不同的线形塑造了各种形象，如仙人、怒目张嘴的魔驱者、朱雀、应龙等，每一形象都借助特定的线条特征来展现其特有的气质和运动感。曲线条在汉画中被广泛用于表现运动和韵律，直线条用于展现力量和挺拔，而细线条和粗线条分别用于表现轻柔和笨拙。汉画还创造了多种新的线形，增强了线条的表现力，使其艺术特色更加突出。

汉画中以线绘形的方法不仅反映了简约而生动的艺术风格，也展现了汉代特有的文化氛围和审美趣味。线条的多样运用和创新使汉画成为中国绘画艺术发展的重要阶段，对后世绘画的发展产生了深远的影响。

4. 结构严整，层次明晰

汉画的另一艺术特色是结构严谨、层次分明，即使画面内容繁复，也能通过巧妙的排列和布局使之井然有序。例如，马王堆一号汉室帛画，尽管包含了龙、凤、建筑等多个元素，但其上下平行分层的结构清晰地划分了天、地、人三个界面，使整幅画既丰富又有序。同样，在山东嘉祥武梁祠东西壁画中，尽管涉及多个故事，其上下分层的布局也使画面有序而不乱。单一情节的汉画作品在物象布局上也是有序的，体现出上下、内外、左右中间的空间顺序。

汉画的这种情节结构方式为后世长卷画的发展奠定了基础。它的重写意、充满力度和动感，以及线条的成熟运用，构成了其突出的艺术特色，赋予了汉画无穷的艺术魅力和不朽价值。

汉画不仅是研究中国绘画史不可或缺的部分，尤其对研究先秦乃至先秦以前的中国艺术发展具有重要意义，同时，对当代艺术特别是造型艺术的发展提供了巨大启发。作为"纯粹的本土艺术",汉画在文化和艺术形式上展现出强烈的民族化和本土化特征,为探索中国化的艺术发展道路提供了重要启示。

第三节　汉画的宇宙象征主义与美学价值

一、宇宙象征主义与美学价值

宇宙象征主义与美学价值是两个相对独立但又相互联系的概念,它们在哲学、宗教、艺术和文化研究中有着重要的地位。

(一)宇宙象征主义

宇宙象征主义是一种通过象征和隐喻来表达和理解宇宙及其运行原理的思想方式。在不同的文化和宗教传统中,宇宙象征主义通常通过神话、宗教仪式、艺术作品等形式来表达。这些象征不仅仅是美学上的装饰,而是深层次地反映了人们对世界、生命、宇宙本质的理解和诠释。例如,在许多古代文明中,太阳、月亮、星星等天体常被赋予象征性意义,如代表神明、时间循环、生死轮回等。

(二)美学价值

美学价值则更侧重于艺术和审美领域,是指艺术品或自然景观在审美上的重要性和吸引力。美学价值关注的是物体或现象能够在观者心中引发的审美体验和情感反应。这包括了美的多种维度,如和谐、平衡、对称、新奇、创意等。在评价一个艺术品的美学价值时,人们会考虑它的内容、形式、创作技巧、情感表达以及与观者的交流互动等方面。

（三）宇宙象征主义与美学价值的关联

宇宙象征主义与美学价值相结合的例子在艺术作品中屡见不鲜。许多艺术家通过使用具有宇宙象征意义的元素来增强作品的美学价值和深层含义。例如，文艺复兴时期的画作常常利用宗教和神话中的象征，不仅美化了画面，也使作品蕴含了更深层的宇宙和哲学意义。这种结合使得艺术作品不仅仅是视觉上的享受，更成为思想和灵魂的升华。

（四）汉画中的宇宙空间图式及其文化根源

汉代画作中普遍存在的宇宙空间图式，是学界公认的特征之一。这些宇宙图式不仅是汉代艺术的一部分，也深刻反映了当时的文化特质。汉画的宇宙空间图式展示了当时人们对宇宙和天体的认识，这一点不仅在哲学、史学、方术医学、天文学等学科中有所体现，同样在汉帛画和汉画像石的艺术中也表现得十分明显。例如，汉帛画和汉画像石中常常描绘天地、山河、日月星辰等元素，这些图式反映了汉代人对宇宙结构和自然界的深刻理解。它们不仅仅是简单的艺术表现，而是蕴含着丰富的哲学思想和宇宙观。这些宇宙空间图式的文化根源可追溯至汉代社会对宇宙和自然的深刻认知，以及当时流行的宗教和哲学思想。通过对汉帛画和汉画像石中宇宙空间图式的研究，我们不仅能更好地理解汉代艺术的美学价值，还能深入探究其背后的文化和哲学内涵。这些图式是汉代文化多元和深邃的体现，为我们研究古代中国的宇宙观和哲学思想提供了宝贵的视角和资料。

二、汉画的宇宙空间图式

（一）汉代帛画的宇宙空间图式

在 20 世纪 70 年代发掘的西汉马王堆 1 号和 3 号墓中，出土了两幅重要的"T"形帛画，分别形成于西汉文景二帝和武帝时期。这些帛画在形制上呈大写字母"T"形状，显示了宇宙空间的不同层次：天界、人间、阴间、水府。特别是 1 号墓的帛画，其空间布局清晰地划分了四个部分，每个部分都有着丰富的宇宙象征意义。同样在 70 年代，山东临沂金雀山 9 号汉墓中出土的长条形竖幅帛画，虽然与马王堆帛画有地域上的差异，但在空间布局和题材内容上显示出强烈的一致性。这幅帛画分为三个部分，依次展现了天界、人间和阴间，同样表现了对宇宙空间的深入理解。

尽管马王堆和金雀山的地理位置相去甚远，但出土帛画在宇宙空间的表现上却具有惊人的一致性。这反映了西汉早中期帛画中宇宙空间图式的基本定型，揭示了当时对宇宙结构和天文现象的共同认识。

这些帛画中的宇宙空间图式不仅是对当时宇宙观念的艺术表现，也反映了汉代人对生命、死亡和宇宙秩序的深刻思考。通过这些图式，汉帛画不仅展现了视觉上的美感，也传达了当时的宇宙哲学和文化观念。通过对这些帛画的研究，我们能更深入地理解汉代的文化和艺术，以及当时人们对宇宙和生命的理解和诠释。

（二）汉画像石、画像砖的宇宙空间图式

山东嘉祥县武氏诸祠画像石是目前出土作品中最全面展示汉代宇宙空间图式的例证。这些画像石在空间布局上细致刻画了神界、仙界、人界与冥界等不同层次。武氏祠前石室画像覆盖了整个屋宇内部，包括多个部位的画像，如屋顶、隔梁、壁画等。其中，神界被置于屋顶部分，以伏羲、女娲、风伯、雷神等诸神形象为代表。仙界则位于东西壁上，以西王母、东王公等仙人形象展现，低于神界。东汉早期的画像石出现了新的空间组合形式，如"出行图"与"祠主受祭图"的垂直结合，体现了人界与冥界的上下空间关系。这种组合方式见于山东嘉祥五老洼等地的画像石，反映了当时对人界与冥界的空间观念。

至少在东汉早期，鲁南地区已形成了对上下垂直空间结构的人界与冥界的共识。画像石中的"出行图"展示了冥界与人界之间的联系，显示了当时人们对宇宙各层次空间的理解。出土于山东嘉祥纸坊镇、吴家庄等地的画像石在题材内容与图像组合方式上展现了一致性，表明至少在东汉早期，该地区的宇宙空间观念已经相对成熟和普及。

汉画像石中的宇宙空间图式不仅是对宇宙结构的艺术展现，也反映了汉代人对宇宙、生命和死亡的深刻理解。这些画像石通过详细的空间划分和精细的图像刻画，为我们今天理解汉代的宇宙观念和文化提供了重要窗口。

（三）汉画壁画的宇宙空间图式

武氏祠前石室画像覆盖了整个建筑内部，展现了神界、仙界、人界、冥界四个不同的宇宙空间层次。神界位于屋顶部分，仙界在东西壁上，而人界与冥界则被安排在小龛后壁画像内。这个层次性的空间布局体现了汉代人对宇宙结构的深刻理解。武氏祠画像石中，神界空间以屋顶前后两坡西段画像为代表，刻画了伏羲、女娲、风伯、雷神等诸神。仙界空间展现了西王母、东王公等仙人形象。人界与冥界的表现则更为具体，涉及"楼阁式"建筑、宴饮场景以及人马出行等细节，揭示了汉代人对生死、阴阳的哲学思考。画像中展现了神界、仙界、人界、冥界四个空间之间的互通关系。例如，仙人出行图表明仙界与神界之间的沟通，而其他层次如神人、仙人共同出行的画面则进一步强调了宇宙间各空间的相互联系与互动。

东汉早期的画像石中，宇宙空间观念已在鲁南地区流行。武氏祠画像石的空间布局和主题内容在其他地区的汉画像石中也有所体现，如山东长清、嘉祥、滕州以及江苏徐州的相关画像石，这些作品均展示了类似的宇宙空间图式。汉画像石中的宇宙空间图式不仅在艺术形式上具有高度的统一性，更深刻地反映了汉代人对宇宙、生命和死亡的哲学理解。通过这些细致的画像，我们可以窥见汉代宇宙观的丰富内涵，以及当时社会对生命与宇宙秩序的深刻思考。

三、汉代文化与宇宙空间图式的关联

（一）天文学与历史学的结合

汉代的思维特质深受"天人合一"哲学思想的影响，特别是在天文学和历史学的结合上表现得尤为明显。汉代文化特质的一个重要方面是对宇宙运行模式的深入探索。《淮南子》等古代文献展现了汉代人对宇宙起源、构成及其运行规律的深刻理解。这种宇宙观不仅体现在哲学、历史、方术等领域，也深刻影响了艺术，尤其是天文学与历史学的结合。

汉代天文学的发展与历史学的结合尤为紧密。著名史学家司马迁在《史记》中就强调了历史与宇宙秩序之间的联系。他认为，通过研究天文现象可以揭示人事活动的规律，并以此作为参考，来理解和预测社会动态。司马迁在《史记·天官书》中详细论述了天文现象与人间事务的关系。类似地，班固在《汉书·天文志》中也阐述了天上星宿与地上物象之间的对应关系。这些观点体现了汉代史学家"天人合一"的思想。

汉代政治家和思想家在解释与构建人世秩序时，也融入了宇宙时空观。例如，扬雄在《太玄·玄摘》中通过观察天象来寻求人事规律，董仲舒则在其"天人合一"的思想中将人世秩序视为宇宙秩序的一部分。这些思想家们试图通过对宇宙的深入思考来解释和规范人世间的一切。

汉代的谶纬之说也体现了宇宙观对当时社会的影响。谶纬是一种神秘主义哲学思想，认为谶言可以决定吉凶祸福。谶纬之说在汉代得到了广泛流行，其内容涉及天文、历法、五行等各个方面。

汉代的天文学、历史学、政治思想及其艺术表现都深受宇宙观的影响。通过对宇宙的深入探索和理解，汉代人试图找到解释世间现象和规范人类行为的关键，从而在文化上确立人在宇宙中的地位。这种深刻的宇宙时空观不仅是汉代文化的一个重要特质，也对后世产生了深远的影响。

（二）方术与宇宙观

汉代是方术极为流行的时期，其背后反映的是汉代人深入的宇宙观和对天文学的独特理解。李零将汉代的方术分为三大系统：与天文历算有关的星占、式占等术；与动植物灵崇拜相关的龟卜、占术；以及涉及人体生理、心理及病鬼怪等方面的占梦、厌劾、祠等术。这些方术的流行与汉代人对宇宙运行规律的深刻洞察密切相关。

《周礼》是一部系统的天文学著作，其对天上星象的划分与命名反映了汉代人对宇宙结构的深刻理解。例如，在"天象图"的概念中，北极星被视为"天"，北斗七星为"帝车"，而北极、二十八宿、太微垣、天市垣被称为"四门"。如图1-3-1：

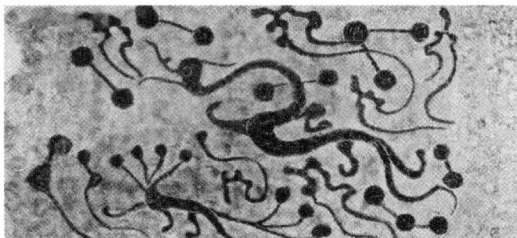

图1-3-1　汉代画像石所表现的天象观

汉代的天文学、医学、数学、文字学等学科也深刻体现了丰富的宇宙空间观念。汉代人视宇宙为一个严密的系统，万物相互依存、相互作用，人世的一切被视为宇宙的组成部分，其运行规律受到宇宙规律的制约与影响。因此，汉代人渴望通过对宇宙规律的理解，解释世间复杂现象，消除无知所带来的恐惧与灾难。

鲁惟一[①]指出，汉代人关注维持自然周期的永恒运转，期望通过顺应这些周期来调整思想与行为。这种对宇宙运行规律的深刻洞察和顺应，不仅体现在汉代的科学和技术上，也深刻影响了汉代的文化、艺术和哲学思想，形成了一种独特的文化特质。

（三）艺术中的宇宙空间图式

汉代艺术中的宇宙空间图式，特别是在汉帛画和汉画像石中，深刻地反映了汉代人对宇宙和生命的理解。这些作品不仅是丧葬艺术，更体现了汉代人对死亡和生命的独特观念。汉画设计者在构建宇宙空间图式时，没有将重点放在死者的居所——阴间或冥界，而是更加客观地描绘了宇宙的各个层次结构。例如，在马王堆帛画中，天界、人间、阴间和水府的空间布局体现了对宇宙空间固有特征的展现。如图1-3-2：

---

① 鲁惟一，出生于1922年，英国著名汉学家、秦汉史专家、剑桥大学荣休教授。

图 1-3-2 汉代画像石描绘的死者在宇宙中存在的状态

这种艺术表现形式背后的意图是通过图像艺术准确地描绘出死者在宇宙中的存在状态，为人们对生命的各种状态和归属提供客观参照。赵超指出，汉画中的每一块画像都代表了一个特定的宇宙空间或社会范畴，具有高度的象征意义。这反映了人类对于未知状态和不可把控事物的惧怕，特别是对死亡的恐惧。

汉代人通过艺术表达了对生命状态的控制和对冥界生活的想象。画像中的仙界场景和升仙过程表明死亡在人们心中已成为可控制的，人死后可以通过特定方式获得生命的重生甚至永生。同时，画像中的冥界亡灵享有与世人无异的生活，这表明冥界在汉代人心中已不再是阴森恐怖之地，而是一个幸福的所在。

第二章　汉画的时代背景

第一节　汉代的经济发展——汉画兴盛的基础

一、西汉时期

西汉早期，在秦朝灭亡的教训驱动下，统治者采取了"无为而治"的政策，如勤俭持政和"重农抑商"，使经济开始缓慢恢复。到了汉文帝和汉景帝的"文景之治"期间，政府实行"轻徭薄赋"的利民政策，促进了社会经济的稳定增长。在这个阶段，厚葬的习俗开始显现。

河南永城梁王墓的壁画《四神云气图》和 1972 年在湖南长沙马王堆发掘的长沙国丞相轪侯利苍家族墓地的丰富陪葬品表明，尽管官方倡导薄葬，厚葬风气仍在逐渐形成。司马迁在《史记》中提到汉文帝规定葬礼以简约为主，反映了当时社会从帝王到平民普遍推崇薄葬。然而，从木棺到石墓的转变显示了厚葬风气的蔓延。

汉武帝时代，厚葬风气达到顶峰。汉武帝，西汉的伟大政治家、军事家、战略家和文学家，将国家带入繁荣时期，他的"寿陵"——茂陵工程耗资巨大，使用了全国三分之一的税收，其规模和豪华程度无前例，达到了厚葬风气的巅峰。

西汉晚期，国力强盛，人民安居乐业，但对外战争消耗了大量国家财富。这个时期，经济繁荣为汉画像石艺术的发展提供了条件。同时，"孝廉"制度的推行加剧了厚葬风气，使其成为道德和社会标准的一部分。厚葬成为加重人民经济负担的原因，导致西汉末年的社会动荡。

西汉末年，尽管经济出现危机，但地主豪强和新兴富豪的兴起推动了大规模的汉墓建造和汉画像石艺术的发展。这个时期的社会和文化变迁也反映在丰富的墓葬陪葬品和艺术作品上。王莽新朝的短暂统治是这一时期的一个重要转折点。王莽试图通过改革解决朝政弊端，但其改革触动了大地主的利益，未能改善民众生活，最终导致了农民起义和新朝的灭亡。这一时期的墓葬较少，反映了新朝的政治和社会动荡。

从西汉早期的稳定恢复，到汉武帝时期的繁荣和厚葬风气的兴起，再到西汉晚期的社会动荡和文化繁荣，这些历史阶段共同塑造了汉代的社会结构和文化特色。

二、东汉时期

公元 25 年，汉高祖的七世孙刘秀恢复了汉室，史称东汉，又称"光武中兴"。

东汉初期，由于国家重新统一，社会经济恢复发展，光武帝刘秀为了巩固其封建统治，对祭祀礼仪进行了系列的恢复和完善。郊祀社稷和宗庙祭祀，都按照儒家思想，规定了明确的制度。这些制度与儒家思想及谶纬迷信一起构成了东汉早期"生不极养，死乃崇丧"的厚葬特征。东汉初的各个皇帝也下达了一系列戒奢侈的禁令和禁止厚葬的诏令。但由于当时是一个"崇尚孝行"的社会，所以禁厚葬无法真正实施，以致后来的厚葬风气愈演愈烈。

东汉中期，社会经济模式发生变革，原来盛行一时的官营工商业开始萎缩，豪强地主集团不顾国家禁令私设工场，自造铁器，控制盐业铁业，这就催生了新的经济模式——庄园经济。

大地主原本在西汉就存在，不过当时他们和大商人、大手工业者一样，只是单纯的富人而已。西汉末年，大商人、大官僚通过购买或兼并土地成为新的土地占有形式。到了东汉，在豪强势力支持下的东汉新兴政权，为了江山的稳固不得已对豪强大族的势力妥协，于是到东汉中期，大庄园规模和数量迅速膨胀，田园经济在当时的国民经济中占有相当规模，这为厚葬风提供了相当丰厚的经济基础。

在当时，一个庄园就是一个社会的缩影。庄园主为了享受和生前一样的荣华富贵，受人敬仰，很早就会准备自己的墓室，于是庄园供养了专门的人员管理，包括士人、画工、石匠，这为打造汉画像长期提供了稳定的经济基础和技术条件。他们有的一生都在庄园打造墓室，有的庄主去世了还未完工。不得不说，庄园经济为汉画像艺术发展做出了很大贡献。

东汉晚期，随着庄园经济的发展，农业器械更加完备，新型全铁农具增多，使东汉晚期汉画像石墓葬无论是从数量上还是从质量上都是空前绝后的。如久负盛名的山东嘉祥武氏祠、山东宋山画像石祠、江苏铜山白集画像石祠、河南南阳中原机校、桐柏安棚、方城党庄画像石墓、四川成都羊子山1号墓、曾家包墓群等等都集中出现在东汉晚期。

东汉晚期经济虽有一定发展，但土地和手工业基本被皇帝和大地主所掌控，其生产目的都是为统治阶级的奢侈生活服务的，土地被兼并，百姓流离失所，社会动荡不安，使得人民纷纷开始寻找新的信仰支撑和新的生命理念和新的生活模式。在这种状态下，其对画像的艺术精神开始萌发，在画里更多表达了东汉人的自我意识的觉醒和对生命意识的不断增强。

第二节　汉画的文化渊源——艺术的滋养之源

一、汉画与两汉文化

汉画，作为两汉时期的中国艺术形式，不仅包括了画像砖、画像石及其拓片，还扩展到壁绘、帛绘、漆绘及各种器绘等。这些作品深刻反映和塑造了当时的文化特征和社会风貌。汉画的多样性和广泛性体现在其包罗万象的主题和精湛的技艺上。从神话传说、历史故事到日常生活场景和社会风俗，汉画为我们打开了一扇窥探两汉文化和社会生活的窗口。这些丰富多彩的绘画作品不仅是艺术上的珍宝，也是深入理解古代中国社会和文化的重要途径。

（一）文化复苏和本土化

经历秦朝的严格统治后，汉朝见证了中国古代文化的显著复苏。这一时期的文化保持了相对的纯净性，因为外来的宗教和文化影响还不明显。汉画，作为这一时期的产物，展示了中国古代本土文化的复苏和发展。在汉画中，我们可以看到对先秦文化遗产的保留和再现，同时也体现了汉代自身的文化特色。汉画的美术特征与汉代的大文化背景是一致的，它是汉代文化思想的形象表现。

李泽厚指出，汉文化实际上是楚文化的延续，认为"楚汉不可分"。他强调，尽管汉朝在政治、经济、法律等方面继承了秦制，但在意识形态、特别是文学艺术方面，汉朝依然保持了南楚故地的乡土本色。楚汉文化在内容和形式上具有明显的继承性和连续性。然而，过分强调汉文化对楚文化的继承可能会影响人们对汉文化本身的准确理解。从历史的角度来看，汉代文化在政治、经济和心理结构的变化中已经展现出了全新的气质和风貌。

汉代统治的 400 多年间，汉文化的成熟并非一蹴而就。从西汉初期到东汉末期，其文化在不同阶级中展现出了不同的特征。汉初黄老之学影响较大，汉武帝以后儒家文化成为主流，西汉后期则流行谶纬之风。这些不同时期的思想观念对汉画像都产生了不同的影响。

（二）儒家文化的影响

公元前 140 年，汉武帝刘彻即位后，推行了一系列政治和经济改革，巩固了封建中央集权，实施盐铁官营、平准、均输等政策，增强了国家的经济实力。此外，他成功地反击了北方的匈奴侵扰并开拓了西南疆域，使汉朝进入了一个空前强盛的时期。在这样的背景下，董仲舒提出的儒家思想成为思想文化主流，这对汉画像艺术产生了深远的影响。

董仲舒废弃了黄老之学，推崇儒家文化。他尊崇儒家著作为"五经"，设立经学博士进行弘扬，这标志着儒家文化在封建统治中的重要性。儒家文化强调思想统一，坚持"君君、臣臣、父父、子子"的正名学说，同时吸取了韩非的三纲思想，实现了儒法合流。这种儒家文化强调了德教为主，利用"三纲五常"① 等封建宗法道德规范来建立法度和化民成俗。

此外，董仲舒的"天人合一"② 思想，将儒家思想与天文、历数、物候等自然科学结合，构建了一个以天人感应为中心的文化体系。在这一体系中，天地人阴阳五行被看作宇宙的主要因素，与人间的政治伦常和社会制度相配合。这一理论不仅树立了皇帝的绝对权威，同时也为君主权力的适度使用提供了理论支撑。

在汉武帝时期，儒家文化的主导地位对汉画像艺术产生了显著影响。汉画像开始反映儒家文化的价值观和审美理念，如强调道德、礼仪和社会秩序。这种影响不仅体现在艺术风格上，也体现在汉画像所描绘的主题和内容上，如对忠孝、敬老等传统美德的赞颂。因此，汉武帝时期的儒家文化变革，不仅是中国古代文化思想发展的重要里程碑，也决定了汉画像艺术的发展方向。

（四）谶纬思想的影响

在汉朝，特别是东汉时期，谶纬③ 思想对汉画像艺术产生了重要影响。谶纬，一种宗教迷信，通过使用隐秘的语言来预测吉凶，早在秦朝就已存在。

---

① "三纲五常"：中国儒家思想中的重要伦理原则，是古代中国社会的基本道德规范。三纲指的是社会伦理关系的三个基本原则，即君为臣纲、父为子纲、夫为妻纲；五常则是指五种基本的道德品质或美德，即仁、义、礼、智、信。

② "天人合一"：《黄帝内经》中的核心思想，强调人与自然的和谐共存。其基本原理是"同气相求，同类相应"，意味着人应顺应自然规律以获益，违背之则受害。这一思想强调人须与自然和谐相处，遵循自然规律。

③ 谶纬：中国古代汉族的神学预言文献，结合了迷信元素和一些古代自然科学知识。谶，起源于秦汉时期的巫师预示吉凶的隐语，逐渐演变为庙宇或道观中的求签习俗。纬则是汉代由儒家经义演变而来，被视为"内学"，与原经典的"外学"相对。自哀帝、平帝至东汉，谶纬在帝王支持下盛行，成为官方思想，主要用于政治预言。

而"纬"是对儒家"经"的补充,通过天人感应、阴阳灾异的学说,对儒家经典进行解读。

在西汉稳定时期,谶纬思想较少,但到了西汉末年,随着社会矛盾加剧和统治集团内部斗争激化,谶纬思想与董仲舒的神学世界观结合,形成了一股强大的神学文化思潮。这一思潮在东汉时期更为普遍。尽管谶纬带有迷信色彩,但它对汉画像艺术起到了促进作用。

在王莽时期,董仲舒的神学世界观的官方经学为了适应统治阶级的政治需要,直接与当时社会上流行的谶纬迷信结合起来,形成一股神学文化思潮,弥漫整个东汉时代,导致了谶纬迷信的广泛流传。政治斗争中的人物,如刘秀,利用谶纬为自己争夺天下提供理论支持。《后汉书·桓谭传》中说:"世祖方信谶,多以决定嫌疑。"刘秀依靠谶纬预言起兵,并最终成为皇帝,这反映了谶纬对其思想和行动的影响。谶纬神学虽包含迷信元素,但也融入了自然科学和哲学意义深远的理论,如象数学和宇宙生成论。汉章帝刘炟主持的白虎观会议上,这些思想被确认并系统化为《白虎通义》①,成为官方的神学法典。《白虎通义》引用了许多谶纬内容,系统阐述了董仲舒的思想。然而,在谶纬迷信泛滥之际,东汉早期的进步思想家,如桓谭和王充,对谶纬进行了有力的批判。桓谭认为谶纬的预言虽有偶然巧合,但不足为凭。王充批判了神化的儒家孔孟学说,强调日月运行、风雨霜露等自然现象的科学性,对谶纬盛行的时代提出了质疑。

谶纬思想对汉画像艺术的影响体现在对迷信元素的融入和对宗教、政治主题的强调。这一思想在汉画中的体现,既反映了当时社会的信仰和文化环境,也揭示了艺术与时代思潮的紧密联系。

(五)汉文化与汉画像

汉代文化的成熟,体现在其视觉艺术的成熟上,其基本美学风貌以气势

---

① 汉章帝于公元 79 年(建初四年)召开白虎观会议,其讨论记录被班固整理成《白虎通德论》,简称《白虎通》或《白虎通义》。这部作品标志着谶纬国教化,完成了今文学说的宗教化和神学化过程。

与古拙为特点。汉代画像艺术主要包括画像石、画像砖和壁画等形式，通过行动、动作和情节来展现对世界的征服，而非依赖于细微的精神面貌或音容笑貌。这些作品的"古拙"外观体现在粗轮廓的写实，不强调细部的忠实描绘。

李泽厚对汉代艺术的分析指出，尽管汉代艺术形象看似笨拙、古老，姿态、比例、直线、棱角方形突出，缺乏柔和，但这反而增强了其运动、力量和气势之美，体现了蓬勃旺盛的生命力。汉代艺术的这种表现形式，是整体民族精神的体现，继承了殷商青铜器纹样的风格和荆楚艺术的浪漫，显示出汉代艺术的成熟。

汉代艺术的成熟分为两个阶段。西汉初期艺术继承了先秦时期的艺术风格，但到了西汉中期，已经形成了与先秦艺术有明显区别的独特风格，特别是在帛画、壁画、隶书等方面，减少了"神"性而增多了"人"性。武帝时期，新的艺术结构和精神得到了确立。西汉初中期的艺术虽已形成自己的特征和风貌，但仍处于继承和融合中的创新阶段。两汉之交时期，新型艺术门类如画像石、曲像砖、草书等开始产生并流行，艺术风格和精神追求进入了一个新阶段。

东汉中后期，汉画像石艺术达到了繁荣的高峰。这时期产生的汉画像石分布广泛，数量众多，覆盖了从甘肃、陕西、河南、四川到山东、江苏，甚至北至内蒙古、南至云南的广大地区。现存百分之六十以上的作品都属于这一时期的。这些作品的艺术技法逐渐成熟，风格多样化，每个地区都有其独特的地方特色和个人风格。

图 2-2-1　羽人驭云车壁画局部（东汉）

汉画的题材从神兽、百戏、羽人、出巡等，扩展到丰富多彩的神话故事和现实生活的方方面面。这些作品在表现手法上极具多样性，涵盖从简洁明快的线条到色彩丰富的细节描绘，展示了当时人们的审美倾向和艺术技巧。汉画中的这些特点，如对比鲜明的线条与色彩、细腻的人物表情和姿态，以及对自然界和社会生活的细致观察，共同构成了一个多维度的艺术世界，丰富了我们对两汉时期文化的理解和认识。

二、汉画的文化表征

汉画作为汉代文化的重要表征，内容丰富多彩，主要分为现实生活、历史故事和神仙世界三大类。

（一）现实生活

1. 宴会赏乐

汉画中的现实生活内容是极其丰富和有趣的部分，涵盖了从高雅的贵族生活到充满趣味的民间活动。这些画作描绘了各种场景，如迎来送往、车马出行、迎宾拜谒、灶台庖厨、宴饮宾客、观舞赏乐、斗鸡走狗、骑马狩猎、角抵格斗、驯象弄蛇、讲经传道、亭台楼阁以及门卒侍卫等。同时，也展示了民间生活的捕鱼打猎、比武斗兽和杂技傩戏等场景。

这些画作不仅揭示了不同社会地位的墓主人生前的生活状态和财富资产情况，而且生动地反映了他们所在阶级的日常生活。汉画中的生活情景千姿百态，从庄严大气的贵族生活中的歌舞戏剧、车马出行，到自由随性的普通百姓生活中的耕种渔猎、傩戏①和角斗等各种习俗，都被详细描绘出来。

这部分汉画内容是最具魅力和最贴近人心的。它们使历史不再仅仅是文字上的陈述，而是以图画的形式直观地展示了汉朝时期人们的生活状态，为我们揭开了历史的神秘面纱。通过这些画作，我们能够直接感受到汉人的生

---

① 傩戏：源于中国古代的傩祭仪式，是一种传统的民间舞蹈和戏剧形式，具有驱邪、祈福和娱乐的功能。傩戏在中国各地有不同的表现形式和地方特色，是中国传统文化中的重要组成部分。

活方式和风采，这无疑是一种奇迹般的存在，极具吸引力和启发性。

2. 生产劳动

人们常说"民以食为天"，这凸显了农业在社会中的根本重要性。理论上，这种重视应该在艺术作品，特别是壁画中得到充分体现。然而，令人惊奇的是，在南阳汉画馆展出的两百多块画像石中，仅有一幅名为《耕耘》的画像石描绘了农业劳动场景。这幅独特的耕耘图因其罕见性而拥有极高的历史价值，它不仅是一幅艺术作品，更是汉代时期南阳地区农业发展水平的直接证明。

《耕耘》图显示了汉代南阳农业生产的发展。画中描绘了一农夫在田间劳作的情景，表现出古代农业由单纯的人力劳动发展到畜力劳动的过程。在汉代，农业技术和工具已经相当发达，并且有所改进。然而，尽管农业在古代社会中占有重要地位，南阳汉画中却很少表现农业劳动的场景。这可能是因为汉代南阳一带的官吏、地主和商人不倾向于在自己的墓室中刻画农业劳动图像。古代社会重农抑商，但南阳在两汉时代，特别是东汉时期，由于其特殊的政治地位和发达的商业经济，形成了奢侈享乐的社会风气。商人虽然经济地位较高，但社会地位低，反映在墓葬文化中，他们不愿在墓室中刻画与经商相关的图像。这种现象揭示了古代南阳社会的特点，也展现了汉画像石作为历史艺术珍品的价值，让我们能够窥见两千多年前的生活场景。

3. 酿酒制曲

汉代的酿酒技术和制曲方法对汉画的影响显著，这主要体现在汉画中对酿酒活动的细致描绘上。例如，成都曾家包汉墓出土的画像石就生动地刻画了豪强地主田庄内的酿酒情景。在这些画像中，可以看到排列整齐的大陶缸，以及酿酒工人正在进行的各种操作，如弯身向缸内下曲的动作。这些细节不仅反映了当时的酿酒技术，也展示了社会生活的方方面面。

汉画还描绘了普通民间的小型酿酒作坊，反映了汉代酿酒技术的广泛应用。四川成都新都出土的"酿酒"画像砖图便是一个例子。在这幅画中，可以看到一人推着装有酿酒工具的独轮车，以及其他准备酿酒的场景，如灶台上的操作和酒炉旁的人物。

这些画像石不仅是艺术作品，更是重要的历史文献，通过它们，我们可以了解汉代的酿酒技术和社会文化。汉代的酿酒技术包括了从原始的曲蘖到更为先进的散曲和饼曲的制作，这些进步不仅改变了酿酒的方式，也影响了当时的社会经济结构。

汉代的制酒制曲技术在汉画中的反映，不仅展示了当时的技术水平，还揭示了社会结构和文化特征，为我们提供了研究古代中国社会经济和技术发展的重要视角。

（二）历史故事

历史故事题材在汉代画像石中非常常见，特别是在受儒家伦理思想影响较深的地区，如山东、河南南阳和江苏徐州。汉画像石上的历史故事画廊包括了多种题材，如吴曾德在《汉代画像石》中提到的山东武氏祠石刻，其中包含了十帝王像、周文王十子和孔门弟子像以及其他二十五种不同的故事画。

山东嘉祥武氏祠左石室中的《周公辅成王图》就是一个代表性的例子。这幅画像分为四层，其中周公辅成王的场景非常生动，展示了成王站在矮台上，周公和其他人物以尊敬的姿态面向成王。其他历史题材，如"二桃杀三士""荆轲刺秦王"和"豫让二刺赵襄子"等，在汉画像砖石中也经常出现。这些画像不仅是艺术作品，也反映了当时社会的意识形态和文化传统。如信立祥所指出的，这些历史故事画像并非随意创作，而是根据当时占统治地位的社会意识形态精心选择和配置的，旨在传达"恶以诫世，善以示后"的道德观念。

因此，这些画像砖石中展现的"忠、孝、节、义"等内容占据了历史题材的大部分。例如，周公辅成王的故事一直是儒家讲述君臣节义的典型例子，而"二桃杀三士""荆轲刺秦""豫让刺赵襄子"等故事则是忠义的典范，尽管其中也包含了愚忠的成分。

从这些画像中可以看出，重视历史经验、以史为鉴，并注重人文科学传承是中华文明持续不断的生命力所在。这些历史故事的画像不仅是艺术作品，更是传承文化和道德观念的重要载体。

（三）神仙世界

1. 追求仙境

南阳地区受楚文化的影响深远。这种文化背景在汉代南阳地区的汉画中得到了显著体现。楚人崇尚巫术、信仰鬼神，具有浪漫幻想的社会风气，在汉代南阳一带得以传承并显现在汉画中。

尽管汉朝时期官方主张"罢黜百家，独尊儒术"，但在南阳地区，民间思想并未完全受到官方政策的影响。在当时的社会思想中，新儒学虽占主导地位，但道家思想和民间宗教也非常活跃。相比之下，人们更倾向于追求道家提倡的"道法自然""清静无为"。在接受传统儒家伦理道德的同时，人们对成神为仙的概念充满激情，对自然神灵如天地山川抱有敬畏之心。这种对神秘未知、对天象探索和对仙境描述的热衷，在当时的艺术作品中得到了充分的体现。

汉画中的神仙世界题材丰富多样，既有青龙、白虎、朱雀、玄武这四大神兽，也有女娲造人、炼石补天等传说故事，以及日月神交、玉兔捣药、神兽守鼎、西王母与东王公出行等场景。此外，还有各种奇幻生物如开明兽①、三足乌、九尾狐、麒麟等。这些作品中，我们可以看到许多吉祥生物如鹿、龟、龙等的形象，象征着升仙和飞升，寄托了先民对长生不死、永生极乐的美好愿景。

这些汉画石刻不仅反映了墓主对死后升仙和享受仙境生活的愿望，也是其现实生活的延伸和继续。因此，通过这些汉画石刻，我们可以了解当时人

---

① 开明兽，又称开明，是中国古代神话传说中的一种神兽，常出现在文学和艺术作品中，尤其是在汉代的石刻、壁画和陶器上。开明兽通常被视为神秘的守护神，具有驱邪避凶的象征意义。它的形象在古代被用作护身符或装饰品，以期给人带来好运和保护。在汉代的文化中，开明兽不仅是艺术创作的题材，还象征着权力、威严和神圣。

民的生活状态，对重现汉代的生活状态和探索汉代文明提供了宝贵的信息。从艺术角度来看，汉画是当时优秀艺术人才的作品，对我们了解汉朝艺术发展同样具有重要意义。

2. 丧葬文化

汉代的丧葬文化在汉画中得到了充分的体现，反映了汉代人对于死亡和丧葬的深刻观念。这些观念基于对极乐升仙和魂归黄泉的思想，体现了一种"鬼犹求食"和"事死如事生"的信念，即对待死人如对待活人一般，希望死者在另一个世界得到与人世相似或更美好的生活。

汉代人相信天界、仙界和冥界都存在一个与人间相同结构的社会。从西汉中期以前到东汉时期，艺术形式在表现这些境界时逐渐引入了更多人世间的内容，使得汉代社会的真实场景得以在汉画中大量保存。

汉画中的丧葬观念主要通过追祀、追念、追求三个方面体现。追祀类图像记录了祭祀对象和尊崇对象，包括祖先崇拜和泛神崇拜，以及圣王、明君、哲人、名臣等伦理人物的形象；追念类图像展现了墓主对自己生前的业绩、成就和人生的留恋，涵盖了官场和非官场的生活场景；追求类图像则表现了对生命永恒的向往，包括"视死如生"和"死而复生"的主题。

汉画不仅反映了对人生的留恋，还展现了人间生活向仙界、冥界的延伸。在秦汉人的观念中，人死后命归黄泉，因此他们在描述黄泉时也融入了大量人间的内容。这些美术作品中的人间生活内容是汉代美术重点反映的内容，描绘了神仙世界和黄泉世界，同时反映了人间生活的丰富多彩。

第三章 汉画的类型概述

第一节 画像石的独特魅力

一、汉画像石的内容

汉代画像石以其内容的丰富多彩和深刻内涵，展现了当时的社会生活和文化特色。这些画像石的内容大体上可以分为三大类。

（一）丰富多彩的现实生活

画像石生动地描绘了当时的现实生活，如迎来送往、车骑出行、迎宾拜谒、庖厨宴饮、乐舞杂技等场景。这些画面广泛反映了墓主生前的财富和资产情况，包括山林田池、宅第高楼等，构成了一幅庄园经济的完整图景。此外，作为一种崇尚财富的观念，这也被映射到人们想象的仙境中。

（二）垂教后世的历史故事

汉画像石上经常刻画了用于垂教后世的历史故事。在皇家"独尊儒术"的同时，道家思想和民间宗教也十分活跃。人们在接受传统伦理道德的同时，对成神为仙的故事充满了激情，对天地山川等自然之神也尊崇备至。在汉画艺术中，可以看到对于神灵的敬重和多样性。

（三）雄奇瑰丽的神仙世界

汉画像石不仅描绘了日常生活和社会风貌，还展现了神话与追求仙界的文化。这些画像通常包括四神（青龙、白虎、朱雀、玄武）和神话人物如女娲、伏羲。墓主通过画像表达死后成仙的愿望，象征性地使用龙、虎、鹿等动物作为升仙的工具，反映其生前现实生活的延续。如图 3-1-1：

图 3-1-1　西王母（汉画像石）

汉代的神仙思想主要体现在两个方面：生前追求长生不老和死后升仙。神仙画像的位置也有所不同，如人间建筑上的画像反映生时进入仙界的愿望，而丧葬建筑上的则象征死后升仙。神仙世界的意义随其所处的语境而变化。例如，安徽宿州褚兰镇宝光寺出土的两块汉代祠堂建筑构件，其东西山墙上刻有东王公、西王母等人物，象征着仙界，这不仅反映了当时人们对仙界的理解，而且揭示了汉代美术中广泛使用的象征性艺术表现手法。

汉画像石的内容极其丰富，涵盖了当时的社会状况、风土民情、制度习俗和宗教信仰，是研究汉代政治、经济、文化的重要资料，同时也是古代石刻艺术的佳作。

二、汉画像石的制作

汉代画像石具有特殊的结构，采用多种雕刻方法，并表现出独创的艺术风格。这些画像石不仅展现了汉代的艺术水平，也反映了当时的社会文化特征。汉代画像石的制作是一项复杂的工艺过程，主要包括以下七个步骤：

第一步，丧主或死者的亲友会雇请技艺高超的"名工"或"良匠"来负责设计和建造画像石，如墓室和祠堂。这些工匠通常来自同乡或亲友组成的集团，这种关系有助于技术传承和提高，也便于集中力量承担大型工程，保持团队的团结和稳定。

第二步，工匠们会去附近的山区挑选和开采适合雕刻的优质石材。

第三步，石匠根据设计图对选取的石料进行加工，制作成符合设计要求的建筑构件。

第四步，被称为"画师"的画工在平滑的石面上用毛笔绘制画像底稿。这一步骤非常关键，要求画师不仅具备高超的绘画技巧，还必须对建筑结构有深入了解，以确保每块石材上的图像与其在建筑中的具体位置相符合。

第五步，石匠会严格按照画师的底稿用凿子等工具雕刻图像，创造出立体的凹凸效果。

第六步，将雕刻好的石材拼装成墓室、祠堂等石结构建筑。

第七步，画师会对刻好的图像进行彩绘，使其具有与帛画和墓室壁画相似的视觉效果。

汉画像石是中国古代文化遗产的珍品，主要由匿名的民间艺术家雕刻在汉代墓室、棺椁、墓祠、墓阙上，展现了独特的石刻艺术。这些艺术品普遍分布在中国多个地区，主要集中在河南南阳、鄂北区、山东、苏北、皖北区、四川地区以及陕北、晋西北区。此外，在河南新密、永城，北京丰台，浙江杭州，陕西邠县（今彬州市）等地也有零星发现。前三个区域为当时的经济和文化中心，而陕北、晋西北区在东汉顺帝前是北方的边防重地，绥德位于西方贸易通道上。据统计，目前已发现的汉画像石数量达到一万块，显示了其广泛的影响力和重要性。

三、汉画像石的艺术魅力

在汉画像石上，从外框的装饰性艺术处理到富有装饰性的构图排列，再到烘托气氛的云纹和变形夸张的形象，都体现了其独特的装饰艺术魅力。这些装饰元素不仅错落有致，还巧妙自然地衬托出画像主题，为汉画像石艺术增添了独特的魅力。

（一）边框装饰的意味和美感

汉画像石的装饰艺术体现了中国古代美学的审美观点，以其特有的边框作为辅助手段，创造出独特的审美效果。这些边框不仅用来勾勒画像的界限，还包含了各种装饰性花纹，如平行凿纹、三角纹、菱形纹、绳索纹等，既增强了画像的氛围，又突出了主题，富有浓郁的装饰意味和美感。

边框的装饰方式根据表现内容而灵活变化。例如，在南阳的汉画像石中，可以看到"二方连菱形套边图案"的运用。这种处理手法中，上下两边的边框处理显得更加精细，而左右两边的竖框则相对粗犷。上下边框装饰形式迥异，上边以交错的正三角形排列，下边则以两条平行直线和细斜直线组合。这种对称而不同的形式处理创造了心理和视觉上的对比，引导观者的视线在上下边框间跌宕移动，使形象更加引人注目。此外，上边框中的倒置三角形相比向上的三角形更为突出，创造了向下的视觉指向性，进一步突出了画面中的形象。

汉画像石的边框处理艺术灵活而大气，与画面完美融合，相得益彰，突出了形象，展示了汉画像石独特的装饰艺术魅力。以南阳汉画像石《车骑出行》为例，其上下边框采用了似断非断、不规则的线条，模糊了边框与画面的界限，增强了出行车队的连绵不断之感，为观者提供了无限的想象空间。这种装饰艺术的运用不仅烘托了画面的气氛，而且增强了整体的艺术效果，使汉画像石展现出其独特的装饰艺术魅力。

（二）装饰性云气纹烘托气氛

汉代画像石的装饰艺术中，云气纹是一种非常重要的元素，其起源可追溯到春秋战国时期的卷云纹。在汉代，云气纹作为一种普遍认定的吉祥纹样，被广泛应用于绘画、墓室壁画、玉器等各类视觉艺术中。云气纹以其线条舒卷起伏的形态，象征着高升和吉祥如意，体现了中国传统图案中云的重要地位。

　　在汉画像石中，装饰性云气纹不仅作为画面的辅助线索，增添了流动感和韵律感，还为实体空间增加了一种"虚灵"的梦幻境界。这些云气纹使画面形象更加丰富饱满，让整个画面显得更加完美，具有极强的装饰效果。例如，现收藏于河南省南阳市汉画馆《阳乌》图中的阳乌，通过云纹和星辰的点缀，实现了画面的点、线、面的统一，增加了层次感和运动感，展现了优美感和立体感。如图3-1-2：

图 3-1-2　阳乌图（汉画）

　　云气纹的造型由主线和装饰性小云朵图案组成，类似于从太极图衍变出的不对等的S形曲线。这种造型不仅具有流动旋律美，还带有前进感。主线的波折圆顺、激荡、飘逸，仿佛在画像石上游动，具有鲜活的生命感；而小云朵团则起着衬托、辅助、舒缓、点缀的作用。

　　汉代的云气纹以其流畅的线条、生动活泼的造型，创造出流动飘逸的视觉效果，充满了强烈的生命意识和感情表达。这种飞动流畅的云气纹使整个画面充满了涌动的旋律和雄浑大汉的气势，展示了汉画像石装饰艺术的独特魅力。

（三）夸张变形的装饰性形象

汉画像石中的夸张变形艺术，正如顾森[①]所言，具有一种震撼力量。这种艺术表现形式通过夸张和变形手法，使得形象更具强烈的效果和装饰性。在汉画中，无论是人物还是动物，都采用了夸张的手法，使得艺术形象显得更加生动传神。

特别值得注意的是，汉画利用运动感装饰曲线来增强形象的动态感。这些曲线流畅而奔放，使得舞乐、百戏、飞龙升仙等场景中的形象仿佛在奔跑、跳跃或升腾扭动。例如，拜谒者的弯曲脊背、舞蹈者的长袍袖、斗牛者的叉腿、百戏艺人突出的肚皮等，都给人以强烈的艺术冲击力和变形之美。

汉画还突出"重点"，强调传神部位，如表现人物心灵的"眼睛"，重点装饰"关键"部位，如颈、肘关节，以及条理装饰杂乱部分如发式、衣纹。以南阳汉画《兽斗》为例，图中两兽的头部细致入微，身体则相对概括。通过对头部、身体与四肢衔接部分、四肢关节部分的艺术处理，尤其是颈部鬃毛的装饰化处理，使画面更加精美，增添了美感和艺术感染力。如图3-1-3：

图 3-1-3 《兽斗》（汉画）

---

① 顾森，1944 年 6 月出生于重庆，祖籍浙江嘉兴。中国艺术研究院研究员。

汉画的夸张艺术不仅具有真实性和美感，而且具有较强的概括性和典型性。这种强烈的视觉效果，能够产生深刻的内在精神感受。如河南淅川出土的画像石《奔马》，通过富有生命的线条，高度抽象和概括了马的形态，使得物象的神韵更加生动，体现了中国古典美学"超以象外，得其环中"[1] 的理念。

（四）动感的装饰性语言

汉代画像石的装饰性语言中，动感表现尤为突出，艺术家们精妙地捕捉对象在活动中的动态特征，使用简洁实用的线刻或浮雕手法表现瞬间动态。这种表现手法在四川《弋射收获画像砖》中得到了充分体现：画面分为上下两部分，上部的弋射图中，右侧是莲池，左侧是弋人张弓欲射；下图中，右端两人以镰刈草，左三人俯身割谷。整个画面充满了动感，每个单元都活灵活现。

这种动感的装饰性语言，表现在人物动作的夸张和角度的选择，构成和谐的动态画面。画面中不仅整体动感突出，各个元素如水、鱼、鸟、树、风都在动，且动向各异，形成了上下左右都在传递动感的和谐统一整体。

汉画还突出了个体装饰语言的表达，如南阳画像石《二桃杀三士》中，三个人物的神态和背景处理，创造了剑拔弩张的艺术效果。画中的三个人物身材魁梧，面向画外，身上的肌理凌乱而无序，呼应了他们共有的鲁莽个性，反映了工匠的高超手法。此外，画面中的"衣语"也用于表现人物情绪，如三武士的宝剑举起，衣袖高卷，形成了感情漩涡，增加了画面的紧张气氛。如图3-1-4：

---

[1] 选自唐代司空图《二十四诗品·雄浑》，原句为"超以象外，得其环中，持之匪强，来之无穷"。

图 3-1-4　二桃杀三士（汉画像石）

汉画像石通过这些动感的装饰性语言，生动地表现了人物情绪和故事情节，创造出富有生命力和美感的艺术效果，展现了汉代艺术的独特魅力。

（五）以线绘形增添画面美

汉代画像石中以线绘形的艺术手法增添了画面的生命力和美感。艺术家们巧妙地运用线条，捕捉物象在活动中最具动感和生动的瞬间，创造出简约而生动的画面。汉画中的线条种类和形式丰富多样，其粗细、长短、直曲、浓淡、转折、顿挫等变化被灵活运用，赋予形象以灵气和生命，使画面充满活力和节奏感。

例如，在南阳汉画《大傩图》中，不同的线形被用来塑造多样的形象。画中的傩头方相氏、仙人、白虎、朱雀、应龙等形象通过不同风格的线条刻画而成，展现出各自独特的气质和动态。在表现傩头时，粗犷豪放的线条营造出威风凛凛的感觉；而仙人则通过挺拔遒劲的线条表现其超凡脱俗；白虎和朱雀则通过精密柔韧的线条展示出威风矫健的形象；腾飞的龙和流动的云则利用粗疏、简朴和流畅的线条增强运动感。

同样，在南阳汉画中的舞乐百戏图画面，线形的恰当利用使得画面中的人物形象生动、优美、飘逸，如行云流水般的体型曲线增强了动态和静态之美的完美表现，增添了画面的美感。

瓦西里·康定斯基指出，点是最简洁的形态，点、线、面的结合能创造出令人神往的艺术魅力。在南阳汉画像石中，艺术家利用长短不同的"麻点"

布满画面，形成有秩序的排列和分布，如同星宿在宇宙空间的规律排列，增强了画面的力度感和结构感。

汉画的线条之美不仅在于塑造形象，还在于营造画面氛围中。这些线条流畅飞扬、绵延不断，既增强了画面的整体感，又使画面释放出强烈的节奏、韵律、灵动和气势，展示了汉画的无穷艺术魅力。

（六）运用多种艺术手法

汉代画像石运用多种艺术手法，如反复、呼应、对比、藏露等，增添了画面的装饰美。这些手法使物象的秩序排列在统一中变化，简单中繁复，静态中律动，从而营造了丰富多样且充满生机的艺术氛围。例如，许多表现车队出行、宴饮的画像中，强烈的运动张力感，展示了马车队的奔腾和气势恢宏的场景，形成了动感十足的韵律美。

汉画中的景物常成对出现，如伏羲和女娲、人和兽、舞伎和弹奏乐器者等，展现了静态美与对比美。有些画像采用动静结合的对比方法，如四川的《弋猎、收获》画像砖，上部是射猎场景，下部是收获场景，展现了紧张有趣的绘画情节和劳动者的生动形象。

汉画艺术家还采用"藏"与"露"的手法，给观者留下联想空间，增加了画面的文学意味和诗情调。例如，在武梁祠的《荆轲刺秦王》画中，荆轲与秦王的对峙、秦武阳的恐惧等情节描绘出了一个扣人心弦的紧张场面，生动传神地展现了荆轲不畏强暴的精神面貌。

汉画像石艺术融合了多种文化艺术成分，采用浪漫主义的表现方法，以独特的手法和灵气装点画像主题，展现了汉代装饰艺术的风貌与成就。这种艺术手法不仅使画像石更加完美、具有观赏性，而且体现了中国文化的审美特点，对后世产生了重大影响。

第二节　画像砖的历史印迹

一、画像砖的历史和演变

（一）汉画像砖的起源

画像砖的历史和演变是中国古代文化和艺术的重要组成部分。画像砖起源于战国时期，在两汉时期达到鼎盛，这些砖块不仅用于墓室壁画，也应用于宫室建筑的装饰。它们通常由木模压印制作，经过高温烧制而成，部分则是直接在砖块上刻画。表现形式多样，包括浅浮雕、阴刻线条和凸刻线条，有时还配以红、绿、白等颜色，使画面更为生动。

画像砖的内容丰富，涵盖了当时的社会生活各个方面。例如，反映劳动生产的场景如播种、收割、舂米、酿造、盐井、放牧等，描绘了汉代农业和手工业的景象。社会风俗方面，如宴乐、杂技、舞蹈等画面，展示了汉代的娱乐活动和生活方式。此外，还有描绘神话故事的画像，如西王母、月宫等，这些反映了当时人们的信仰和想象。统治阶级的车马出行场景则展现了当时的社会等级和仪式。如图 3-2-1：

图 3-2-1　轺车·骑士（汉画像砖）

西汉时期，特别是在武帝时期，画像砖艺术达到顶峰。社会稳定，经济发展，《史记·平准书》记载了这一时期的繁荣①。武帝时期儒家思想被提升为官方思想，特别强调孝道。孝的表现之一就是为亲人进行厚葬，这种风气在汉代尤为盛行。因此，画像砖墓成为流行，它们不仅作为墓葬装饰，也反映了当时社会的政治、经济和思想背景，及由此形成的墓葬制度和习俗。画像砖的意义在于它不仅是物质的建筑材料，更是一种文化和艺术的表达，它们作为随葬品的代替、扩展或延伸，记录了那个时代的社会面貌，是研究古代中国社会历史的重要资料。

（二）画像砖的发展

画像砖艺术起源于战国晚期，最早的画像砖用作宫殿的台阶和踏步，其中以秦都栎阳和咸阳的画像砖最为精美。战国末期，秦国开始从木椁墓向砖室墓转变，使用画像空心砖建造墓室，这种墓葬形式随秦军统一六国而扩展到关东地区。

西汉早期，画像空心砖墓在河南地区迅速发展，并在西汉中期扩展到晋南、冀南、鄂北、皖北和鲁西等地区。西汉晚期至东汉末期，画像砖艺术进入繁荣期。这时，画像砖墓开始向居室化发展，画像砖的形式也从单一的空心砖向多样化发展。东汉时期，画像砖艺术达到巅峰，分布范围极广，形成了以河南和四川、重庆地区为两大中心的分布模式。特别是四川、重庆地区的画像砖一直繁荣至蜀汉时期。这一时期的画像砖摒弃了图案化构图，采用完整画面的实心砖作为主要载体。

四川成都平原的画像砖最具特色，规格为长方形，一砖一个画面，内容具有鲜明的地方特色，整齐地装饰于墓室和甬道壁面。魏晋至宋元时期，画像砖艺术逐渐衰落。然而，南朝时期的南京地区又出现了画像砖艺术的小高峰，巨幅拼镶画像砖墓代表了这一时期的艺术水平。

隋唐时期以后，画像砖在长江流域和黄河流域仍有发现，但未形成中心

①《史记·平准书》载：至今上（武帝）即位数岁，汉兴七十余年之间，国家无事，非遇水旱之灾，民则人给家足，都鄙廪庾皆满，而府库余货财。京师之钱累巨万，贯朽而不可校。太仓之粟陈陈相因，充溢露积于外，至腐败不可食。

分布区，内容趋于形式化和简化。到了元代以后，画像砖作为民间美术的艺术形式逐渐淡出历史舞台。整体上，画像砖的发展历程反映了中国古代社会的政治、文化变迁，同时也是研究古代建筑、美术和墓葬文化的重要资料。

二、画像砖的分类

画像砖在形制上主要分为两种类型：一种是边长大约 40 厘米的方形砖，另一种是长约 45 厘米、宽约 25 厘米的长方形砖。根据出土的地理位置和特点，画像砖可划分为两大类别：一类是成都、新都区的画像砖，另一类则来自广汉、德阳、彭县（今彭州市）、邛崃市、彭山县（今彭山区）、宜宾等地区的画像砖。这些砖块题材丰富，有 50 余种不同的主题，可以大致分为以下五种内容类别：

（一）生产与生活

汉代社会经济结构以农业为主，辅以其他手工业，这一社会形态在汉画像砖上得到了充分的体现。特别是以农业生产和日常生活为主题的画像砖，内容极其丰富，展现了播种、收割、舂米、酿酒、盐井、桑园、采莲、市井等场景，具有极高的研究价值。例如，在成都羊子山一号墓出土的《盐井》画像砖上，细致地刻画了汉代的井盐生产过程。画面描绘了盐井，配有提取盐卤的滑车装置，盐卤通过竹枧流向烧火的铁锅中，生动展现了古代盐业的生产情景。这种画像砖是研究古代盐业历史的难得实物资料，对了解汉代经济结构和社会生活提供了重要参考。

（二）社会地位与生活

汉画像砖中，反映墓主身份和经历的图案同样占据重要地位。典型的如车骑出巡图、丸剑起舞图等，这些画面通常展现墓主的社会地位和生活方式。墓主多为当地的豪强显贵，他们的日常生活和娱乐活动在画像砖上得以生动展示。桓宽在《盐铁论·刺权》中的描述，为我们提供了相应的文献背景："贵人之家，云行于涂，毂击于道……中山素女，抚流徵于堂上，鸣鼓巴俞，作于堂下。妇女被罗纨，婢妾口希宁。子孙连车列骑，田猎出入，毕弋捷健。"这段描述反映了当时豪强显贵的生活场景，与画像砖上的内容高度吻合。通过这类画像砖，我们不仅能够窥见古代豪强显贵的豪华生活，也能体会到他们对权力和社会地位的展示。

（三）社会生活和政治制度

汉代的画像砖以其生动的描绘，深刻地展现了当时的社会生活和政治体制。它们以市集、杂技、讲学授经、尊贤养老等为主题，富含深厚的历史价值。张衡在《西京赋》中所描述的杂技表演场景："临迴望之广场，陈角觚之妙戏。乌获扛鼎，都卢缘橦，衔狭燕濯，胸突钻锋，跳丸剑之挥霍，走绳上而相逢"，在画像砖中得到了精确的体现。这些画像不仅展示了杂技艺术的高超技巧，也映射出当时的娱乐生活和社会习俗。

《市井图》更是直观地呈现了汉代的日常社会生活。画中的牧童、老者以及为老者打伞的童子，生动再现了当时的社会氛围，使我们得以一窥汉代推崇孝道、尊老爱幼的社会风貌。这些画像砖不单是艺术佳作，更是研究古代社会的重要历史文献，是宝贵的实物资料。通过这些画像砖，我们能够更加深入地理解汉代社会的多样性与丰富性，对于探索和研究汉代的社会历史具有极高的学术价值。如图 3-2-2：

图 3-2-2　市井图（汉画像砖）

（四）宗教与社会生活的融合

汉代画像砖的流行，源于统治者推崇孝道与厚葬，体现了"事死如事生"的思想。这些墓室的壁画、画像石和画像砖，不仅展现了中国古人的丧葬文化，还反映了他们对生死、宗教和世俗生活的看法以及礼仪文化。早期的方术迷信、神仙崇拜，以及后来的道教、佛教信仰，都在这些艺术作品中找到了体现。它们不仅展示了墓主的享乐生活，如宴饮、音乐舞蹈、日常生活场景，还反映了汉代的建筑风格和民俗风情。这些画像砖成了中国古代文化和思想的一个重要窗口，让我们深入理解那个时代的人们的生活和信仰。

（五）神话与信仰的艺术呈现

汉代的画像砖，既是建筑装饰又是丧葬艺术的独特形式，集雕刻与绘画于一身。它们生动表现了当时的神话传说和迷信思想，如伏羲、女娲、日月神话，和仙人六博等。特别在东汉新野，这些画像砖反映了当地盛行的厚葬习俗和道教神仙思想的影响。

东汉时期，新野不仅是汉光武帝刘秀兴汉的根据地，还出现了四位皇后和众多的王公贵族，共设置县级治所五处，新野、清阳、新都、棘阳、朝阳等城郭林立，为修建奢华的墓葬提供了经济支撑。例如，新野地区的汉画像砖内容丰富，不仅展现了汉代人对生命、死亡的看法，还反映了对升仙思想的追求。其中，伏羲和女娲的画像尤为显著，这两位被视为三皇之首的神话人物，在汉代人心中享有崇高地位。伏羲被认为是八卦的创造者，女娲则以补天造人闻名，他们的形象在汉代墓葬中频繁出现，体现了人们对长生不老的渴望。这些画像砖不仅是艺术品，也是研究汉代文化、宗教信仰和民俗的宝贵资料。如图3-2-3：

图 3-2-3 伏羲女娲图（汉画像砖）

三、文化、历史与艺术的交汇点

汉代画像砖，作为两汉时期文化与艺术的物质载体，承载着汉代文明的传承。其独特的文化、史学和艺术价值，对中华文明产生了深远影响。

在文化层面，汉画像砖如一面镜子，反映了汉代的文化丧葬观念和精神品质，透视着当时的生存状况、伦理道德、行为规范和思想观念。它是传统文化发展的成果之一，传承了孝文化，如"董永侍父""赵苟哺父"等故事，展现了孝亲伦理和对死后的尊敬，与汉代的治国思想、经济状况和宗亲观念紧密相连。

在史学方面，汉画像砖作为历史发展的特定产物，记录了两汉时期的社会活动、人物形象、历史故事、民俗风俗和伦理道德，提供了直接的历史见证。它们是汉代历史的珍贵财富，填补了其他史料的不足。

艺术价值方面，汉画像砖是古代绘画和雕刻艺术的结合，其风格厚重、大方又不失细腻匠心，展现了典型的汉代人审美特征。其多角度的雕画表现形式独特，创新大胆，展现了丰富的情感和表达方式。

汉画像砖的历史可追溯至战国时期，盛于两汉，三国两晋南北朝时期继续流行，隋唐之后逐渐衰落。这些画像砖分布于河南、四川、江苏、陕西、山东等地，与画像石并称，被誉为"敦煌前的敦煌"。其题材广泛、内容丰富，诠释了中华民族的文化积淀，展现了勤劳、勇敢、睿智和热情奔放的民族精神。

从战国遗址中发现的空心砖到《诗经·陈风·防有鹊巢》中提到的砖砌道路，汉代烧砖技术的进步，使得砖质坚硬如铁，常用作砚材，成为古玩。墓室中的画像砖，因其图像和文字而备受收藏家重视。秦汉时期的砖更为珍贵，形成了"秦砖汉瓦"的说法。

汉画像砖不仅是研究两汉时期民风、民俗的宝贵实物资料，也在中国传统文化中占据着独特的历史地位和极高的文物收藏价值。

汉代画像砖这一古代艺术的珍品，既是雕刻艺术与绘画艺术的结合体，也是中国雕刻工艺发展的重要见证。其多样的形制、精彩的图案和丰富的主题，深刻地反映了汉代的社会风情和审美风格，成为中国美术发展史上的一座重要里程碑。如图 3-2-4：

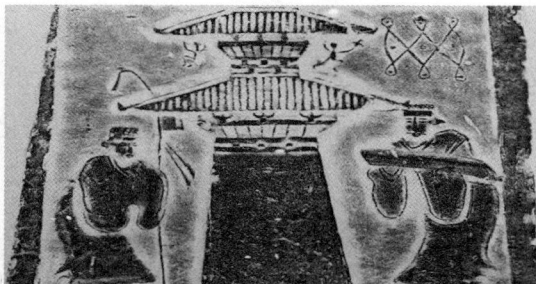

图 3-2-4　阙门拓片（汉画像砖）

从秦汉时期开始，汉画像砖经历了由模制砖到大型砖印壁画的发展。这些砖上的画面，无论是阙楼桥梁、车骑仪仗，还是舞乐百戏、神话典故，都展现了当时的政治、经济、文化和民俗面貌。自 20 世纪 60 年代以来，随着大量汉画像砖在中原地区的出土，这些珍贵的文物不仅为学术研究提供了丰富资料，也成为艺术和收藏界的重要宝藏。

画像砖之所以受到学界、艺界和藏界的高度重视，不仅因为其艺术和历史价值，也因为这些拓片和实物成了研究汉代特别是东汉时期社会面貌的宝贵资料。这些画像砖，不仅仅是一种艺术品，更是连接古代与现代，传承历史文化的重要桥梁。

第三节　汉代壁画——倾情壁上的技艺

一、汉代壁画

汉代壁画，兴起于西汉，盛行于东汉，是墓室壁画的重要代表。这些壁画题材丰富多样，涵盖了神话传说、历史故事、人物肖像、山川风物等，通过生动的情节和丰富的颜色详细描绘了当时的生活风貌，具有深远的文物和艺术价值。

汉代绘画艺术在历史、现实与神话之间形成了独特的交融，这一趋势深受当时社会政治和文化思想的影响。在中国传统绘画的发展历程中，汉代占据了不可忽视的地位，承前启后，成为绘画艺术语言和样式发展的关键阶段。汉代壁画作为其中的重要组成部分，展现了鲜明的代表性和时代特色。虽然艺术水平参差不齐，但仍孕育了众多上乘之作，为研究汉代社会和文化提供了宝贵的窗口。

特别值得一提的是，这些墓室壁画多见于达官显贵或地方豪强的墓室中，通过它们，我们不仅可以窥见汉代社会的经济文化和审美思想，也能更深入地理解汉代绘画的发展和演变。这些壁画因此成为了解汉代社会风貌的重要资料，对于研究中国古代的历史和文化具有重要的意义。

二、选题和选材

（一）西汉时期

汉代壁画以其多样化的选材内容展现了当时社会的多面性和深层次文化思想。西汉的壁画主要有三类：

1. 宇宙天象和异类组合

如日月星辰、星宿、四大神兽、人皇伏羲、女娲等神话人物和天庭中的仙兽、仙草等，这些主题主要流行于西汉末年至东汉初年。

2.用于辟邪镇墓的神怪人物或灵异图案

这些图案通常描绘神界的灵兽，象征着墓主人的守护者，其中不乏狰狞的神灵形象，如虎头、重明等。

3.对墓主人生前生活和功绩的描述

这一类包括宴会场面、出行队伍、受欢迎的场景、从政和军事活动的画面，以及展现墓主人庄园生产、农耕、桑园、射猎、放牧等生活场景。

20世纪70年代，湖南长沙马王堆出土的西汉墓帛画和山东临沂金雀山西汉墓出土的壁画等，进一步丰富了汉代壁画的内容，展示了当时社会经济的发展和生产力的提升。

西汉时期在阴阳五行和灵魂不灭思想的影响下，壁画题材通常都是表现引魂升天的丧葬观念。

（二）东汉时期

东汉时期的壁画主题逐渐转向现实生活的反映，减少了灵魂升天和神仙鬼怪的描绘，更多地展示了当时的文化娱乐和社会生活。如河南密县打虎亭出土的《相扑》《杂技》，内蒙古和林格尔出土的《乐舞百戏图》《宁城幕府图》等，都生动地展现了东汉时期社会生活的丰富多彩。如图3-3-1：

图3-3-1 郝滩镇四十里铺汉墓的装饰壁画（陕西 定边）

东汉时期的壁画墓题材呈现出多样性，主要可分为七大类：墓主人庄园经济生产活动，展现了农耕、狩猎等劳动场面；墓主人的日常生活，如居住、宴饮、乐舞等；墓主人的仕宦经历和身份，如车骑出行和属吏活动；忠孝的历史故事，宣扬忠臣孝子、圣贤人物的故事；神话故事，包括伏羲、女娲等神话人物和象征神仙世界的奇禽异兽；祥瑞图像，如祥云、神鼎、九尾狐、麒麟等；天象图，象征日月星辰的画面。

在中国历史上，元气理论具有丰富的内涵，对中国绘画和工艺美术产生了深远影响。这一理论不仅塑造了绘画艺术的目标和审美取向，还赋予了艺术手段独特的魅力。东汉壁画的多样性和深度，展示了这一时期社会经济、文化和艺术的交织与发展。

（三）壁画分类

汉代壁画的功能分类主要包括宫室殿堂壁画和墓室壁画两大类。

1. 宫室殿堂壁画

秦代遗存：如咸阳秦宫的壁画残片，提供了秦代壁画的重要线索。

汉代壁画：由于时间久远和其他原因，汉代的宫室殿堂壁画未能保存至今。对汉代壁画艺术的研究主要依赖于地下考古发现。

2. 墓室壁画

墓室壁画主要为丧葬目的绘制于地下墓室中，反映了当时贵族地主的生活和道德观念。涵盖现实生活、历史故事、神话传说和祥瑞迷信等，形象地展现了当时的社会面貌。主要地区包括陕西西安、河南洛阳和密县及永城、山西平陆、山东梁山、河北望都、辽宁辽阳和金县、甘肃酒泉、内蒙古托克托及和林格尔等地。

（1）西汉墓室壁画，例如，洛阳卜千秋夫妇合葬墓壁画展现墓主人升仙图，是较早期的西汉墓室壁画之一。洛阳烧沟61号墓描绘了日月星象、驱邪打鬼及历史故事，包括二桃杀三士故事。

（2）东汉墓室壁画，例如，河北望都汉壁画墓和林格尔汉墓壁画是一座砖筑多室墓，包括墓道、前室、左右耳室、中室和南耳室、后室，全墓长约19.85米。

汉代壁画不仅是艺术的表现，也是了解当时社会文化和历史的重要窗口。

三、汉代壁画的思想

（一）秦汉文化融合与神仙思想的影响

先秦时期文化的多样性为秦始皇统一六国后的文化格局奠定了基础。楚地的浪漫神话情调，尤其在《淮南子》和《汉书》的记载中体现出深刻的影响。秦始皇的统治不仅政治上实现了一统，文化上也融合了战国诸子的阴阳五行与道家神仙思想。他生前的寻仙之旅与死后的厚葬风俗，昭示了对死后复生观念的追求。这种追求在班固《汉书·郊祀志》的描述 ① 中达到高潮，反映了当时社会对神仙之道的狂热。

（二）西汉时期文化与思想的变迁

西汉中期，随着楚文化元素的减少，儒家和道家文化开始加强其影响力。特别是在汉武帝时期，儒学被提升为官方思想，形成了政治上的绝对优势。汉武帝通过对儒学的改造和提倡，将儒家思想与其他学派的元素相结合，形成了一个全新的儒学体系，即天人感应神学体系。这一体系不仅强调了人与自然、人与宇宙之间的和谐共生，还将宗教信仰融入国家治理。

在艺术领域，尤其是墓室壁画上，这些思想和文化的变迁也得到了充分的体现。西汉时期的墓室壁画最初以升仙和神话为主题，这反映了当时人们

---

① 班固《汉书·郊祀志》载：秦始皇初并天下，甘心于神仙之道，遣徐福、韩终之属多赍童男童女入海求神采药，因逃不还，天下怨恨。汉兴，新垣平、齐人少翁、公孙卿、栾大等，皆以仙人、黄冶、祭祀、事鬼使物、入海求神采药贵幸，赏赐千金。大尤尊盛，至妻公主，罢位重索，震动海内。元鼎、元封之际，燕、齐之间方士，一言有神仙祭祀致福之术者以万数。

对超自然力量和不朽生命的向往。然而，随着社会的发展和思想的变迁，壁画的主题开始转向更加现实和世俗的生活场景。这种转变不仅展现了艺术风格的多样性，也反映了社会文化从神秘向现实、从超脱向日常的转向。

西汉时期的文化与思想变迁在政治、哲学和艺术等多个领域都有所体现。这一时期的变迁不仅影响了当时的社会结构和政治格局，还深刻地影响了后世的文化和艺术发展。通过对这一时期墓室壁画的研究，我们可以更深入地了解这一时期的社会风貌和文化特点。

（三）东汉时期从神仙到现实的转变

东汉时期墓室壁画的艺术风格和主题内容发生了显著的变化，从神仙的神秘莫测向现实生活的具体描绘转变。这一转变反映了当时社会文化和思想的发展趋势。察举孝廉制度的实施和"崇饰丧祀以言孝，盛饷宾客以求名"的社会风气推动了厚葬文化的盛行。这种文化背景下，墓室壁画不再单纯强调仙界的神秘和超脱，而是开始聚焦于人间世界和现实生活。

东汉墓室壁画中，仙界与人间的界限变得模糊，神和人的生活场景交织在一起，展现了一种天人合一的宇宙观。这种艺术表现形式反映了人们对于生命、宇宙和社会的更加深入的理解和探索。同时，东汉人开始更自由地表达个人的情感欲望和生命体验，神的形象也变得更加亲近人心，与人类生活紧密相关。

东汉墓室壁画中的人物形象和场景描绘，更加注重现实生活的细节和丰富性，反映了当时社会的日常生活和文化特色。人物的表情和动作更加自然和生动，场景的描绘也更加具体和真实。这种从神仙到现实的转变，不仅展现了东汉时期艺术家的技巧和创新，也反映了社会思想和文化的进步。如图3-3-2：

图 3-3-2　和林格尔东汉墓壁画（局部）（内蒙古　呼和浩特）

　　东汉时期墓室壁画的这一转变，既是艺术表现手法的创新，也是对当时社会文化、哲学思想和人们生活方式的深刻反映，标志着一种从神秘到现实、从超脱到日常的文化转向。

（四）元气论宇宙观

　　元气论认为宇宙和生命的本质是由不断流动和变化的元气构成的。这一理念在汉代壁画中得到了充分的体现，尤其在对自然景观和人物形象的描绘上。在壁画中，画家们借助对云雾、水流、植被等自然元素的细腻描绘，以及人物姿态的流畅表现，传达出元气流动和宇宙生命力的概念。

　　元气论强调万物的相互联系和转化，这一点在汉代壁画的主题选择和表现手法中得到了显著体现。壁画常常将人物、动物、神话和自然景观融为一体，展现出一个和谐统一的宇宙观。这种整体性的表现方式反映了元气贯穿万物、连接天地人的哲学思想。

　　汉代壁画中对生死、神仙和现实生活的描绘，也受到了元气论的影响。壁画中对于生命、死亡和超自然现象的表现，往往突出了生命力的不息和元气的永恒流转。这不仅在视觉上展现了生命的多样性和丰富性，也在哲学上表达了对生命和宇宙不断循环、转化的理解。

　　元气论作为汉代的主导思想之一，深刻地影响了当时壁画的艺术创作，不仅体现在技法和风格上，更深入表现内容和主题的核心理念。通过汉代壁画，我们可以窥见古代艺术家如何将元气论的哲学思想转化为生动的视觉艺术，从而更全面地理解中国古代的文化和宇宙观。

四、文化反映与艺术表现

（一）文化反映

汉代壁画艺术的兴起和发展是对当时社会文化的直接反映。这些壁画不仅具有美学价值，还承载着传达人们精神信仰的功能。通过对现存壁画的分析，可以看出汉代人深受"天人相应"和"神仙学说"等思想观念的影响。壁画内容丰富多样，涵盖了四灵祥瑞图、天界神仙图、引魂升仙图等与羽化成仙相关的主题。这些主题揭示了当时人们对天上神明的膜拜以及对理想中天界生活的渴望和信仰。

汉代壁画更像是一种视觉史册，记录了墓主人的生活、德行、政绩等。很多壁画描绘了主人公的生前事迹和生活状况，体现了其身份、地位和个人品质。这种图片式的记录方法比文字更加直观，使后人能够更清楚地了解墓主人的生活和工作状态。

汉代壁画也反映了当时的政治文化制度。中国古代政治文化提倡礼乐教化，这一传统在汉代得到了继续深化，特别是在孝道的推崇上。出土的汉代壁画中，许多作品体现了孝廉、孝道，用以宣传墓主人生前的孝行，间接体现了汉代的政治文化制度。如图 3-3-3：

图 3-3-3　打虎亭村汉墓壁画（局部）（河南　密县）

汉代壁画作为一种独特的艺术形式，不仅展示了强烈的民族特色和地方特色，还鲜明地体现了中国传统本土绘画艺术的风格。这些壁画不仅是艺术作品，更是研究汉代社会文化和精神信仰的重要窗口。

（二）艺术表现

汉代墓室壁画的艺术表现既是当时社会文化的反映，也是艺术与审美相结合的结果。在这些壁画中，再现性与表现性相结合，形成了独特的艺术特征。

1.再现性与表现性

汉代墓室壁画在艺术创作中巧妙融合了再现性与表现性。再现性指的是艺术作品中对自然和原型的真实描绘，而表现性则涉及对艺术家内心世界和主观想象的展现。在汉代墓室壁画中，这两个方面相互交织，形成了充满生命力的艺术形象。例如，龙的形象在壁画中常见，其演变和重组变形体现出表现性的艺术特征。龙作为中国文化中独特的动物，其形象是多种动物的综合体，这种再现与表现的结合展现了汉代人独特的思维方式和主观意识。

2.独特的形态

艺术创作的独特性基于不重复性和不可重复性。汉代墓室壁画在传统文化的基础上发展而来，受到了汉代灵魂观念、神仙信仰、儒道思想和天人相应等思想的影响。这些壁画不仅继承了中国传统文化，还承载着汉代人的思想、情感和价值观念。它们展示了多种绘画元素和汉代社会文化观念的结合，线条奔放有力，形成了一种独特的艺术风格。

汉代墓室壁画的艺术特征揭示了当时社会的文化背景和艺术趋势。它们不仅展现了艺术家对自然的真实再现和对内心世界的深刻表现，还展示了汉代人对于生命、死亡和超自然现象的深层理解。通过这些壁画，我们可以更加深入地理解汉代社会的精神面貌、审美观念和文化特色。

五、汉代壁画的构图和艺术价值

（一）汉代壁画的构图

汉代壁画的艺术特征和文化价值在当时社会文化的背景下得到了充分的体现和发展。在构图上，汉代壁画以其简单而质朴的风格，展现了多种构图形式，如独幅式和长卷式构图，创造了波澜壮阔的视觉效果。这些壁画在造型上多样且复杂，通过丰富的想象力和细致的物象描绘，营造出神秘的意境。色彩方面，汉代壁画采用了红、黑、黄、白等传统色彩，并加入了青、绿、橙、灰等，使得色彩对比强烈，呈现出五彩绚烂的效果。

汉代壁画不仅是艺术家和画工们在传统墓葬艺术基础上的创新，还融合了当时流行的思想和信仰，如灵魂观念、道家思想、神仙信仰、阴阳五行和天人相应等，形成了一套深刻反映丧葬观念的艺术表现体系。

（二）汉代壁画的艺术价值

从文化艺术价值来看，汉代壁画覆盖了思想、政治、军事、科技、礼仪、宗教信仰、神话和日常生活等广泛领域，直观清晰地展现了当时的历史、社会状况和文化环境。

在绘画艺术领域中，汉代壁画是早期绘画发展的重要环节，继承了古代楚地文化的特质，将汉代人的思想和艺术完美结合，丰富了中国古代早期的绘画内容和题材。

技法方面，汉代壁画在透视、造型、线条和色彩搭配等方面的完善，展现了丰富的想象力和创作能力，对周边地区的绘画艺术产生了深远影响，为中国绘画艺术的发展奠定了坚实的基础。元气观的形成改变了早期壁画倾向于神话传说的风格，使其逐渐转向记录和写实，丰富了汉代文化的层次，加深了对中国传统文化的理解。这些壁画不仅是历史的见证，也是中国古代优秀传统文化艺术的重要载体，为我们深入了解汉代的文化和历史提供了宝贵的视角。

第四节 汉画——帛上的历史

一、汉代的帛画

（一）帛画的形制

　　帛画是汉代丧葬礼俗中的重要组成部分，通常在丧葬出殡时作为一种图画旌幡使用，旨在"引魂升天"。这种在绢帛上绘制的画作也被称为"非衣"，并常作为随葬品盖在棺木上。迄今为止，通过考古学的发现，已揭示了20余幅汉代帛画，其中最著名的例子是湖南长沙马王堆西汉墓出土的帛画。此外，山东临沂、湖北江陵、甘肃武威、广东广州等地的汉墓也相继出土了此类绘画作品。

　　汉代帛画是继战国帛画之后的重要艺术形式，不仅填补了汉代绘画史的空白，而且其内容在反映当时的政治、经济和社会秩序方面具有不可替代的价值。例如，湖南长沙马王堆1号和3号汉墓、山东临沂金雀山9号汉墓出土的帛画，以及马王堆汉墓出土的绘有人物、车马、建筑等内容的帛画，都为我们提供了深入了解汉代社会风貌的重要视角。图3-4-1：

图 3-4-1　人物龙凤图（陈家大山楚墓）

（二）帛画的结构

　　旌幡帛画是汉代丧葬中的重要元素，通常长度超过 2 米，与棺木长度相仿。马王堆汉墓出土的帛画上部较宽，呈 T 字形；而金雀山汉墓的帛画则上下等宽，形成长方形。帛画内容通常分为三部分，分别代表天上、人间和地下。天上部分画有太阳、月亮和星辰等，常见金乌、蟾蜍、玉兔及奔月的嫦娥等图案；人间部分则描绘墓主人的日常生活，如出行、宴飨、祭祀、起居、乐舞和礼宾等场景；地下部分绘制怪兽、龙、蛇、大鱼等，象征海底的"水府"或阴间的"黄泉""九泉"。帛画的主题通常被理解为"引魂升天"，但也有观点认为其寓意为"招魂以复魄"，以求死者安土。

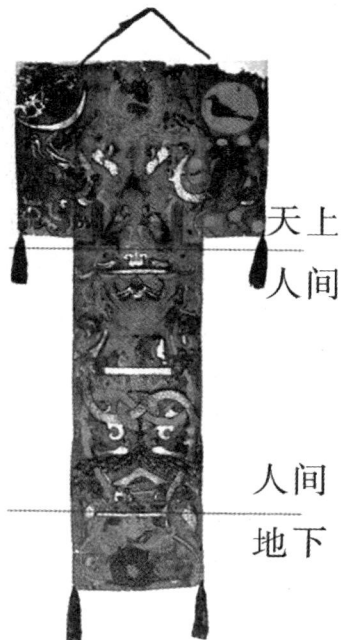

天上
人间

人间
地下

图 3-4-2　马王堆西汉墓出土的帛画（湖南　长沙）

　　甘肃武威汉墓出土的类似旌幡作品，有的是丝织品，有的是麻织品，覆盖在棺盖上。这些作品或只画有太阳和月亮，或无图画但有墓主人的籍贯、姓名等文字，被称为铭旌。铭旌可能是从帛画演变而来，图画简化，以文字取代了墓主人的形象。

二、帛画的艺术特征

汉代帛画是古代丧葬文化中的重要组成部分,以其鲜明的时代特征和独到的绘画技法在艺术史上占有重要地位。这些帛画主题与当时的社会文化和生活状况紧密相关,体现写实特点、透视法则和象征意味三个主要艺术特征。如图 3-4-3:

图 3-4-3 汉代帛画的艺术特征

帛画的写实性显著,继承了战国时期的绘画传统。画面主要以人物为主,衣物纹饰、人体动作等细节刻画真实,线条流畅而准确,采用墨线勾勒与平涂等着色技法,表现宏大场景时兼具细腻的描绘。帛画在透视上处于初级探索阶段,以上下关系处理前后厅等场景的透视,表现出原始的透视法则,具有古朴简单的特点。帛画中的象征意味浓厚,尤其是在表现生死等哲学命题时,使用象征手法表现天界和冥界等概念,借助符号性象征图案传达含义,准确反映了当时的社会意识。汉代帛画的发现,特别是马王堆汉墓出土的两幅珍贵帛画,不仅制作精美、色彩鲜艳,还在构图上极具文化内涵,成为研究古代社会和文化的重要资料。帛画的 T 形幅面自上而下分为"天界""人间"和"地下",每部分均有生动的描绘和充满活力的意态,展现了汉初绘画艺术的风格和成就。这些作品为后世人物绘画的发展奠定了坚实基础,成为中国古代艺术宝库中的瑰宝。

汉代帛画以其独特的构图和丰富的文化内涵,成为历史学家和文物学家研究的重要材料。马王堆帛画以 T 形幅面布局,自上而下分为三个部分。上段描绘了"天界"，以人首蛇身的女娲为中心，周围环绕着日、月、扶桑、升龙、神仙、怪兽等，展现了一种充满飞动感的意态和雄健的活力；中部描绘"人间"，画面中年老的妇人拄杖而行，代表墓主人生前形象，前后有男女侍从相随；而最下段则以一怪人蹲在两条大鱼背上的形象表现，用以支撑着现实世界，展现了一种原始而强大的力量。

这些帛画不仅在艺术上展示了汉代绘画的高水平，同时在文化层面上也提供了宝贵的历史信息，反映了汉代人对宇宙、生命和死亡的理解和想象。

《车马仪仗图》是一幅出土于棺室西壁的汉代帛画，其画面采用横式构图，展现了车马人物的场景，并可分为四个部分。画面左上方绘有两行人物，其中行首的一位高大男子，可能是墓主人。这位男子头戴刘氏冠，冠带系于颔下，身着朱领白袖黑紫色长袍，腰间佩戴长剑，右手握剑柄，左手持黑色棍棒。他的形态、衣着和神情与同墓出土的"T"形帛画中的墓主人相符，足下是一座九级高台，正从台左侧向前行进。其身后的两行人物手持戈盾，面向墓主人，似乎是他的卫队。

汉代缣帛上的绘画作品虽然众多，但由于历经千年，现存的已极为稀少。20世纪70年代，重要的发现包括湖南长沙马王堆和山东临沂金雀山的西汉帛画。在马王堆1号墓中出土的帛画被认为含义隐晦，一般解读为上部和底部分别描绘天界和阴间，中间两部分展现了墓主轪侯夫人的生活场景。这些作品展现了西汉绘画的精湛技艺，生动的神禽异兽刻画、流畅挺拔的勾线及庄重典雅的设色，均体现了西汉绘画的卓越水平。而马王堆3号墓中的三幅帛画也极具价值，除了描绘墓主人外，还包含了"导引"、仪仗等内容。

金雀山帛画的内容与马王堆帛画相似，同样描绘了天界、阴间和墓主人的人间生活，展现了汉代绘画的技法。该帛画主要表现了武卒、车骑、随从等，结合墓中的《地形图》《驻军图》和多件兵器，推测墓主可能是南部边境的长沙国重要将领。这幅作品可能描绘了墓主人生前检阅部属的场景，不仅反映了汉代绘画艺术的水平，同时也为研究当时的历史提供了重要信息。

三、帛画对后代绘画的影响

帛画作为中国古代绘画的一种独特形式，对近现代绘画艺术产生了深远影响。汉代社会的稳定为文化艺术的发展创造了条件，使得帛画艺术在画师的精细打磨下达到空前的水平。西汉绘画不仅继承了前代技法，还在写实技法上取得显著进步，形神兼备的物象描绘、人物气质和个性的精准刻画使作品更具生命力。

帛画的写实技巧和表现手法既简练又概括，整体感强，体现了西汉时期的精神和审美思想。帛画中常描绘人们的生活场景，显示了人物在社会中的重要地位，反映了社会和文化的综合影响。特别是马王堆帛画的虚实结合创作方式，通过构造和谐的理想空间增强了画面感。

通过赏析汉代帛画，我们得以窥见汉代绘画的发展水平，这些作品作为封建时代的珍贵文化遗物，展示了我国古代工匠的艺术创造力和想象力。帛画不仅是中国古代劳动人民智慧的结晶，也对中国绘画的传承和发展发挥了关键作用，成为现代艺术研究的重要题材。帛画的研究是一个不断创新和深化的过程，其在中国古代绘画史上的独特地位和估量不尽的艺术价值，使其成为中华民族艺术的珍宝。

第五节　汉代漆器与玉器——技艺与材料的完美结合

一、汉代的漆器

（一）汉代的漆器及其特征

汉代是中国漆器制作的高峰期，继承了战国时期的技术。这一时期的漆器种类繁多，主要包括日常饮食用的器皿如鼎、壶、杯盘等，以及化妆用具和家具如奁、盒、几案和屏风。汉代的漆器增加了大型物品，如漆鼎、漆壶，甚至出现了用于礼仪的漆器，逐渐取代铜器。出土的汉墓中发现了漆棺、漆碗等，这些器物大多以木胎制成，表面为红底黑色，装饰有红色或赭色花纹。汉代的漆器造型更为丰富，注重实用性和美观，如漆奁、漆盘和漆案都考虑到了使用方便和容积。装饰图案以抽象化的花纹为主，展示出线条的动感。汉代漆器不仅实用，而且美观，是工艺品的典范①。如图 3-5-1：

图 3-5-1 汉代博山炉漆器（山东 淄博）

（二）汉代漆器的工艺与文化

汉代是中国漆器发展的黄金时期，其制作工艺精巧、色彩鲜艳、花纹优美、装饰精致，成为当时社会珍贵的艺术品。《盐铁论·散不足》中提到，一件漆器的制作可能需要百人之力，体现了其制作的复杂与价值。汉代宫廷及贵族广泛使用漆器作为饮食用具，甚至在漆器上刻有身份或地位的标记，如"大官""汤官"等。这些漆器不仅在宫廷内受到推崇，还在贵族官僚家中普遍流行，成为标志身份和地位的象征。

汉代漆器的广泛应用也在多地汉墓中的出土文物中得到体现。长沙马王堆一号汉墓出土的漆器种类繁多，数量庞大，其中的"漆耳杯套盒"尤为出名，它不仅实用美观，而且体现了当时漆器工艺的高超水平。汉代的漆器以其稳重朴实的风格、红黑色调、耐潮耐高温的实用特性，以及独特的色泽，深受统治阶级的喜爱和推崇。如图 3-5-2：

---

① 《盐铁论·散不足》：一杯用百人之力，一屏风就万人之功。

图 3-5-2　长沙马王堆 1 号墓出土的漆耳杯（羽觞）

然而，随着瓷器的兴起，汉代之后的漆器工业开始衰微，漆器质量有所下降。漆器工艺不仅是中国劳动人民的杰出创造，也是中国历史上最悠久的工艺之一。从战国文献记载的漆器使用，到西汉时期社会经济文化的高度发展，漆器一直在中国古代贵族豪门的生活中占据重要地位。它的发展不仅反映了当时社会经济的繁荣，也是我国古代文化艺术的重要组成部分。

（三）漆器的胎质及制法

1. 汉代漆器的胎质

漆器的胎质主要分为木胎、夹胎和少数的竹胎。木胎漆器的制作方法多样，包括轮旋、割削和剜凿、卷制等，不同的器形会选择适合的制作方法。轮旋法适用于对称器形，割削和剜凿法用于复杂的形状，而卷制则适用于大型或不规则的器物。夹胎则是一种独特的制作方式，先用木头或泥土制成器型作为内模，然后将多层麻布或缯帛附于内模上，逐层涂上漆。待漆干实后，移除内模，剩下的就是麻布或缯帛构成的夹胎。这种"脱胎法"不仅创新了制作工艺，也使得漆器更加轻盈而结实。

2. 汉代漆器的艺术

（1）汉代漆器的纹饰

汉代漆器的纹饰以流云纹、旋涡纹、变形蟠螭纹、菱格纹和飞禽走兽辟邪纹为主，色彩常用红黑交替，或结合朱、青、金等彩绘，风格强烈而大气。其中，人物画常以孝子故事和神仙羽人为题材，反映了当时的文化思想。这些纹饰不仅在漆器上见，也常见于汉代墓室、享堂的画像石、壁画等，体现了神仙升天的思想。

西汉中期以后，漆器的装饰开始采用金银贴箔和镶嵌技术，如在盘、樽、盒等器物的口沿上镶镀金银的铜箍，杯耳上镶镀金的铜壳，形成了"银口黄耳"的装饰风格。此外，漆器上还常附有镀金铜饰，有时镶嵌水晶或玻璃珠，展现出华丽的装饰效果。如图 3-5-3：

图 3-5-3 西汉云气纹漆枋（长沙马王堆 1 号墓汉墓出土）

（2）汉代漆器的工艺

汉代漆器艺术，作为中国漆艺史上的重要里程碑，不仅是中国传统工艺美术宝库中的璀璨明珠，更是世界文化遗产中的珍贵组成部分。汉代漆器的精妙制作和丰富多彩的装饰技法，展示了我国古代工匠非凡的创意和精湛的技艺，为后世留下了无价的文化遗产。

汉代漆器的制作工艺精细，采用了多种独特的装饰方法，使每件漆器都成为一个艺术品。

"漆绘"是最常见的装饰技法，工匠们用生漆制成的半透明漆液，加入各种颜料，在漆器上绘制各种图案。这种方法不仅使颜色光亮鲜艳，而且持久耐用，不易脱落。

"油彩"是另一种常用的装饰方法。工匠们用油汁（可能是桐油）调和颜料，在漆器表面上绘制图案。虽然这种方法绘制出的图案随着时间的推移可能会逐渐脱落，但它在当时依然是一种流行的装饰技艺。

"针刻"技术，或称为"锥画"，则是一种更为精细的装饰手法。工匠们用针尖在漆器表面刻画出细致的图案，并有时在这些线条中填入金彩，创造出一种类似于金银错的美丽效果。

"金银箔贴"是一种华丽的装饰方法，工匠们将金箔或银箔制成各种图案，然后贴在漆器表面上，创造出细腻流畅的纹样，使漆器显得更加高贵典雅。长沙杨家山 304 号墓所出漆奁上有金箔贴成的菱形图案，黑黄两色相间，非常耀目。

"堆漆装饰"法是汉代漆器中一种独特且极为精妙的技艺。长沙西汉大墓出土的漆棺上的堆漆花纹就是一个典型的例证。工匠们使用浓稠的漆料堆砌出立体的花纹和边线，创造出浮雕般的效果。这种堆漆技法在当时是前所未有的，展现了汉代漆艺的高超水平。

"镶嵌"是一种当时流行的装饰技法。工匠们使用银或铜薄片，在漆器的钿饰部分刻制出四叶蒂形纹样，然后镶嵌在器物的盖子中央，作为主要装饰。有些漆器的四叶纹中甚至镶嵌有玻璃珠和金铜铆钉，更显华丽。此外，苍玉镶嵌与彩绘的结合也是一种常见的装饰手法，它们的华美和高贵，为后来的唐代平脱和明代百宝嵌提供了创新的灵感。

"彩绘与金银钿"的结合也是汉代漆器装饰中的一大特色。在漆器的边缘或器型中，金银色的钿器与彩绘相互衬托，产生对比效果，增加了视觉的丰富性。朱盒彩绘尤其引人注目，其色彩的灿烂和辉映令人赞叹。

"玳瑁装饰"是一种独特的自然美学应用。乐浪出土的漆盒上，工匠们巧妙地利用了玳瑁片这一自然界中美丽且质地光滑的材料，为漆器增添了独特的装饰效果。这种运用自然界素材来丰富漆器装饰的方法，充分展示了工匠们的聪明才智和艺术创造力。

汉代漆器的这些装饰技法，不仅体现了当时漆器艺术的精湛技艺，更是中国古代文化和工艺美术的重要组成部分。它们不仅令汉代漆器成为时代的艺术典范，也为后世的工艺美术提供了丰富的灵感和参考。

（四）典型的汉代漆器

在过去的半个世纪，国内外对汉代漆器的不断发现为研究秦汉时期的漆艺和文化提供了宝贵资料。尤其是长沙地区的发掘成果，在汉代漆器研究中占据重要地位。

1.长沙出土的汉代漆器

长沙地区是战国至汉代南方文化的重镇。1972年，湖南长沙马王堆的发掘了西汉时期大量精美的漆器。这些漆器的出土，不仅在光泽和保存状态上完好如新，更是汉代文化史上的重大发现。马王堆一号、二号和三号墓出土了700多件漆器，其中一号墓184件，三号墓316件。这些漆器大多保存完好。然而，普通人对这些漆器的关注度不高，主要关注点在墓主人的遗体和衣物上，而忽视了漆器本身。这可能是因为汉代以后瓷器的发展抑制了漆器的流行，使得人们与漆器的联系减少。如图3-5-4：

图3-5-4　长沙马王堆汉墓出土的凤纹漆盒盖部的纹饰

马王堆汉墓出土的漆器中，有许多极具意义的物品。例如一套博具（赌博用具），非常完整，其中的骰子与现代骰子不同，拥有十几面，形成球状。此外，还出土了带彩绘的漆壶，其造型与当时的陶壶、铜壶一致。

在长沙马王堆汉墓出土的大量成套餐具中，包括漆碗、漆盘和羽觞杯（耳杯）。许多此类餐具上都写有"君幸食""君幸酒"等字样，尤其以写着"君幸酒"的耳杯数量最多，显示了其广泛的使用范围。这些文字雅致、精炼，证明了耳杯主要用于饮酒。

（1）长沙漆器的胎骨和制法

长沙地区出土的汉代漆器揭示了当时漆器制作的多样性和技巧，特别是在漆器的胎骨和制法方面展现了独特的工艺。

漆器的胎骨主要有木胎、夹胎和少数竹胎。木胎是最常见的类型，其制作方法分为三种：旋木胎、斫木胎和卷木胎。旋木胎主要用于制作鼎、盒、钟等器物，通过旋转木块加工外壁和底部，内部可能通过剜凿完成；斫木胎则涉及利用木块或木板雕刻出器形，适用于制作椭圆形具杯盒、耳环等，这类器物通常较为厚重；卷木胎则用于直壁器型如卮、奁等，采用薄木片卷成圆筒形，接口处用木钉固定，底部由圆形木板构成。这种卷木胎常需加裱麻布再上漆，以确保平整光滑的外观，隐藏接缝。如图3-5-5：

图 3-5-5　长沙马王堆汉墓出土耳杯的胎质

竹胎的漆器较为罕见，主要见于鬃画勺。这类器物以竹节作为底部，长竹片作为柄，通过竹钉将两部分结合，并涂以漆料。

夹胎漆器则采用不同的方法。制作时，先以木头、泥土或石膏做成器型的内模，然后在其上多层附上麻布或缯帛，并逐层涂漆。待漆干后，移除内模，留下与原器型轮廓一致的麻布或缯帛胎骨。

这些复杂的漆器制作方法不仅体现了汉代工匠的高超技艺，而且展示了漆艺在当时文化中的重要地位。

（2）长沙漆器的花纹装饰

长沙地区出土的汉代漆器展现了当时精湛的花纹装饰技艺，这些装饰方法不仅丰富了漆器的美学价值，也体现了汉代工艺的高水平。

这些漆器的花纹装饰主要通过三种绘制方法实现。第一种是漆绘，这是最常见的方法，使用半透明的生漆混合不同颜料，在已髹漆的器物上描绘图案。大部分漆器采用黑漆地配合红、赭、灰绿等色彩的漆绘，色泽光亮且持久。鼎、盒、钟等多种器物上的花纹大都采用此法。第二种是油彩。工匠们使用朱砂或石绿等颜料调和油（可能是桐油），在已髹漆的器物上绘画。这种方法见于食奁、几、屏风等精致漆器，通常在黑褐色漆地上贴金箔后进行油彩描绘。由于油脂的老化，这种油彩装饰容易脱落。第三种是针刻。工匠们在髹漆的器物上用针进行刻画，常见于卮、奁等小型器件。有些漆器在针刻花纹上混合油彩，展示出更加精巧细致的效果。如图 3-5-6：

图 3-5-6 长沙马王堆汉墓出土的耳杯纹饰

这些漆器的花纹类型主要分为三类：几何纹、龙凤云鸟花草纹以及写生动物纹。几何纹包括方连变体花纹、鸟头形花纹等；龙凤云鸟花草纹则有云龙纹、云凤纹等；写生动物纹主要有猫纹和龟纹。这些花纹线条风格各异，几何纹线条刚劲，龙凤云鸟花草纹线条柔和，而猫龟绘画则接近现代写生风格。色彩运用上，这批漆器达到了高水平。一般以黑色作底色，辅以红色衬色，或结合朱红和赭色，或朱红和灰绿色进行绘画。彩绘与底色的对比强烈而丰富，色彩既明亮又协调，使得漆器呈现出富丽而生动的视觉效果。

2. 山东出土的汉代漆器

山东地区出土的汉代漆器为我们提供了研究该时期漆艺的重要资料。特别是文登市（今文登区）和莱西市岱墅村出土的漆器，不仅保存完整，而且在工艺上展现了汉代漆器的多样性和精致度。

文登区解放后出土的汉代墓葬中的漆器，以及莱西市岱墅村东汉墓室内发现的漆器和精美的铜镜、铜洗等，均反映了当时漆艺的高水平。这些漆器中的盒类特别引人注目，其造型多样、比例协调，显示出庄重大方的特点。盒类通常采用夹胎技术，盒盖中心装饰有银片四叶形花纹，口边缘和底部镶嵌精细银钿，黑漆地上描绘的云气纹线条飘动柔美，与其他地区漆器的描绘风格保持一致。

在盖和身外侧，银钿之间贴有金或鎏金银质的饰片，上面有云、鸟、兽等形象，显示了当时技术的成熟。然而，纹样相比之下不够丰富。在巨野红土山西汉墓出土的漆器装饰则更为简单，主要有钿、柿蒂形钮座和铺首衔环，反映出不同地区在漆器装饰上的差异。

山东海曲 106 号墓，可追溯至武帝末至昭帝时期，是地方官员的墓葬。其中出土的圆梳盒上的贴花装饰技术更为先进。这些发现表明，汉代漆器的装饰技法和风格在不同地区和不同时期有所差异，反映出当时社会文化和技艺的多样性。

3. 河北怀安出土的汉代漆器。

河北怀安地区出土的汉代漆器以其独特的风格和工艺吸引了人们的目光。这些漆器主要包括长方形的漆匣和漆奁，它们在形状和装饰上有别于其他地区的相似品种。怀安地区的长方匣特别显眼，器型较高，盖子相对浅且无钿饰，但盖子中心装饰有类似莱西汉漆盒的四叶型蒂纹。整体上，匣体涂以黑漆，表面绘有飞禽走兽与流云纹，这些动物图案穿插在流云之间，给人以生动活泼之感。

与长方匣相比，漆奁的器身和盖则装饰有较宽的银钿，使其显得更为华丽。奁盖的突起部分较高，中心也镶嵌着银片制成的四叶形蒂纹。漆奁同样采用黑漆地，上面绘制有优美的流云纹。

这些出土的漆器不仅展现了汉代工匠的高超技艺，也反映了当时漆艺在艺术表现上的多样性和创新。

4. 江苏扬州凤凰河出土的汉代漆器

江苏扬州凤凰河出土的汉代漆器包括多种形状和样式，如漆奁、长方形、正方形、椭圆形、圆形、马蹄形漆盒，以及耳杯、漆盘和带铜环把的漆碗等。大件漆器主要采用木胎，而小型漆盒则是夹胎。这些漆器的表面均涂以黑漆，并用朱漆精心描绘花纹，主要是卷云纹和花草纹，其中还包括精美的凤、鹿等动物图案。长方形漆盒的盖内侧用朱漆书写有"程长卿"三字，显示出西汉初期的特点。

西汉晚期的漆器在装饰上出现了较大的变化，即使在等级较低的墓葬中也常见金银箔贴花的漆器。这些金箔贴花图案丰富多彩，包括山川、云气、动物（如羚羊、骆驼、马等）和人物活动（琴艺、舞蹈、杂技等）。银箔贴花则相对简单，如连云港海州霍贺墓出土的七子奁，其母奁器盖上朱绘云纹中贴有银箔独角兽。相似的银箔贴花也出现在江苏、山东等地的西汉中晚期墓葬中。连云港网疃庄西汉木椁墓出土的七子奁上，尽管使用银箔，其装饰风格与金箔贴花一样丰富（图3-5-7）。

图3-5-7　海州网大长方盒

汉代徐州刺史部境内，尤其是今天的扬州地区，是金银箔贴花漆器发现最为集中的地方。代表性出土地包括姚庄101号墓、甘泉姜莫书墓、杨庙昌颉西汉墓等，出土了大量漆奁。然而，金银箔贴花漆器的分布并不局限于此，湖南长沙杨家山304号墓、长沙汤家岭西汉墓、广西合浦望牛岭1号墓、陕西咸阳马泉1号墓、河北定县八角廊40号墓、北京大葆台1号墓等地同样有重要的漆器发现。望牛岭1号墓出土的漆奁上，有鎏金铜钮和金箔贴花总数达到113件，其中的飞鸟、奔跑的走兽、狩猎者等图案制作精细，生动逼真。

此外，湖北江陵凤凰山汉墓、安徽天长县（今天长市）汉墓、贵州清镇、平坝等地也出土了大量汉代漆器。这些漆器在品种、器型和艺术风格上与前述地区的漆器类似，展示了汉代漆艺的广泛传播和多样性（图3-5-8）。

图 3-5-8　邗江昌颉奁

二、汉代的玉器

（一）汉玉

汉代的玉器在继承战国时期传统的基础上，呈现出明显的变化和发展。这一时期，用于礼仪的玉器（"瑞玉"）相比之前有所减少，而组成佩饰的各类佩玉在种类上趋于简化。与此同时，用于丧葬的玉器数量显著增加，玉制的日用品和装饰品也有了较大的发展。

在雕琢技艺方面，汉代的玉器制作技术有了显著进步，圆雕、高浮雕、透雕的玉器和镶玉器物的数量较之前有所增加。纹饰风格上，从以抽象为主转向以写实为主，许多玉器展现出较强的现实感和生命力，形神兼备，这是先秦玉器所不及的。

中华人民共和国成立后，出土的汉代玉器数量和种类众多，科学价值远超传世品。出土玉器较多的地区包括广东广州南越王墓、河北满城中山靖王刘胜夫妇墓、河北定县中山怀王刘修墓、简王刘焉墓、穆王刘畅墓、北京市大葆台广阳王夫妇墓、江苏省徐州楚王墓、河南省商丘梁王墓等。此外，汉代的一些窖藏也出土了许多精美的玉器。这些出土玉器为我们研究汉代的文化和艺术提供了宝贵的资料。

（二）汉玉的分类

汉代玉器以其丰富多样的类型和精湛的工艺著称，根据器形和用途可以分为以下几大类：

1. 汉代的礼仪用玉器

汉代礼仪用玉器主要包括璧和圭等，这类玉器在形式与功能上与商周时期的"六瑞"玉器有所不同。汉代的仪礼用玉主要为璧和圭，而其他如璜和琥则转变为装饰用佩玉。《周礼》中所述的"六器"，即璧、琮、圭、璋、琥、璜，汉代仅璧和圭继续作为礼器，玉圭自西汉中期以后也逐渐消失。如图3-5-9：

图 3-5-9　西汉四灵出廓璧

汉代玉璧的花纹风格经历了显著变化，除了传统的蒲纹和谷纹外，增加了兽纹或鸟纹的装饰。例如，南越王墓出土的一件玉璧，在谷纹的内外各有一周线刻兽纹带，这在汉代玉璧中较为罕见。另外，如满城汉墓出土的玉璧，在外缘附加透雕双龙卷云纹，这些纹饰都更加生动优美，体现了汉代玉璧在造型、纹饰和功用方面的发展。

汉代仪礼用玉器在传统基础上有了较大的发展，不仅在形制上更趋多样化，而且在纹饰上也更加丰富和精致，反映了汉代玉器艺术的独特风格和时代特征。

2. 汉代的葬玉

在汉代人们深信玉石具有神奇的力量，能够使尸体免于腐朽，因此葬玉成了一种显赫而庄严的丧葬习俗。这些葬礼中的玉器主要包括精致的玉衣、用于封闭九窍的玉塞、寓意轮回的玉蝉，以及代表高贵的握玉。其中，玉衣作为皇帝和高级贵族的专属，每一件都是由无数细小的玉片精心编织而成，以金、银或铜线连结，构成了一套完整的服饰，包括头罩、上衣、裤子、手套及鞋子。满城汉墓中出土的金缕玉衣，以其完整性和精细的工艺，成了汉代玉器艺术的杰出代表。如图 3-5-10：

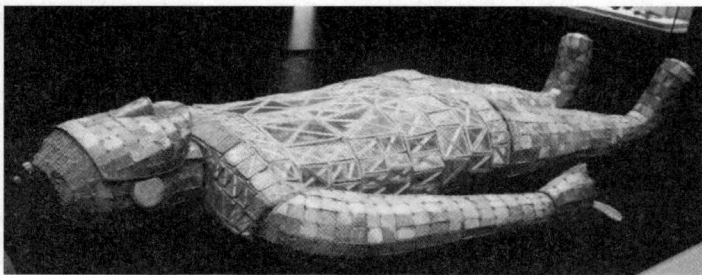

图 3-5-10　西汉满城汉墓的金缕玉衣

九窍塞的作用是密封死者身体的各个开口，以玉的纯洁和坚固象征永恒和尊贵。而玉蝉，通常呈现蝉的形态，寄托着生命循环与重生的美好寓意，安置于死者的口中。而握玉的形态随着时代的演变，由最初的环形逐渐转变为玉猪的形状，在东汉时期及其后的时代中，这种习俗盛行无比。

玉璧也是葬礼中不可或缺的一部分，常被置于死者的胸背之下，如同在满城汉墓中所见，那些装饰有玉璧的漆棺，内外皆镶嵌着玉石，昭示了玉在汉代丧葬文化中的重要地位。葬玉的传统不仅体现了古人对于生命与死亡的深刻理解，也展现了他们对于玉石这一天然瑰宝的珍视与运用。

1968 至 1978 年，考古学家们陆续发掘出 22 件玉衣，均来自东汉时期之前，这或许与魏文帝于 222 年颁布的禁止使用玉衣的诏令有关。九窍塞不仅是防止精气流失的实用之物，更象征着对死者的尊重与愿其永存。而普通人在丧葬时含有玉蝉，更是体现了汉代人对生命循环的哲学思考和对未来重生的期盼。随着时间的推移，握玉的形式由环形逐渐演变为豚形，这些简单而朴素的玉器，不仅是物质的传承，更是一种文化和信仰的延续。

3. 汉玉的装饰品

汉代的装饰品主要分为两大类：佩戴在身上的佩玉和用于器物装饰的玉饰。佩玉种类虽较战国时期有所减少，但形式上更加多样化，主要包括璜、环、琥、珑以及玉舞人等。这些佩玉在工艺上可以说精美绝伦，尤其是南越王墓和西汉曹墓出土的透雕龙凤纹玉环，其线条流畅、纹样优美，展示了汉代玉器工艺的高超水平。除此之外，用于束发的玉笄也是常见的装饰品，其中一些精致的玉笄上还透雕有凤鸟卷云纹。

在器物装饰方面，玉剑饰是汉代最为重要的一种。所谓的"玉具剑"，其剑首、剑格、剑璏和剑珌等部分都采用了玉料制作，且在雕刻技法和纹饰题材上保持一致，其中高浮雕的螭虎纹便是其中的典型代表。此外，汉代的铜枕、铜杯、铜卮、铜铺首以及铜瑟枘等生活用品，也常见到镶嵌和浮雕的玉饰，这不仅显示了当时工艺的精湛，也反映出汉代人对美的追求和品位。总的来说，汉代的装饰品在材质选择、工艺水平以及美学设计上都达到了一个非常高的水平，展现了那个时代独特的文化韵味和审美趣味。

4. 汉代的玉制艺术品

汉代的圆雕和浮雕艺术品虽不多见，却展示了当时玉器造型艺术的高水准，如富有动态感的玉鹰、玉熊、玉辟邪和玉奔马等。与商周时期相比，汉代的"组玉"种类和数量有所减少，而葬玉和随身玉制装饰品种类则明显增多。艺术风格也从抽象主义转向更为写实的表现形式，圆雕、高浮雕、透雕及细线刻画的技法越发丰富。如图 3-5-11：

图 3-5-11　汉代的玉辟邪

在东汉时期，玉璧的设计在动物纹透雕附饰中甚至融入了"长乐""宜子孙"等吉祥语，既有礼仪意义，又兼具装饰功能。一些小型玉璧上刻有吉语，可能还用作佩玉，显示出汉代玉璧在造型、纹饰和功能上相较先秦时期有显著发展。

"六器"中的琥和璜在汉代虽然仍然存在，但已转变为纯粹的装饰品。璋和琮在汉代可能已不再制作或使用。一些汉墓中出土的玉琮，多是利用旧玉重新制成的其他用途玉器，如满城汉墓出土的玉琮被改作九窍塞的一部分，江苏涟水汉墓出土的玉琮则加上鎏金银盖和银底座，成为精美的工艺品。这些变化反映了汉代在玉器使用和制作上的创新和发展。

5. 汉代的辟邪用玉

汉代的辟邪用玉包括刚卯等玉器，常刻有辟邪铭文，体现了当时的宗教信仰和巫术文化。这些玉器虽然出土不多，但其铭文与文献记载基本相符，如安徽亳县东汉墓和上海浦东明墓出土的玉刚卯。满城汉墓中出土的玉人，底部刻有"维古玉人王公延十九年"等铭文，也是辟邪之物。除此之外，一些圆雕的玉辟邪和动物形玉雕，可能也用于辟邪。如图 3-5-12：

图 3-5-12　汉代的玉刚卯

汉代的玉印和玉刚卯常悬挂在腰带上，玉印背上有盝顶形、螭虎或蟠龙钮，玉刚卯则刻有辟邪铭文，主要见于西汉末和东汉时代。

汉代玉剑饰作为金属实用物的重要组成部分，常见于长剑上。"玉具剑"指的是四种玉剑饰具备的铜剑或铁剑，但并非每把剑都具备完整的四种玉饰。有些剑只有璏（昭文带）和珌（剑鞘末端装饰）是玉制的，而剑首和剑格则用铜制。这些玉剑饰多为高浮雕工艺。另外，汉代的铜枕和铺首中也常镶嵌有雕花玉版或玉饰。这些辟邪用玉和玉剑饰反映了汉代玉器工艺的精湛和其在文化中的重要地位。

6. 汉玉的日用品

汉代的日用玉器包括高足杯、角形杯、带托高足杯、盒、枕、带钩、印章等，这些器物在满足日常功能需求的同时，也展现了汉代精湛的艺术装饰工艺。出土的高足杯有素面和饰有谷纹、勾连云纹的款式；角形杯、带托高足玉杯和玉盒则出土于西汉南越王墓。

特别值得一提的是带托高足玉杯，由杯身、杯托和承盘三部分组成，杯身装饰有谷纹和花瓣纹，杯托中的玉垫采用透雕技术，是目前发现的最精致复杂的玉杯之一。玉盒则呈圆形，装饰有浅浮雕和线刻花纹，盒盖上设有桥钮活环。

汉代玉枕既有用长方形玉板拼接而成的，也有用整块玉料雕成的。如东汉中山王刘焉墓出土的玉枕，由整块青玉雕刻，浅刻阴线变形云纹，重达 13.8 千克。而玉带钩在出土品中数量众多，工艺水平极高，如南越王墓出土的龙虎并体带钩和龙虎合体带钩，前者透雕设计，后者由多截玉料雕琢而成，展现了汉代玉器技艺的精细和创新。这些日用玉器不仅体现了汉代生活的精致，也反映了当时社会的审美取向和工艺水平。如图 3-5-13：

图 3-5-13　汉代满城汉墓的金镶玉枕

（三）汉玉的材料和技术

1. 和田白玉被大量使用

汉代玉器的主要原料来自新疆和田玉、岫岩玉和蓝田玉。特别是新疆的白玉，其颜色浑厚古朴，被广泛用于佩饰和部分剑饰的制作。和田玉还在玉衣的制作中占据重要地位。1995 年，徐州狮子山楚王陵出土的金缕玉衣，由 4000 多块和田玉片连缀而成，其晶莹剔透的质地令世人惊叹，被誉为"世界上最完美的金缕玉衣"，体现了汉代贵族生活的奢华。

汉代玉器材料的选择表现出一种多样性，除了继续利用传统的绿色或黄褐色玉料，乳白色的羊脂玉的使用也大幅增加。这些羊脂玉主要来源于和田，其软玉质地在出土的汉代玉器中常见，与和田玉非常相似。这一时期玉器材料的变化不仅反映了工艺上的发展，也揭示了汉代对玉石美学的深刻理解和高度重视。通过这些精美的玉器，我们可以窥见汉代社会的审美观念和生活方式。

2. 治玉的技术

汉代玉器技术基本继承自战国时代，但有所改进。相比战国时期，主要为扁平玉片和浅浮雕，汉代的玉器增加了高浮雕和圆雕的比例。汉代的玉器纹饰技术也更为精细，镂孔和细线雕刻变得普遍。

汉代的玉器表面抛光技术得到提升，如满城汉墓出土的玉器表面光滑如镜，轮廓线和刻纹流畅自然。汉代玉器的设计表现出大胆自如的构思，对细节的精细描绘体现了高超的工艺技术。汉代治玉在传统构图和工艺技术基础上，更注重装饰效果，追求纹饰的组合、疏密、掺揉等各种表现方法，形成具有装饰美、造型美和材质美的统一整体。

汉代玉器制作复杂的纹饰需用小工具完成，铁制小工具在此期成为必需。打孔技术也极为精湛，用于制作细小且长的孔径，如活环玉佩的制作显示出这种技术的高超。顶撞地纹、镂空眼地等技术在汉代玉器中也非常常见，展示了精细的锼孔和擦孔技术。此外，汉代玉器能勾绘细如毫发的阴刻线，显示出工匠对小工具运用的熟练程度。

3. 汉玉的雕工

汉代玉器的圆雕和高浮雕的艺术品尤为珍贵，这些作品通常选用上乘玉质，雕琢精细，造型生动优雅，在中国玉雕历史上占据重要位置。汉代玉器的题材反映了日常生活，常见的有牛、羊、鸟、龟、熊等动物，这些作品走向写实，用立体圆雕取代了平面雕刻，如卧牛雕像就细致刻画出牛的疲倦慵懒神态，展现自然主义的写实风格。

汉代雕刻技术简练而精确，品种和数量达到历史顶峰。特别是"汉八刀"和双沟碾法（又称"游丝毛雕"），为汉代玉器雕刻的特色之一。这些技法在玉蝉、玉翁仲、玉猪等作品中尤为突出，体现了汉代雕饰的简洁明快的风格。高濂在《燕闲清赏笺》[①] 中赞赏汉代玉雕刀法的精纯流畅，双沟线纹饰在汉代得到了充分体现，虽然不是汉代独创，但在这一时期达到了新的高度。

---

① 《燕闲清赏笺》云：汉人琢磨，妙在双钩，碾法宛转流动，细入秋毫，更无疏密不匀、交接断续，俨若游丝白描，毫无滞迹。

汉代玉器技术继承并改进了战国时代的技术，增加了高浮雕和圆雕，同时在纹饰制作上也有所创新，如镂孔花纹和细刻线纹的增多。浮雕和素面玉器的表面抛光技术同样提高，如满城汉墓出土的玉器表面光滑如玻璃，轮廓线和刻纹流畅，展现了汉代玉器雕工的高超技艺和深厚的文化底蕴。

图 3-5-14　汉代玉龙纹环

（四）汉玉的纹饰

1. 汉玉的纹饰艺术

汉代玉辟邪首次出现，其设计受到中国传统异兽神话和西域传说的双重影响。四灵（青龙、白虎、朱雀、玄武）作为辟邪灵神，也常见于玉璧上。此外，单独的龙、凤纹装饰亦常用于玉璧。汉代玉器在纹饰上展现了复杂性和精致性，特别是谷璧、蒲璧的外边常加添螭龙、螭虎、卧蝉、雷云纹等装饰，且制作成功。玉璧除了出廓特点外，还出现了带有吉祥语的雕刻，如"宜子孙"，这在东汉时期首次出现，赋予玉器更多语言内涵。

汉代玉器的纹饰可分为几何纹和动物纹两大类。几何纹包括涡纹、卷云纹、谷纹和蒲纹，而动物纹则包括写实和图案化两种风格。图案化动物纹在商代已有应用，至汉代进一步发展，如龙纹、兽纹、鸟纹（凤纹）和兽面纹（饕餮纹）；汉代的写实动物纹更为丰富，许多刻画了神话中的动物形象，如飞龙、朱雀等，即使是图案化动物，也比战国时期更易于识别。如图3-5-15：

图 3-5-15　汉代玉镂雕螭龙纹剑珌

在人物纹饰方面，除了舞女像外，东汉时期开始出现群像，如西王母和东王公的场景。尽管这在东汉石刻中较为常见，但在玉器上则较为罕见。植物花纹在汉代玉器中还未普及，只有极少数例外，如定县东汉墓出土的玉带钩上刻有类似花蕾的纹饰。这些纹饰的多样性和深厚的文化内涵展现了汉代玉器的艺术价值和技术成就。

2. 汉玉的常用纹饰

汉代玉器的纹饰主要分为几何纹样和动物纹两大类。几何纹样中，谷纹、蒲纹和乳丁纹最为常见，主要出现在环、璧、璜等玉器上。动物纹方面，则以龙、凤、螭虎、熊等动物形象为主，采用阴刻、镂雕、浅浮雕和高浮雕等多种技法，表现出更为生动和灵动的风格。例如，均匀排列的短砣线是一种典型的装饰手法，它常出现在动物雕塑的腿部，象征着动物的鬃毛。这种细致的线条不仅增加了作品的细节丰富度，也增添了艺术的美感。同样，这种短砣线也被用作纯粹的装饰图案，如在表现祥云的设计中。在下图玉鞢上，雕有一条盘踞的龙。龙的腿部和一些装饰图案采用了均匀排列的短砣线，这不仅展现了龙的动态美，同时也体现了汉代玉工对细节的精细把握和对传统文化的深刻理解。这种细节处理，不仅是技术上的展现，更是文化和艺术的传承（图 3-5-16）。

图 3-5-16　玉韘（西汉）

　　汉代玉器特有的六种龙纹造型达到了空前的高度。这包括竖 S 形、竖 W 形、长脸长嘴龙、清秀刚劲的咬尾龙、昂首挺胸的龙以及萌态十足的龙形。这些龙纹玉器多采用阴刻、浮雕、透雕等技法，展现了西汉早期玉器的独特风格。比如徐州狮子山西汉楚王墓出土的竖 S 形和竖 W 形汉代玉龙，以及安徽天长三角圩出土的咬尾龙和昂首挺胸龙形玉佩，均展示了汉代玉工在造型上的创新和精湛技艺（图 3-5-17）。

图 3-5-17　狮子山西汉楚王墓出土的汉代玉龙（江苏　徐州）

　　3. 汉玉的纹饰特点

　　汉代玉器的纹饰特点集中体现在新型器物的出现、玉印的流行以及陈设玉的艺术水平上。

　　（1）器形。汉代出现了多种罕见的新型器物，如葬玉、玉印、辟邪、刚卯、翁仲、玉舞人、铺首、玉剑具、高足杯、鸡心佩等，成为汉代玉器的典型代表，对后世产生深远影响。尤其是丧葬玉，包括九窍玉、玉衣、玉璧、玉握猪等，其完善和齐全程度在历史上独树一帜。

图 3-5-18　玉猪（汉代）

（2）玉印。玉印在汉代非常流行。这些玉印刻有文字，无论是隶书还是篆书，都展现出汉代特有的风格，字体方正、转折自然，与战国时期的"柳叶形"字体有明显区别。汉印的形制、钮式多样和字体雕琢的章法变化，对后世产生了深远影响，被视为篆刻艺术的宗师和楷模。

（3）陈设玉。陈设玉的工艺水平极高，雕琢精湛，构图变幻莫测，设计新颖活泼，纹饰华丽却不落俗套。整体形象充满动势和灵气，展现了汉代自由浪漫、雄浑豪放的时代风貌。装饰玉类型如玉蝉、冈卯、司南佩、翁仲等，都是汉代的典型器物，这些玉器的发现对研究汉代的礼仪制度和封建集权制具有重要的历史意义。

第四章　汉画的题材谱系

第一节　天文图像——星空下的神话

一、汉画像石的天象与神话

汉画像石是中国古代艺术的瑰宝。尤其在汉代，这些石刻不仅展示了卓越的工艺，更深刻地反映了当时的天文知识和神话传说。在这些画像石中，日月的形象尤为突出，常见的是太阳和月亮同时出现，象征着天空的力量和神秘。特别值得一提的是牛郎织女的天文神话，这一故事在汉画像石中得到了生动的展现。例如，一块画像石上，牛郎形象位于右上角，被描绘成一个牵着牛的牧童，上方则刻有代表牵牛星座的三颗相连星星；而左下角则展示了织女星座，用四颗星星连成房子形状。这种艺术表现不仅展示了汉代工匠的广博知识和高超技艺，更体现了他们将天文学与神话故事巧妙结合的能力。

这些画像石还体现了汉代人对太阳和宇宙的神话思维，以及他们对宇宙空间和人类历史关系的终极探究。汉画像石中的天文图像，不仅具有包容宇宙的宏大气魄，还融合了天人合一的观念，显示了汉代社会的繁荣和对世界的坚定信心。这些作品依据当时的政治和自然环境，将神话、历史、现实融为一体，展示了人类征服外部世界的雄伟意识和力量，成为未来艺术价值研究的宝库。

在天文学方面，汉代是中国天文学史上的一个重要时期。汉代人对星象的观测和认识取得了显著进展，例如已掌握了五大行星的运动规律，认识到了日食、月食和太阳黑子等天文现象的成因。河南南阳，作为东汉著名天文学家张衡的故乡，其汉画像石中蕴含了丰富的天文图像，这些图像不仅是美术史的珍品，也为研究当时的天文学和文化提供了宝贵资料。

二、南阳汉画像石的天文星象

（一）天文学与神话的完美融合

南阳汉画像石中的天文星象部分，是对汉代天文学和神话传说的独特展现。这些石刻不仅仅是天象观测的真实记录，还包含了丰富的想象力和对"天"的哲学理解。这些融合了科学、现实与想象的图像，为我们研究汉代天文学提供了直观的文物资料，弥补了《汉书》中未能全面记载的天文科技内容。

南阳汉画像石在展现汉代天文星象方面独树一帜，这些石刻既是天象观测的真实记录，也融合了丰富的想象力和对"天"的哲学理解。这些作品不仅科学与艺术相结合，还提供了直观的文物资料，有助于弥补《汉书》对当时天文科技的空缺记载。

南阳汉画中，日月图像尤为突出，其位置和分布显示了统一性。例如，南阳针织厂汉墓的天象图中，南主室墓顶刻有月亮，北主室墓顶则刻有代表太阳的三足乌，象征着太阳的神性。南阳麒麟岗汉墓的墓顶天象图由九块条石组成，展示了伏羲、女娲等神话人物，寓意着日月。此外，高庙汉墓的天象图中展示了《阳乌》和《嫦娥奔月》等图像，展现了日月的宇宙意义。南阳县（今南阳市）出土的《日月星宿》《日月合璧》《日月相望》等作品，同样都发掘于汉墓墓顶，显示了天象与墓室结构的紧密联系。

这些汉画像石不仅是艺术珍品，更是研究汉代天文学和文化的重要资料。它们帮助我们深入了解汉代人对宇宙的认知，以及科学观察与神话传说的巧妙结合。

日月合璧天文图的出土，特别是其无边框的设计，象征着无限的宇宙空间。这些图像展现太阳和月亮同时出现在天空的景象，与文献记载的天文记录结合，成为图文并茂的汉代天文学宝贵资料，展示了中国古代人对天文现象的深刻理解和丰富想象。通过这些石刻，我们不仅能欣赏到古代艺术的美，还能领略到汉代科学与神话的和谐共融。

（二）汉画像石中"日月"图像的形成

1. 阴阳五行观念

汉画中的天文星象深受古代阴阳和五行思维模式的影响，这一观念在汉代被推崇至高，影响着生活的各个方面。阴阳五行观念是指天地、昼夜、男女等自然物象的统辖，以及五行（水、木、金、火、土）对时令、方向、神灵等的统辖。南阳，作为西汉五大都会之一及东汉陪都，其文化之都的地位体现在其独特的画像石艺术上，尤其是日月图像的频繁出现，这些图像多以阳乌和蟾蜍作为象征，反映了深刻的象征意义。

汉画中的太阳形象还没有完全从古神话传说中解放出来，与神话思维紧密相连。例如，伏羲女娲擎日月、阳乌、蟾蜍等图像充满了丰富的文化意义。日月经常同时出现，象征阴阳，表现在汉墓绘画中，如长沙马王堆汉墓的帛画。汉人追求阴阳和谐，认为日月的运动是宇宙和谐的体现，南阳汉墓绘画中的日月图像便是这一追求的表现。

在阴阳观念的影响下，日月与伏羲、女娲的结合在汉画中出现，构成了大量的艺术作品。其中，"日月合璧"画像石是最具代表性的，它不仅是天象的记录，也是社会意识的反映，预示着阴阳和谐、国泰民安的寓意。汉画中的日月图像不仅是自然现象的反映，更是基于阴阳和谐的理论和社会背景。

阴阳思想在汉代丧葬风俗中颇为盛行，与五行观念结合，形成了五色、五灵、五帝、五音等衍生体系，使万物在这些对应中形成和谐体系。东汉时期的《天象画像石》就是在阴阳五行观念指导下创作的艺术品，其画面中部刻有青龙、白虎、朱雀、玄武四灵，象征五行之中的五灵。这些日月图像的艺术理论主要来源于阴阳五行观念，在汉人眼中，墓顶即"天"，通过日、月、星、云、天神等符号来表现，这些符号呈现阴阳交互、五行相克，推动循环往复和生生不息，体现了汉人对生命永恒追求的宇宙观。

2. 汉代天文学的影响

汉代标志着中国古代天文学的重要发展时期，这一时期的科学成就尤以天文学最为显著。此时期创制了天文仪器"浑天仪"，并撰写了天文学巨著《灵宪》。南阳，作为东汉光武帝刘秀的故乡及文化科技交汇地，诞生了天文宗师张衡，他的《灵宪》和浑天仪对中国天文学的发展产生了深远影响。

南阳出土的汉画像石在天文星象主题方面居全国之首，这些画像石不仅仅是天文图，更是汉代天文知识普及的结果。它们是民间艺术家的作品，反映了汉代天文知识的普及和发展。南阳的汉画像石中日月图像，真实记录了当时人们对天象的观测，并结合了丰富的想象力和神话传说，体现了汉代人对"天"的哲学理解。

《日月合璧》等画像石中展示的天文现象，如日食、太阳黑子、彗星等，反映了汉代人民在天文观测和研究上的成就。这些图像不仅是自然现象的艺术表现，还是科学知识的传播。例如，《灵宪》中对日食的科学解释，在画像石中得到了形象的体现。太阳黑子的表现，同样体现了当时对这一现象的认知和理解。

这些天文图像不仅为研究汉代天文学提供了形象直观的文物资料，还弥补了《汉书》未能全面记载的天文知识。南阳汉画像石的天文学价值，体现在它们将科学、现实和想象完美融合，为我们揭示了汉代人对宇宙的深刻理解和独特的艺术表现。通过这些石刻，我们能够领略到汉代科学与艺术的和谐共融，以及当时天文学的发展高度。

（三）汉画中"日月"图像的审美

这种风格常常给人一种浑厚的稚拙感，以及没有经过过多修饰的朴实无华感。特别是在线条的表现上更为突出，南阳汉画像石的线条风格显得较为粗犷和豪放。画家们特别注重对各种形象的刻画和整体效果，而在细节处理上可能会稍显疏忽。

这种艺术风格让人们感受到了汉代社会的朴素与真实，它突出了形象的大致特征，强调了人物形态的自然流畅。南阳汉画像石作为这一传统的代表，通过其粗犷的线条和质朴的表现方式，展现了当时文化的特点和审美观。这种汉画的独特魅力在于它的率真和坚韧，让人们能够更深刻地理解汉代的社会风貌和人物性格，反映了那个时代人们的生活态度和审美情感。

1. 古朴醇厚之美

汉画像石的美学特点深受赞誉，鲁迅曾称之为"气魄深沉雄大"。这种古代艺术形式主要侧重于通过线条传达神意，而不过分关注局部结构和细节刻画，与中国画中的写意形式有着相似之处。观赏汉画像石，人们会感受到一种粗犷、豪放的美感，这种美感充满了洒脱和自由，它将力量、运动和气势完美结合。

汉画像石的线条风格可以追溯到战国时期，并深受楚文化的影响。例如，《人物龙凤》和《人物御龙》的帛画采用线描来勾勒形象，线条刚健古拙，宛如行云流水，曲折、缓急、粗细相结合，略施色彩。徐邦达在《中国绘画史图录》中指出："帛画用细线描成人物形象，略加彩色，这是以后一切图画描绘的基本方法。"南阳汉画像石以其夸张拙朴的造型和粗犷有力的线条，展现了一种古朴醇厚的艺术风格。

这种古朴醇厚之美使汉画像石在中国艺术史上占有重要地位。它们的形象虽然不是细节的准确复制，但却具备了严谨的构图和线条表达，呈现出深刻的神态和气氛。这种抽象而写意的表现方式，使观者能够沉浸在作品的氛围中，自由地感受其中蕴含的情感和力量。汉画像石以其古朴醇厚的美学特点，展示了我国古代艺术的独特魅力。它们以粗犷、豪放的线条勾勒出丰富多彩的形象，传达出强烈的气势和情感，成为中国古代艺术的珍贵遗产，也让我们更深刻地理解了古代文化和审美观。

2. 天真质朴之美

汉画像石的美学特点不仅表现为古朴醇厚之美，还包括了天真质朴之美。这种美感源于汉画像石的材料，主要采用石灰岩和砂岩，这些石质坚硬但易碎，难以进行精细的雕刻。因此，匠师们采取了扬长避短的策略，巧妙地利用石材的自然特点，采用了粗犷的雕刻手法，将朴实、笨拙、天真、趣味盎然的意象形态有力地表现出来，突出了天真质朴之美。

以南阳画像石中的"日月"图像为例，其装饰风格非常简单而古朴，没有繁杂的装饰纹线，主体突出明确，一目了然。在形象上，汉画像石不仅注重写实，还运用夸张的处理方式，赋予了形象天真可爱之感。例如，在天象图中刻绘的朱雀和白虎的形象，匠师们将它们的四肢和身躯拉直，近似于直线，仿佛被定格在镜头里，充满了强烈的动感。而在擎日月神像中的女娲形象，头上高梳髻，双手捧着月亮，身躯拉长，身姿轻盈，呈现出极其优美的人体造型，仿佛仙子在空中飘扬。

这种天真质朴之美使汉画像石更具生命力和亲近感。它们通过简单而生动的形象，向观者传递出一种纯真和快乐的情感，反映了古代的人们对自然和生活的热爱。汉画像石的独特之处在于它们不仅是艺术品，还是历史的见证，展示了汉代社会的审美趣味和文化特点，为后人留下了宝贵的文化遗产。

三、汉画的天象与文化

（一）汉画天文图像文化意义

汉画像石中的天文图像在数量和功能上与其他著名星图如《敦煌星图》《黄裳星图》以及《苏颂星图》等有显著不同。这种差异源于汉画像石的天文图像具有人文科学性质，而不仅仅是纯粹的自然科学记录。它们通常出现在墓葬、祠堂等文物上，目的不是客观反映天象，而是表达人类的观念和信仰，尤其是对天国理想世界的信仰。

一般的天文图像注重实用性和科学性，力求准确再现天空的实际情况，是一种辅助工具，用于观测天空。而汉画像石中的天文图像更多地具有装饰性，带有浓厚的艺术气质，属于表现型的艺术作品，反映了古代民俗观念。这两者在功用上存在显著差异，但长期以来一直没有明确定义，导致对汉画像石的研究出现了两种不同的趋势：一种趋势将汉画像石视为纯科学对象，试图从中寻找中国太阳黑子的最早记录，或认为日月合璧画像石反映了古代对日、月交食的研究，甚至试图从画像中找出自然现象的形象化表现；另一种趋势将汉画像石视为纯艺术品，有时流于附会和穿凿，如将"嫦娥奔月"画像石解释为"常羲浴月"神话。

然而，这种分析方法有时候可能缺乏全面性，基于单一画像石或极少的文献记载进行研究，容易带有主观性和猜测性，从而降低了结论的可信度。汉画像石不仅仅是艺术品，还反映了汉代丧葬、祭祀风俗，属于典型的民俗文化。因此，研究单块画像砖石时，除了对画面进行细致分析外，还需要对其在墓葬中的位置、作用以及与汉代社会意识的关系进行更宏观的考察。

这种综合的研究方法充分考虑了时代精神和文物的功利性质，有助于将汉画像石置于当时的历史背景中进行深入推敲，以更接近古人的初衷。这一方法为文化阐释提供了理论支撑，避免了仅仅对画像表层结构进行简单分析，而可以从更深层次的结构入手进行研究。汉画像石的天文图像因此可以更好地被理解为反映古代社会文化和观念的重要组成部分。

（二）汉画符号揭示古代文化内涵

符号学观点认为，每个符号都具有两个方面的性质：一个是可以直接感觉到的指符，另一个是可以推知理解的被指。这两个方面的性质统一体现了符号的本质，只有深入研究它们在信息中的应用、各种符号系统的特殊性以及不同类符号在信息中的特殊性，才能真正理解和把握这些符号。将汉画像与基葬习俗结合起来研究，有助于揭示这一符号系统的特殊性。

以三幅汉画像为例进行分析。这三幅画像大体由"月亮、星宿、苍龙"的形象组成，其中有的解释认为它们表现了月亮运行到东方苍龙七宿时的美丽天象，象征着"月缠二十八宿"；而著名的英国学者李约瑟则结合了汉人祭祀东方苍龙七宿的风俗，从这些文物中看到了后世"龙戏珠"风俗的起源。虽然这些解释不一定涵盖了这些画像深层内涵的全部，但它们提供了汉画像研究的正确范式，表明这些天文星图石并不仅仅是自然科学意识的简单反映。

我们可以发现它们有一个共同之处，即除了东方苍龙尾部的"尾宿"不变外，其它星宿都是可变的。这些反复出现的艺术符号之间存在内在联系，各自具有特定的精神内容。那么，这些符号隐含着什么样的文化含义呢？

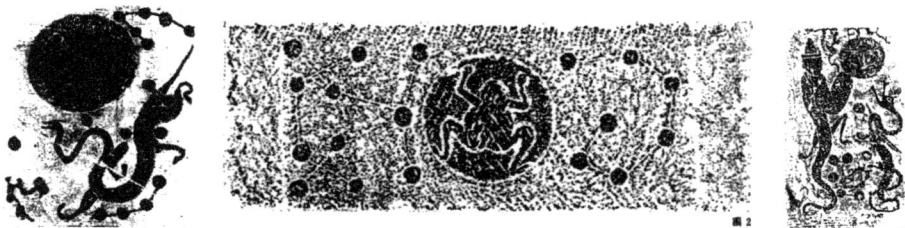

图 4-1-1　汉画像石"月亮、星宿、苍龙"拓片

尾宿作为唯一不变的符号，可能象征着恒定不变的宇宙秩序或重要的文化元素。它的出现可能是为了强调某种永恒的观念或信仰。月亮和苍龙的结合可能反映了古代对天象的特殊观察和理解。这种结合可能代表了对自然现象的崇敬和嘉许，与后来"龙戏珠"的传统联系在一起。

最重要的是，这些符号的重复出现表明了古代文化中的一种模式或信仰，这一信仰可能涉及天文、宗教、祭祀或其他方面的因素。这些符号的选择和组合可能是为了传达特定的文化信息，而不仅仅是单纯的装饰。

汉画像的符号学解读可以帮助我们理解古代文化的内涵和思想。这些符号不仅仅是装饰，它们背后可能隐藏着深刻的文化、宗教和社会意义。通过深入研究这些符号的特殊性和文化背景，我们可以更好地理解古代人们的信仰和观念，以及这些符号在古代社会中的重要作用。这种符号学方法有助于揭示汉画像所包含的丰富文化内涵，为古代历史和文化的研究提供了有力的工具。

（三）汉画揭示古代生殖崇拜的文化内涵

中国古代生殖崇拜根源深远，汉画像中的尾宿崇拜与人丁兴旺和子孙繁衍的生殖观念紧密相连。《史记·天官书》中提到"尾为九子"，而《白虎通义》强调"子孙繁息，于尾，明后当盛也"，这表明尾宿不仅代表嫔妃和女性，还是古代生殖神和女性保护神的象征。这些观念早在汉代就已存在，实际上源自远古的原始信仰。

在汉代，尾宿所在的天区如果发生月食，人们认为"阴失明"，必须采取措施以"救之"。这些活动涵盖了各个社会阶层的妇女，表明古人将尾宿与每个女人的命运以及家族繁衍联系在一起，因此对其崇拜和祭祀格外重要。汉画像中的月亮、苍龙、尾宿等符号蕴含了女性、生育、子孙繁衍和人丁兴旺的象征意义，代表了古代文化的观念和信仰。月亮代表阴性，尾宿代表女性和子孙繁衍，苍龙代表东方之神，这三者的结合寄托了古人的希望和寄托，反映了中华文化注重血缘宗法伦理亲情和种姓繁衍的智慧。

上述三幅图像源自不同的汉代墓葬，将它们还原到实际墓葬位置有助于更好地理解它们的含义。当中的图出自河南唐河针织厂汉墓，这是一座夫妇合葬墓。墓室分为南北两部分，南部是女墓主室，北部是男墓主室。男墓主室的墓顶画像石刻有阳性符号，如太阳、白虎和三足乌，而女墓主室的墓顶刻有阴性符号，如月亮、尾宿和蟾蜍。这两个墓室并列相通，象征着阴阳和谐、夫妻和睦的追求，反映了汉代人对夫妻合葬的理念，同时祝愿墓主在天国平安，并保佑后代子孙繁衍生息，世代昌盛。这种广泛使用天文星象寄托希望和祝愿的现象也反映了汉代天文学的发展和传播。

汉画像中的星宿符号，如女宿四星，虽然有人认为只是装饰性的星点，但实际上具有深厚的象征意义。它们反映了女性神和女性社会角色的相关性，代表了祝愿婚姻和子孙繁衍的精神寄托。

汉画像中的"日月合璧"不仅仅是描绘日食的图像，它融合了对阴阳和谐、夫妻和睦，以及政治承平德懿天下的期望。这些图像以象征的方式将自然现象与政治教化、人伦哲理相结合，反映了古代文化的丰富内涵。

汉画像是充满象征意义的艺术作品，反映了古代生殖崇拜和文化观念。这些符号不仅仅是装饰，更是文化、宗教和社会意义的表达。通过对符号学的解读，我们可以更好地理解古代文化的内涵和思想，以及这些符号在古代社会中的重要作用。汉画像展示了古代人们的信仰和观念，为研究古代历史和文化提供了宝贵的资料。

（四）汉画天文天象赏析

1.天文与神话

南阳市西关汉墓的嫦娥奔月、英庄汉墓的阳乌图、王寨汉墓的彗星图等，是中国古代文化中一个独特且富有表现力的艺术类别。这些图像通过结合天文现象和神话传说，不仅反映了古代人对宇宙和自然现象的理解，而且揭示了他们如何通过神话故事来传达和保存这些知识。例如，嫦娥奔月的图像描绘了一个深受中国文化影响的故事，其中月亮不仅是夜空中的一个天体，而且是一个具有丰富文化内涵的象征。蟾蜍的形象增加了一层神秘色彩，它在中国文化中常常与长生不老和月亮神话联系在一起。如图 4-1-2：

图 4-1-2　南阳市西关汉墓嫦娥奔月拓片

阳乌图描绘的是太阳被神话化的形象，这反映了古代人对日食和日蚀现象的解释。阳乌被认为是驾驭太阳的神灵，其形象在古代艺术和文学中广泛流传。王寨汉墓的彗星图则描绘了天空中的彗星，这在古代中国被认为是重大事件的预兆。通过将彗星与神话和文化传说相结合，这些图像不仅传达了天文知识，也表达了古代人对宇宙力量的敬畏。如图 4-1-3：

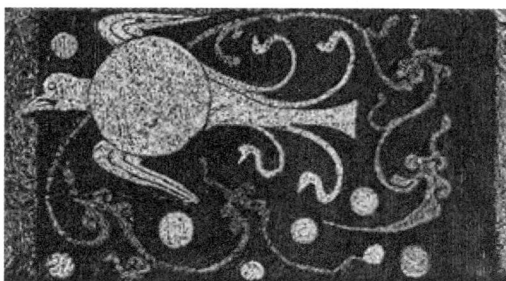

图 4-1-3　南阳市英庄汉墓阳乌图拓片

这些图像不仅在艺术上具有重要价值，而且在文化和历史上也非常重要。它们为我们今天理解我国古代人的宇宙观、文化信仰和艺术表现提供了独特的视角。通过这些作品，我们可以看到古代人如何将观察到的自然现象与他们的文化信仰和神话故事相结合，创作出既美丽又富有教育意义的艺术作品。

2. 神兽与星宿

动物形象在天文象征中的使用，不仅体现了对自然现象的观察，而且反映了深厚的文化内涵和信仰。牛郎织女星座、阳乌、苍龙星座等图像是这一传统的典型例证。这些图像中的动物不单是天文现象的代表，它们还承载着丰富的文化意义和神话故事。

牛郎织女星座图中，牧童和牛象征着牵牛星，而女子代表着织女星。这一图像不仅是对天文现象的描绘，更是对中国传统爱情故事的艺术表现。这个故事讲述了天上的牵牛星和织女星之间的悲欢离合，象征着爱情的忠贞不渝，这一主题在中国文化中具有深远的影响。

阳乌图则描绘了古人对太阳的理解。在这些图像中，太阳常常被描绘为一只乌鸦，这种动物在中国传统文化中常常与太阳联系在一起，象征着光明和能量。这种象征不仅反映了对自然现象的观察，也体现了我国古代人对自然的崇拜。

苍龙星座图展示了中国古代对星空的观察和想象。龙在我国文化中是吉祥的象征，代表着力量、智慧和财富。苍龙星座的描绘不仅是对天文知识的表现，更是文化价值和信仰的体现。

通过这些动物形象的天文象征，我们可以看到古代中国天文学与文化、艺术、宗教信仰之间的紧密联系。这些图像不仅是对天空的科学性描述，更是对我国古代人对世界的理解和感知的一种表达。通过这些艺术作品，我们可以更深入地了解古代中国人的世界观和宇宙观，以及他们如何将这些观念融入日常生活和文化实践中。

3. 天气与自然

在我国古代，对天气和自然现象的理解和表现常常与神话和宗教信仰紧密相连。南阳市王庄汉墓的风雨图就是一个典型的例子，它不仅是对自然现象的描绘，更是古代人宗教和文化观念的体现。

这类图像通常描绘了神话中的神人形象，他们掌管着天气和自然现象，如风、雨、雷电等。在风雨图中，神人们常被描绘为驾驭或控制风雨的能力者，这反映了古代人对天气现象的神话化理解。例如，图像中可能会展示神人驾驭云车，手持工具如罐子或其他象征性物品，这些都是控制天气的象征。

车轮上的星宿排列则揭示了古代天文知识与天气现象之间的关联。古人相信，星宿的变化与天气现象有着密切的关系，因此在艺术作品中常常将这两者结合起来。如图 4-1-4：

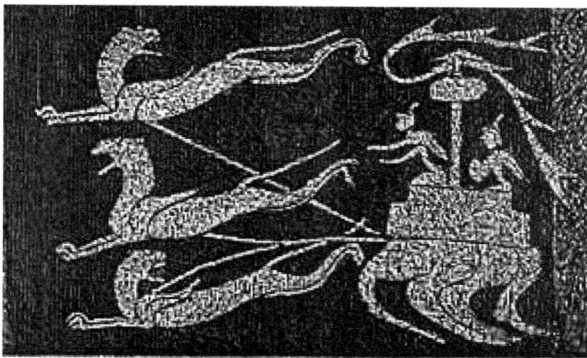

图 4-1-4　南阳市英庄汉墓虎车雷公图拓片

这些图像反映了我国古代社会对自然现象的深刻理解和敬畏。通过神话和宗教故事的表现，古人试图解释和理解自然界中的各种现象。这种理解方式不仅体现了古代人对自然的敬畏，也反映了他们试图与自然界建立和谐共存关系的愿望。它们不仅是艺术作品，更是古代智慧和文化的载体，展示了古代人如何通过艺术和宗教来理解和表达对自然界的认知和敬畏。

4.神话人物

神话人物如女娲、伏羲、羲和、常羲在古代中国文化中具有极其重要的地位。他们不仅在传说和神话中扮演关键角色，还象征着我国古代社会的核心价值观和宇宙观。这些神话人物通常与自然现象、文化创造、社会秩序和道德观念紧密相连。

女娲和伏羲常被视为人类和文明的创造者。女娲特别以其修补天空和创造人类的故事闻名，象征着创造力和恢复秩序。伏羲则被认为是文化的传播者，与八卦、音乐、狩猎和渔业等文化成就相关联。如图4-1-5：

图4-1-5　南阳市英庄村女娲伏羲交尾图拓片

羲和和常羲则与天文现象紧密相关。羲和作为日神，常被描绘为捧日的形象，象征着太阳和光明；常羲则作为月神，象征着月亮和夜晚。这两位神话人物不仅反映了古代中国人对天文现象的理解，还体现了他们对日月更替的崇敬。例如，羲和捧日和常羲捧月的图像不仅是对日月的艺术表现，更体现这些天体在古代文化和信仰中重要性。这些图像通常描绘了这些神话人物以神圣而庄严的姿态呈现日月，展示了古代人对宇宙的敬畏以及对光明与黑暗、阴阳平衡的哲学思考。

这些神话人物的图像是对我国古代文化深层次价值观的一种表达，通过这些形象，可以深入理解我国古代人对自然界、宇宙和社会的观念以及他们对于道德和秩序的追求。

5. 帛画的天文部分

长沙马王堆出土的帛画，尤其是它的天文部分，是古代中国对宇宙观念和天文现象理解的独特体现。这些帛画不仅是艺术品，更是文化遗产，展现了我国古代人对天空的深刻洞察和丰富想象以及对死而复生的期望。

帛画中的烛龙神形象是其最引人注目的部分。烛龙，在古代中国神话中，通常被描述为具有决定昼夜更替能力的神秘生物。它的眼睛睁开代表白天，闭上则象征黑夜。这一形象不仅描绘了一个神话生物，更是古代人对天文现象如日夜更替的一种直观解释。烛龙的形象象征着光明与黑暗、创造与破坏的力量，展示了古代人对自然力量的敬畏和尊崇。如图4-1-6：

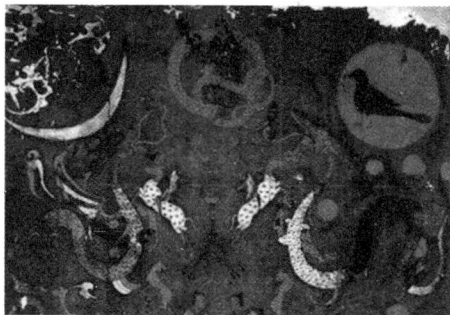

图4-1-6　马王堆遗址帛画中的烛龙

除了烛龙，马王堆帛画中还展现了日月、星宿等天文象征。例如，画中的日月象征了宇宙的阴阳平衡，而星宿的描绘则反映了我国古代人对夜空的观察和星座的认知。这些天文元素在帛画中的呈现，不仅是对宇宙天文现象的直观描绘，更是对我国古代天文学和宇宙观的艺术表达。

马王堆帛画的天文部分是对我国古代人对宇宙和天文现象深刻理解的见证。通过这些画作，我们可以窥见我国古代文化中对宇宙的神秘感、对自然现象的崇敬，以及天文学与神话传说的紧密结合。这些作品不仅在艺术上具有独特价值，更在文化和历史上提供了宝贵的信息，帮助我们理解我国古代社会的宇宙观和文化信仰。

6. 羿射九日

羿射九日的神话是中国古代文化中一个极具代表性和影响力的故事。这个神话不仅反映了我国古代人对天文现象的解释，也揭示了他们对英雄人物的崇拜和敬畏。

根据神话传说，古时候有十个太阳同时出现在天空，造成了灾难性的后果，如旱灾和生灵涂炭。英雄后羿为了拯救世间的苦难，射下了九个太阳，只留下一个，为世界带来光明和温暖。这个故事不仅是对日食等天文现象的一种原始解释，更体现了古人对自然现象的敬畏和对英雄的赞美。

在艺术表现上，羿射九日的图像通常展现了英雄后羿的英勇形象，弓箭射向天空的壮观场景，以及太阳的象征性表现。这些图像不仅描绘了一个神话故事，更是古代艺术家对于力量、勇气和智慧等美德的颂扬。在这些作品中，后羿常被塑造成一个具有超凡能力和高尚品质的英雄形象，他的行为不仅是对自然力量的征服，而是对正义和秩序的维护。

羿射九日的神话在我国古代文化中具有重要的象征意义。它不仅是对天文现象的一种解释，更是对英雄精神和人类智慧的颂扬。这个故事及其艺术表现深刻影响了我国的文学、艺术和民间传说，成为中华文化中不可或缺的一部分。通过这些图像和故事，我们可以更深入地理解我国古代社会的价值观念和文化传统。

第二节　升仙图像——追求永恒的梦想

一、汉代生命观的艺术映射

汉代的壁画艺术，尤其体现在山东东平的彩色壁画中，展现了当时人们对于生命、死亡和宇宙观的深刻理解。这些壁画不仅是色彩斑斓的艺术作品，更是汉代丧葬观念、社会生活和文化信仰的生动体现。

汉代人相信人的灵魂不死不灭，视死亡为生命的另一个阶段。这一观念深刻影响了当时的墓室壁画创作。壁画内容围绕生命主题展开，旨在辟邪保护死者，以免其受到阴间邪恶力量的侵害。同时，也力图在地下世界为死者重现人间生活，确保他们死后能享有至少与生前相仿甚至更好的生活。这些壁画展现了汉人对于死者的深切关怀和对生命延续的希望。

山东东平彩色壁画包含了上述三个主题：辟邪、视死如生以及升仙的愿望。壁画中描绘了生动夸张的武士、方相氏、神人和神兽等形象，用以镇压墓中的邪恶力量。同时，还展现了墓主人生前的日常生活场景，如宴饮、娱乐、舞蹈、拜谒等，以及精美绘制的宅邸和房屋。此外，壁画中还有描述天空和仙界的部分，如动态的云纹、金乌、红日以及飘逸的仙人，描绘了墓主人升仙的美好愿景。从天空到人间，再到驱邪保护的神灵怪兽，这些元素共同构成了一幅关于生命和超越死亡的画卷。

东平彩色壁画不仅是生命艺术的代表，更是汉人"事死如事生""天人合一"观念的灵魂体现。这些壁画在汉代丧葬制度、民间生活习俗和中国绘画史等领域具有重要研究价值，是山东迄今发现年代最早、保存最完好、内容最丰富、艺术水平最高的汉代壁画。东平彩画不仅填补了山东地区汉代壁画墓的空白，更是对当时社会生活和文化的全面反映，为我们今天了解汉代文化提供了宝贵的视角。

二、宫殿与祠庙的历史艺术

汉代是中国建筑壁画艺术的鼎盛时期，这一时期的建筑内部及外檐上的装饰和壁画反映了当时的社会文化和宗教信仰。古代典籍记载了众多此类壁画的实例，揭示了汉代壁画的多样性和丰富内涵。例如，汉武帝的甘泉宫中"台室"壁画描绘了天地太一和诸鬼神，彰显了皇权与宇宙秩序的结合。汉成帝时期，未央宫中绘有赵充国和霍光的肖像，旨在纪念这些重要的历史人物。汉光武帝时期，南宫云台上绘制了28位功勋将军的形象，体现了对功臣的崇敬。如图 4-2-1：

图 4-2-1　东汉云台 28 将画像

汉明帝的宫殿壁画以经史故事为题材，麒麟阁壁画中的 11 位功臣像，以及甘泉宫中描绘的金日磾母亲休屠王阏氏的像，都是为了褒奖和纪念这些历史人物。明光殿中的古烈士，成都学宫中的盘古、三皇、五帝、三代君臣与孔子 72 弟子像，都是对中国历史和哲学的艺术表达。

《后汉书·郡国志·注》中提到①，东汉初年至阳嘉年间各地郡府厅堂上都绘有当地历任官员的形象，这不仅是对官员品德的记载，也是对历史的一种艺术呈现。南方的郡守都尉府舍则装饰有山神海灵奇禽异兽的画作，展示了地方文化的特色。

王延寿的《鲁灵光殿赋》中对鲁灵光殿的壁画做了细致的描述，提到其檐下木构部分绘有云气和水藻，各种木构件上装饰有各种生动的动物和神仙形象。这些壁画内容极为丰富，包括天地、群生、山神海灵等，以及帝王、忠臣、孝子、贞女的故事。济南孝堂山郭氏墓石祠，一处展现汉代贵族墓葬艺术的重要遗址，其室内三面墙壁和三角石梁上均刻有浅线画像。这些画像以汉代贵族墓葬常见的朝会、拜谒、出游、狩猎、百戏等题材为主，展现了当时社会的生活方式和文化传统。

特别引人注目的是，室内西、北、东三面内壁上部的出游图，场面盛大，展现了繁多的人物和车马，其中甚至有"大王车"三字的刻画，彰显了其人物的社会地位和权势。此外，墙壁上还展示了多个神话和历史故事题材的画像，如伏羲、女娲、西王母、周公辅成王、孔子见老子等，这些图案不仅展示了当时的艺术水平，也反映了汉代人对神话传说和历史故事的重视和喜爱。

祠室外壁上的游人题记更是增添了这个遗址的历史价值。最早的题记可以追溯到东汉中期，由此可以推断，孝堂山郭氏墓石祠的建造年代不晚于东汉中期。

由于真正的木构殿堂未能保存下来，我们只能通过墓室壁画、享祠以及画像石和画像砖、石阙等实物来理解汉代的绘画艺术。这些实物不仅是汉代

---

①《后汉书·郡国志·注》：郡守都尉府舍，皆有雕饰，画山神海灵奇禽异兽以炫耀之，夷人益畏惧焉。

绘画艺术的直接证据，也是研究当时社会文化和宗教信仰的重要窗口。通过这些艺术作品，我们可以深入了解汉代人对生命、历史和宇宙的看法，以及他们如何通过艺术来表达这些观念。

三、汉代的墓室壁画

（一）汉代墓室壁画的分布

汉代墓室壁画，作为一种独特的装饰艺术，起源于西汉早期，至东汉时期达到鼎盛。这些墓室多属于当时的高官显贵或地方豪强，壁画不仅是他们地位和财富的体现，更是研究汉代经济、文化、审美思想和绘画发展的重要窗口。

汉墓壁画可分为两个时期：前期从西汉早期延伸至东汉早期，包括八里台、烧沟无名氏、卜千秋、枣园、千阳、西安、内蒙古鄂托克、商丘等地的8座壁画墓；后期则涵盖东汉中、晚期的所有壁画墓。

西汉中期之后，随着豪强大族厚葬习俗的发展，壁画墓开始在经济文化中心和军事要塞地区频繁出现。到了东汉中、晚期，壁画墓的数量和分布范围均有显著增长。这些墓葬按地理分布可划分为六个区域：豫、陕、晋区（主要是前期的8座壁画墓）；豫、苏、皖、晋区（包括打虎亭、黄山陇等地）；冀中南区（如望都所药村等）；长城沿线区（内蒙古和林格尔等地）；辽南区（辽宁省辽阳市北郊等）；河西区（丝绸之路沿线的壁画墓）。

东汉中、晚期壁画墓相较于前期，具有以下特点：规模更宏大，结构更复杂；壁画面积显著增加，情节复杂、幅面宽阔；内容更为丰富，包括车骑出行、乐舞百戏、属吏、坞壁、农耕等题材，甚至祥瑞图也开始出现；绘画技法多样，艺术水平较高；墨书榜题较多，使得壁画内容一目了然。

汉代墓室壁画不仅是古代墓葬文化的重要组成部分，更是当时社会生活、文化习俗和审美趋势的艺术见证。通过这些壁画，我们可以窥见古代社会的生活方式、社会结构和文化传承，它们是我国历史上不可多得的文化瑰宝。

（二）汉代墓室壁画的题材内容

汉代墓室壁画的题材内容丰富多样，大致可分为七类，每一类都反映了当时社会的不同方面：

农耕活动场景：包括农耕、桑园、放牧、射猎等，展示了墓主庄园中的生产活动和日常生活情景。

墓主仕宦经历：如车骑出行、任职治所、属吏、幕府及坞壁等，描绘了墓主的政治身份和社会地位。

享乐生活场景：家居、庖厨、宴饮、乐舞百戏等，体现了墓主的生活方式和娱乐活动。

儒家伦理道德：经史故事中的孔子、老子、周公等圣贤形象，以及荆轲、伍子胥等忠臣义士，丁兰、秋胡妻等孝子列女，宣扬了当时的道德观念。

神话故事：东王公、西王母、伏羲、女娲等仙人形象，以及仙禽神兽等，展现了富有想象力的天上世界。

祥瑞图：在天人感应论影响下产生的，如麒麟、芝草、神鼎等，象征吉祥和神圣。

天象类：日、月、星宿、云气以及象征四方星座的四神（青龙、白虎、朱雀、玄武）等，展示了古代人对天文现象的理解和想象。

这些壁画通常根据内容的性质在墓室的不同位置进行布置。生产活动、仕宦经历、享乐生活和儒家道德的主题通常绘制于墓室的前、中、后室或耳室，而神话故事、祥瑞图和天象类内容则多出现在墓室顶部和墓门部位。这种布局不仅展现了汉代人的审美趣味和艺术风格，更深刻反映了他们对生命、社会和宇宙的理解与尊重。

（三）壁画技法和思想渊源

汉墓壁画以毛笔为主要绘画工具，使用朱、绿、黄、橙、紫等色调的矿物质颜料，因而壁画色彩历久不变，发现时一般都很鲜艳。造型手法上继承春秋晚期以来的写实而夸张的传统，在绘制技巧上则发展了战国至西汉早期宫廷壁画和帛画上所见的墨线勾勒轮廓再平涂施色的手法。前期技法还比较单一，到东汉晚期，出现了大笔涂刷的写意法、没骨法、白描法，有的画面如望都 1 号墓的属吏人物还使用了渲染法。在构图上，它已摆脱了春秋晚期以来呆板的图案式横向排列的形式，注意讲求比例和透视关系。这些成就，为中国绘画的成熟奠定了基础。

汉墓壁画之所以盛行，主要是统治者提倡孝道和厚葬，产生"事死如事生"的思想。特别是东汉时期实行察举孝廉的制度，是人们踏上宦途的必经之路。因此，所谓"崇饰丧祀以言孝，盛饷宾客以求名"的风气四处弥漫，厚葬之风越演越烈。很多人竭家所有，为父母或自己修建坟墓，在模拟生人居住的地下墓室壁面上，大量绘制表现生前权势、威仪和财富的生活及历史神异形象，以期获得"孝"的声誉，有利于仕宦之途，这就是汉墓壁画盛行的社会根源所在。

（四）汉墓和壁画

1. 卜千秋墓

卜千秋墓，位于河南省洛阳市洛阳面粉厂，于 1976 年被发现，现存于洛阳市古墓博物馆。这座西汉中期的墓葬，因其独特的壁画而著名。墓主卜千秋的身份是通过出土铜印确定的，其墓为砖室墓。这些壁画是研究汉代思想、文化和艺术的重要资料，墓葬已被列为河南省文物保护单位。

墓内壁画分为三组：第一组是后壁山墙的辟邪图；第二组是墓顶平脊的卜千秋夫妇升仙图；第三组是墓门内额的人首鸟身像。其中最壮观的是卜千秋夫妇的升仙图，长 4.51 米，宽 0.32 米，画在 20 块空心砖上。这些壁画展示了彩云、女娲、月亮、羽人、双龙、枭羊等元素，体现了汉代的艺术风格和文化信仰。

卜千秋墓壁画以其保存的完整性、独特内容和高超的绘画技艺，在中国乃至世界美术史上占有重要地位，是研究汉朝历史、文化和艺术的珍贵资料。这些壁画的位置和款式与其他汉代墓室壁画有所不同。其主体部分绘制在屋脊处，由 20 块特制的小型长方形空心砖拼成一条狭长带状平面，画面朝下，平行于墓底。画面两端向前后山花折叠，其中一端朝后壁山花处扩展，形成梯形。壁画的内容描绘了男女墓主人分别乘龙持弓和乘三头凤鸟捧金乌升仙的场景，前有持节仙翁引路，众神兽环绕。天界神灵包括人首鳞身的伏羲、女娲，以金乌标志的太阳和桂树蟾蜍标志的月亮，以及代表四方的青龙、白虎、朱雀和玄武四神。还有负责"索室驱疫"的方相氏和人首鸟身的仙人等形象。如图4-2-2：

图 4-2-2　卜千秋墓墓室壁画（局部）

与其他汉墓壁画不同，这些壁画是先在地面上绘制完成，随后按编号砌筑到墓室内。这种方法提供了更宽敞的工作环境和更充足的光线，使得画师能充分展现其技能。因此，卜千秋墓壁画的绘制质量和艺术水平远超其他汉代墓室壁画，设色用笔均展现了汉代绘画的高水准。

《卜千秋墓壁画》主要展现卜千秋夫妇的"升仙"主题，突出了中国古代神话中两个重要人物——伏羲和女娲。这对神话人物通常被描绘为人首蛇身，在其他汉代墓壁画、画像石和画像砖上常呈现交尾状。然而，《卜千秋墓壁画》中将伏羲和女娲分别独立描绘，均具人首蛇身，面容清秀逼真。这种表现与古代神话传说相关，伏羲和女娲在远古时期被视为阴阳世界的主宰，伏羲是东夷氏族酋长，女娲是他的妹妹，他们结合生育，成为人类的始祖。

在壁画中，卜千秋夫妇的描绘位置在女娲之后，表现了对女性的尊重。卜氏骑着赤色三头凤，手捧三足鸟，闭目飞翔；卜千秋则乘龙形舟，手持弓，闭目，伴随着兔和奔狗，在云中飞行。伏羲作为壁画中的最后一个人物出现。这种绘制方式体现了卜千秋生前夫妻关系的平等和和谐。

壁画中的这种表现方式可能源于卜千秋生前的看法，他认为伏羲作为人文始祖，女娲作为造人始祖，两者分别履行各自的职责，共同创造人间的净土。这反映了卜千秋夫妇对升仙理想境地的追求和对平等、和谐的夫妻关系的重视。如图4-2-3：

图 4-2-3　卜千秋墓顶脊壁画升仙图（局部）

艺术想象力和创造力的表现：壁画中龙形象的刻画，就是作者综合了鳄鱼、猛兽、飞禽等多种动物的局部特征，运用夸张的艺术手法创造出来的。白虎和朱雀等形象，则较多运用了写实手法，然而又不是自然界的虎、雀的简单描摹，而是作者抓住猛虎的外部形态和性格特征加以夸张和强化，出色地表现出猛虎徐缓中的迅捷、柔韧中的雄健；朱雀则是以孔雀为原型的神鸟，作者通过对雀冠的夸张处理，对雀尾羽的简化，以及对雀的姿态做了大胆的设计，使朱雀显得既雍容华丽，又气宇轩昂，在艺术上体现了理想性与真实性的有机结合。该墓壁画，气魄深沉雄大，其运笔勾线的轻重、虚实、顿挫以及韵律变化恰到好处。勾描出的龙体，圆滑滚转；白虎，浑厚劲健；朱雀，口喙坚利；仙翁，飘飘欲飞；女娲，柳眉樱口，面相端庄。壁画用色，以朱红为基调，在重点地方"随类赋彩"，恰如其分地运用了色彩的明暗、浓淡、冷暖、虚实，呈现出强烈的色彩效果。

《卜千秋墓壁画》中艺术家的想象力和创造力尤为突出，特别是在动物形象的刻画上。例如，壁画中的龙形象不是对自然界动物的简单描摹，而是综合了鳄鱼、猛兽和飞禽等多种动物特征，通过夸张的艺术手法创造出来。

这种手法在白虎和朱雀的描绘中也有体现，虽然采用了写实手法，但并非简单地复制自然界的虎和雀。白虎形象抓住了猛虎的外部形态和性格特征，加以夸张和强化，巧妙地展现了猛虎徐缓中的迅捷和柔韧中的雄健。而朱雀，则是以孔雀为原型的神鸟，通过对雀冠的夸张处理、雀尾羽的简化，以及大胆的姿态设计，使之既显得雍容华丽，又气宇轩昂，展现了理想性与真实性的有机结合。如图 4-2-4：

图 4-2-4　卜千秋墓壁画中的动物形象（局部）

壁画的画风气魄深沉而雄伟，运笔勾线的技巧处理得恰到好处，体现了轻重、虚实、顿挫及韵律变化的巧妙结合。龙的身体圆滑滚转，白虎浑厚劲健，朱雀口喙坚利，仙翁飘逸，女娲柳眉樱口，端庄优雅。在用色上，壁画以朱红为基调，重点部分根据对象特征适当赋彩，巧妙运用了色彩的明暗、浓淡、冷暖、虚实，从而取得了强烈而协调的色彩效果，充分展现了壁画的艺术魅力。

2. 打虎亭汉墓

打虎亭汉墓，位于郑州市区西南 6 公里的新密市，是全国重点文物保护单位，也是全国最大的汉墓之一。这两座东西并列的大型东汉墓，距今已有 1800 多年历史，分别以其内部的画像石和壁画而闻名。东墓称为画像石墓（1 号墓），西墓称为壁画墓（2 号墓），二者之间相距约 30 米，具有相似的建筑形式和结构，均由巨大石块和大青砖建造，展现了宏伟的规模。如图 4-2-5：

图 4-2-5　打虎亭汉墓 1 号墓画像石墓门

西墓的结构庞大，分为七室，总长 25.16 米，宽 17.8 米，中室高 4.88 米。墓底铺有 0.5 米厚的煤层。西墓内丰富的画像和石刻，展示了独特的雕刻风格。而东墓略小，其壁画主要模拟墓主生前的庄园生活，内容包括收租、坐厨、迎宾、宴饮、舞乐、百戏、相扑、车马出行、侍女图等。

打虎亭汉墓的命名现在倾向于源于附近汉代的石阙，因其上的虎形石刻而得名。这些石阙具有方形基础、方体阙身和四面出檐的屋顶形顶部，整体造型似亭子，且墓身四壁上多有虎形石刻。由于当地群众对这种石阙的误解，将其称为"打虎亭"，从而也使得附近的村庄和汉墓被命名为"打虎亭村"和"打虎亭汉墓"。这两座墓葬于 1959 年被发掘，代表了 1800 多年前东汉时期的墓葬建筑和艺术风格。1988 年 1 月，打虎亭汉墓被公布为全国重点文物保护单位，其保存的石刻画像和壁画为研究东汉时期的历史文化提供了丰富的资料。

打虎亭汉墓是两座并列的东汉时期大型墓葬，两座墓葬都拥有长而宽的斜墓道，规模宏伟，以巨石和大青砖构建，相距约 30 米。墓顶的土堆高达 10 米，是该地区的一个显著标志。墓内壁画和石刻画像内容丰富、色彩绚丽，为研究东汉时期中原地区的民生风俗提供了宝贵资料。

东墓，即画像石墓，墓主人是汉弘农郡太守张德（字伯雅），来自河南密县。西墓则为壁画墓，其主人可能与张伯雅有亲属关系。两座墓葬在内部建筑形式和结构上基本相同，都绘有色彩绚丽、内容丰富的石刻画像和壁画，展示了东汉时期人们的生活、服饰、饮食、居住和交通等方面的细节，形成一幅生动的东汉风情画卷。如图4-2-6：

图4-2-6　打虎亭汉墓2号墓壁画《宴饮百戏图》（局部）

　　壁画墓的尺寸令人印象深刻，长19.8米、宽18.4米、高15.2米。墓内的彩色壁画主要使用朱砂、朱膘、石绿、石黄和黑墨等矿物质颜料绘制，虽然距今已有1800多年，但颜色依然鲜亮。其中最著名的作品《宴饮百戏图》，长7.3米、高0.7米，展现了多种宴饮和娱乐活动。画面宽广，构图严谨，线条苍劲有力，色彩富丽，人物众多，展示了当时社会生活和审美趣味，以及匠人的高超技艺。这幅壁画在中国美术史上具有极高的艺术地位，成为中原旅游区的重要参观点之一。

　　汉代讲究厚葬，郑州地区曾发现了数千个汉朝墓葬，其中打虎亭汉墓以其规模之大、豪华程度之高而著称。这两个已发掘的墓葬内部装饰极为精美，一个雕有300多平方米的石刻图像，另一个绘有200多平方米的彩色壁画，每个墓室的面积超过100平方米，结构类似现代四室两厅的楼房。这些石刻画像和彩墨色壁画描绘了东汉时期的生活各个方面，如烤肉串、宴会场景和相扑运动员，仿佛一幅栩栩如生的东汉风情画。

　　打虎亭汉墓被誉为"中华东汉第一墓"，其规模之大、保存之完整及文化艺术价值之珍贵在全国乃至世界范围内都极为罕见。墓中的300多平方米画像石刻和200多平方米彩色壁画，构成了一座汉代艺术宫殿和丰富的历史博物馆，对研究中国汉代文明、绘画和雕刻艺术具有重要价值。

特别值得一提的是《宴饮百戏图》，这幅汉代墓葬壁画艺术的杰作，人物众多、栩栩如生，是汉画中的佼佼者。此外，"相扑图"展现了汉代相扑运动的英勇威武，证实了相扑起源于中国的传说。而"戏车图"则是中国汉代雕刻艺术的巅峰之作，具有世界级的雕刻历史价值。最近，还计划与国家徐悲鸿纪念馆共同开发这些文化精品。

3. 河北望都汉墓

河北省望都县，在北京西南约 180 公里，以盛产优质辣椒闻名。望都县历史悠久，原名庆都，是帝尧诞生之地。汉代改名为望都，唐代时期曾称庆都，直至清代乾隆皇帝访问后，因其与尧母同名，改回望都县至今。

望都县内有两座东汉晚期的大型砖室壁画墓，位于所药村东，分别于 1952 年和 1955 年由河北省文化局文物工作队发掘。1 号墓的墓主可能是曾升任三公的河南尹，而 2 号墓的墓主据信是中山国的成员，姓刘，曾任太原太守，可能是皇族成员，卒于 182 年。两墓东西并列，相距 30 米，墓主可能是族亲。

两墓均有高大的坟丘，1 号墓由多个部分组成，全长 20.35 米；2 号墓更大，全长 32.18 米。尽管早年被盗，但仍出土了许多珍贵文物，如楼阁、灶、井、杯盘的陶器残片。1 号墓中还发现了完整的石围棋局和石榻，而 2 号墓出土了石骑马俑、彩绘石枕、鎏金铜车马饰及货币等。这些发现对研究东汉时期的历史和文化具有重要价值。

这两座汉墓均装饰有精美的壁画和墨书榜题。1 号墓的壁画保存较好，主要分布在前室四壁和前、中两室间的甬道上，画面分为两层：上层为属吏图，共绘有 25 个人物肖像，包括"门亭长""寺门卒""仁恕橡"等职位；下层为祥瑞图，描绘了"羊酒""芝草""白兔游东山"等场景。甬道顶部绘有流动云气和仙禽异兽图案。前室和西耳室间甬道上有朱书铭赞。2 号墓壁画大部分已损坏，但内容与 1 号墓相似。两墓壁画主要采用传统的勾勒平涂施色技法，兼用渲染法表现明暗，展现了当时绘画艺术的高水平。

前室四壁和通向中室的过道的砖壁上施以毛笔勾线着色的壁画。前室作为墓主人办公衙司，南壁门内两侧分别画有"寺门卒"和"门亭长"，北壁门洞外两侧则是主记史和主簿。前室东西两壁分为上下两列，上列为死者的僚属，下列为各种动物。过道两侧分别画有"小史""勉冠谢史""白事史"等。

前室壁画表明墓主人是高级官吏，有"辟车伍佰"作为侍卫，描绘了人物在职位上的工作场景，直观展示了社会等级差别。画中人物姿态自然，眼神生动，色彩虽少，但笔墨能够渲染衣褶及动物身体，表现明暗及体积。望都壁画展现了汉代绘画艺术的高水平。据墓中题字推测可能是拥立顺帝即位的大宦官孙程，从而推断壁画的年代为公元二世纪前半叶。这些壁画不仅是艺术品，也为研究汉代社会结构和文化提供了宝贵资料。

4. 辽阳汉墓壁画

辽阳汉墓壁画位于辽宁辽阳市北郊的太子河两岸，是东汉末年至汉魏之际的石室壁画墓。自 20 世纪初发现后，中华人民共和国成立后又发掘了多座。1961 年，辽阳壁画墓群被列为第一批全国重点文物保护单位，是辽宁地区最早获此殊荣的遗址之一。这些墓葬跨越了东汉中晚期至西晋时期，时间跨度约 300 年，上限距今约 1800 年。

辽阳古城，原名襄平，是燕辽东郡的首府，自古以来一直是东北地区的政治、经济和文化中心。东汉时期，辽阳地区人口稠密、自然环境良好，和平稳定的社会环境吸引了大量中原人口迁入，促进了当地文化和经济发展。辽阳近郊的大量壁画墓便是这一时期辽东地区社会稳定、繁荣和文化昌盛的直接证据。

辽宁辽阳市北郊的太子河两岸，是六处东汉末期至汉魏之际石室壁画墓的所在地。这些墓室中，辽阳北园汉墓壁画存有摹本，棒台子屯墓壁画内容丰富，而三道壕窑业第四现场墓和第二现场令支令张君墓的壁画是在中华人民共和国成立后发掘的。另外两处墓室，南林子和迎水寺古墓的壁画已遭破坏。这些墓室位于汉代辽东郡的故地，表明辽阳地区可能还有更多古代遗址和墓室壁画有待发掘。

这些墓室的壁画直接绘制于石壁上，描绘了墓主人生前的生活场景。壁画中，后室后壁绘有宴饮图，右侧画有侍立的"小府吏"和三层高楼，楼内有人仰射飞鸟。下方右侧绘有各种杂技表演，如弄丸、跳剑、舞轮、反弓、盘舞、长袖舞及乐队。两个小室壁上分别绘有斗鸡图和仓廪图。主室的隔断墙上画有车队图和骑从行列图。

这些壁画采用多种彩色，并通过墨线轮廓加以色彩渲染，追求立体效果。棒台子屯汉墓的墓室内壁画同样丰富，墓门石柱外侧画有守门卒，内侧画有守门犬。墓门内左右两壁绘有杂技表演和乐队，展示了当时的文化生活。小室壁间绘有人物形象较高大的宴饮图，男子身着黑帻红袍、黑绿领袖、白色单衣，享受侍从们进呈的酒食。主室四壁画有车骑行列和宅第，后小室的三壁画有庖厨图，描绘了烹饪场景的真实细节，如挂在高处的肉块、牵着牛的人、案上横卧的缚了四足的猪、笼中的鸭子等。

三道壕窑业第四现场古墓墓室较小，壁画主要内容是墓主人夫妇的家居饮食、庖厨和车骑行列。第二现场令支令张君墓同样较小，壁画内容与前一墓相似，但墓主人的像旁有"令支令张口口"的题字。这些壁画不仅展示了墓主人的生活场景，还反映了当时社会的文化和艺术水平，对研究汉代文化具有重要价值。

辽阳的两汉墓壁画以及后来的魏墓壁画代表了中国美术史上一个重要环节。这些墓多为平顶多室结构，主要分为夫妻合葬墓和家族多人合葬墓两种类型，用厚重的南芬页岩石板搭构而成。画师们直接在墓室的大石板壁面上作画，不抹灰面，使用不同的彩色颜料，这种画法在当时的辽阳地区是独有的。

这些壁画描绘的物象生动传神，内容庞杂而具体，包括家居、人物、杂技、牵马、牛耕、狩猎、斗鸡、宴饮庖厨、百戏乐舞、车骑仪仗出行等，顶部常绘有日月流云。这些画面再现了汉魏晋时代豪门大族的奢华生活，并展示了当时中国绘画技法的成熟。

壁画中对生活的描绘，尤其是服装和车骑队列仪仗，都非常认真，细致展现了古代社会生活的具体细节，具有文献价值。内容上，壁画以现实生活为主题，涵盖政治、军事、农业生产、出行等方面，人物造型简洁明快，构图适当，用色质朴单纯，情节丰富生动，图像组合主次分明。色彩方面，辽阳汉魏墓壁画的色彩使用较前代更丰富，包括黑色、红色、白色、黄色、青色等及其调和或稀释产生的复色。

辽阳两汉墓以及魏墓壁画不仅为汉魏时期的绘画艺术研究提供了直观的素材，为后世的绘画及绘画理论奠定了基础，同时为其他学科的研究提供了实物资料，对周边文化和后世的美学艺术产生了深远影响。

5. 白庄汉画像石墓

临沂吴白庄汉画像石墓，位于山东省临沂市城南 8 公里的吴白庄村北，1972 年发掘，是汉画像石发展高峰时期的代表作，也是全国规模最大、规格最高、形制最复杂的汉代画像石墓。墓葬为半地下砖石结构，包括墓道、墓门、门扉、前室、中室、后室等，地面起冢高近 10 米，总面积 135 平方米，东西长 15 米，南北宽 9 米，出土画像石 44 块，共 59 幅画面，均为国家一级文物。

画像内容涵盖了汉代社会各方面，包括车骑出行、迎宾拜谒、庖厨宴饮、乐舞百戏等反映现实生活的场景，以及神仙异兽如西王母、东王公、伏羲、女娲、神农、蚩尤等，还有垂教后世的历史故事，如仓颉造字、董永佣耕侍父、七女为父报仇等。

临沂吴白庄汉画像石墓展现了汉画像石所有的雕刻技法，包括平面浅浮雕、平面阴线刻、高浮雕、透雕、圆雕等。其中，平面浅浮雕技法娴熟，尤其在人物的眼、眉、胡须、服饰以及车马之间的细部结构和穿插关系等细节的刻画上，形成了临沂画像石刻艺术鲜明的风格和地方特色。墓室立柱上的虎、猴、熊、盘龙等高浮雕、透雕作品，展示了汉画像石雕刻艺术的顶峰，并融入了西方雕刻艺术的特征。这些高浮雕作品不仅体现了汉代文化的精湛技艺，还见证了汉代文化与西方文化的交流。如图 4-2-7：

图 4-2-7　临沂吴白庄迎宾、车马出行画像石

山东临沂白庄汉画像石墓和沂南北寨汉画像石墓均展现了汉代人对仙界和长生不老的向往，表现了仙人如东王公、西王母，以及升仙场景。墓中画像反映了荣华富贵生活和对仙人世界的追求。安丘董家庄画像石墓的墓顶则有羽人、日月、伏羲等仙界元素，表达了墓主升仙的愿望。

陕北、晋西北的画像石多展示墓主升仙图，通常位于后室的门柱上。山西离石县（今离石区）马茂庄的墓中，男女墓主升仙画像描绘了他们在西王母使者引导下升至昆仑山的景象。这些画像中的仙人、神兽、云车等元素象征着升仙。

此外，画像石墓中的神仙形象，如西王母、羽人、九尾狐等，也表达了墓主升入仙界的愿望。四川汉画主要反映墓主升仙题材，表现夫妻告别、乘鹿升天等情节。这些画像体现了汉代人追求成仙的社会风尚。

蒋英炬[①] 等学者指出，汉画像石墓中的左右门柱上常刻有西王母和东王公图像，周围伴有仙人、奇禽异兽，象征着对不死药和仙禾神树的向往。郑清森等学者认为，墓室内的珍禽异兽图像反映了祥瑞辟邪的主题，表达了死后灵魂升天成仙的愿望。如图 4-2-8：

---

① 蒋英炬，考古学家，著有《汉代武氏墓群石刻研究》《汉代画像石与画像砖》等。

图 4-2-8　临沂吴白庄汉画像石墓门柱

　　这些画像反映了汉代社会的主流思想和风尚，影响深远。汉画作为当时的重要艺术形式，无论是壁画、帛画、漆画、色油画、画像石、画像砖、画像镜、瓦当等，都强烈体现了帝王、将相乃至普通百姓追求长生不老或死后成仙的愿望，这些都是汉代社会习俗和文化的体现。

　　6. 和林格尔汉墓壁画

　　1971 年秋，内蒙古和林格尔县新店子公社小板申大队在修造梯田时发现了一座东汉墓，编号为和林格尔县新店子一号汉墓。这座墓葬于 1972 至 1973 年间被发掘，其内部壁画内容丰富、形象生动，是迄今发现的汉墓壁画中独特的例子。如图 4-2-9：

图 4-2-9　幕府图（和林格尔汉墓壁画）

　　该墓位于和林格尔县东南四十公里，南面有红河（浑河），周围景色优美。墓葬的结构包括墓道、前室、中室、后室及三个耳室，全长 19.85 米，高 3.6~4 米，墓室用青灰色条砖建造，顶部以横砖平砌成穹庐顶。墓室的地面以方砖铺设，砖表面印有菱形纹和隶书铭文。

　　墓室的壁画总面积百余平方米，共 46 组、57 个画面。壁画内容涵盖了死者生前的仕途经历、官场活动和地主生活，以及为其服务的奴仆形象，反映了封建地主阶级的政治活动和剥削生活，同时也展现了劳动人民的生产活动。前室和中室的壁画主要炫耀死者的官场活动，而后室壁画则表现了死者晚年家居生活及其地主庄园。此外，还有大量劳动人民的生产活动场景。这座汉墓的壁画不仅是研究东汉时期政治、经济、文化和艺术的重要资料，也反映了当时汉族与少数民族聚居地区的社会面貌和民族关系。壁画以其多样的题材、广泛的内容和娴熟的技巧，为我们提供了宝贵的历史信息。

　　墓室壁画描绘了死者从"举孝廉""郎""西河长史""行上郡属国都尉事""繁阳令"到"使持节护乌桓校尉"的仕途经历。其中前室绘有大幅车马出行图，展示了死者历任各职的缩影。此外，还有一些较小幅的画面，描绘了府舍、粮仓、宴筵、所经之地、皇帝褒奖等场景。这些画面对于了解东汉的等级关系、官职制度、政权设施，特别是中央政府在长城内外各族聚居地区的治理情况，提供了重要的历史资料。

　　前室西壁中层的壁画，从右方开始，描绘了举孝廉出行的场景，孝廉是东汉官吏晋升的必经之阶。壁画中，死者乘坐轺车，后随大车、从椅，孝廉之名象征了豪门世家的权力和地位。接着是"郎"时期的描绘，表明死者进入了更高的政治阶层。随后是"西河长史"出行的场景，突出了死者在民族关系复杂的地区的重要角色。如图 4-2-10：

图 4-2-10　车马出行图（和林格尔前室壁画）

壁画中还展现了死者作为"行上郡属国都尉事"的情景，描绘了他身穿红衣、乘坐辎车、伴随着武官和武士的壮观行列，展示了其在军事和政治上的重要地位。这些细节反映了东汉时期的政治、军事活动以及官僚地主的生活方式。

这些壁画不仅记录了死者的生平事迹，也反映了东汉时期的社会结构、文化特点和历史背景。它们为研究东汉时期的政治、经济、文化和艺术提供了珍贵的视角，使我们能更深入地理解那个时代的社会和文化。通过对这些壁画的研究，我们可以更加全面地认识到东汉时期官僚制度的复杂性和当时社会的多样性。

和林格尔一号汉墓的壁画是中国古代北方民族友好交往的历史见证。壁画展示了各民族在统一的东汉政权下的共存，尤其突出了"护乌桓校尉"——东汉政府在北方地区派遣的高级行政官员。画面中反映了汉族和乌桓等民族的日常活动，这些活动是汉朝直接管理北方广阔地区的重要证据。

经济方面，各族劳动人民共同开发了北方辽阔的土地，存在频繁的经济交往。文化上，无论在绘画艺术、城市建筑还是意识形态方面，北方与中原地区存在着极大的共同性，反映了东汉时期政治、经济、文化的高度集中与统一。

壁画上的各民族形象证实了中国自古以来就是一个统一的多民族国家。各族劳动人民代代在这片土地上劳作、生息，各民族间的关系总体上是友好的。艺术上，这些壁画是古典现实主义的佳作，体现了各族劳动人民的智慧和艺术才能。壁画中所用的八分书，作为一种继承周代金文、战国玺文、篆文而演变的新书体，对研究书法发展变化也具有重要价值。这些壁画以其丰富的题材内容，展示了中国自古以来作为统一的多民族国家的历史。

第三节　历史故事图像——叙事与史鉴

一、英雄神话图像的不同叙事模式

（一）汉画像中的英雄神话

汉代画像，以其多样的叙事模式，生动地展现了英雄们的形象和旅程。这些英雄既展现帝王之尊，又隐含着兽性的图腾特征，成为民族历史的创造者和道德楷模。这些图像主要见于山东、江苏的东汉墓葬画像、祠堂画像，以及四川、陕西的少量出土画像和部分汉代铜镜，多为东汉时期作品。它们构建了汉代人对英雄的敬仰。

叙事是人类文化中不可或缺的一部分，早在文字出现之前，古人就通过击鼓、燃烟、举火等方式传递信息。在汉代，人们对神话特别是英雄神话的关注在画像艺术中得到了真实反映。这些神话中的英雄形象在叙事中展开，超越了时间和空间的限制，表达了人类存在的永恒规律。

汉代画像艺术作为一种文学性质的视觉艺术，能在有限的空间内描绘和塑造具体形象，传达故事信息。图像叙事通过空间性的物质，将时间中的情景单元凝固在图像中，用共时性的方式再现历史性的叙事过程。这些图像中的时间虽然已经脱离原来的时间进程，但为了达到叙事目的，它必须重新纳入时间的进程。

汉画像中的英雄神话图像通常通过单幅图像实现叙事，根据对时间的处理方式，可分为单一场景叙述和综合性叙述两种模式。这些叙事模式不仅展示了神话故事的情节，还将其嵌入空间艺术中，展现了汉代对英雄神话的深刻理解和独特表达。

1. 单一场景的叙述

在中国的英雄神话图像中，也常采用这种叙事模式，有时多个人物互动呈现出故事的"最富孕育性的时刻"。例如，山东武氏祠画像，以其独特的分层分格构图方法著称，使得每一层中都融合了多个画面和人物。这种构图方式不仅复杂精细，同时也达到了均衡匀称的效果，展现了浓郁的装饰风格。每个故事场景精心捕捉了情节的高潮，巧妙地表现了故事冲突和事态发展的关键转折点，使得人物动作显得夸张而充满戏剧性。这种表现手法在保持整体的平稳和均衡的同时，又不失动感和力度，展现了独特的艺术魅力。

2. 综合性叙述

综合性叙述是一种图像叙述模式，它将不同时间点或事件要素中的重要元素并置在同一画面中，或者提取连续发展但不同时段的瞬间，通过组合方式来综合呈现，创造了一个新的叙事视角，观者通过它可以完成整个叙事过程。举例来说，山东武梁祠西壁画像的第二层"三皇五帝"画像石将不同神话历史时期的英雄人物并置在同一画面中，强调了社会有序发展的过程。这种方式不仅突出了各人物的显著特征，还在左侧排列了评价性的题榜，呈现了一种纲要性的特征，改变了故事的原始语境。

同样，江苏徐州汉画像石艺术所藏的大禹治水画像石也采用了综合性叙述。画面分为三组，共刻画十个人物，将尧、舜禅让、大禹治水、三过家门而不入等故事情节并置于画面中。这样的组合方式提取了不同时间和地点中的故事元素，象征着永恒性的价值观，超越了时间和地点的限制。综合性叙述模式通过将多个要素融合在一起，创造了新的叙事可能性，让观者在一个画面中感受到不同故事的关联和发展，强调了故事中的重要主题和价值观。

（二）礼教性的神圣空间

"礼教性的神圣空间"是指在汉画像石中展现的一种特殊场景，其中英雄神话中的重要人物被呈现在一种庄严神圣的环境中，这种场景反映了古代社会的价值观和文化传统。这个主题的核心内容表现在以下方面：

呈现礼教性的场景。在汉画像石中，特定的英雄神话场景经常被呈现为庄严神圣的场所。例如，描述尧和舜的场景中，尧坐在树下，双手平举，似乎在传授礼仪和道德，而舜跪坐在他面前，这种场景强调了尧作为圣贤君主的权威和舜作为继承者的责任。

礼仪与权威的结合。这些画像石反映了古代中国社会中礼仪和道德观念与政治权威的密切关系。英雄神话中的人物被描绘成传授道德和礼仪的导师，强调了社会秩序和规范的重要性。

复古性的表现。有学者指出，这类画像石具有复古性，意味着它们试图回溯到神话时代和宇宙起源的原型，以寻求价值和意义。这种复古性反映了古代社会对传统价值观和文化传统的追求，以指导和启发后代。

社会体制与历史发展。这些画像石也反映了社会体制的演变与历史发展之间的关联。例如，武梁祠古帝王画像强调了社会体制的变革，以及农业、政治权力集中、组织化暴力和世袭制的重要阶段。

总之，这些汉画像石传达了古代中国社会对礼仪、道德、权威和传统价值观的重视，将英雄神话与社会发展联系起来，形成一种礼教性的神圣空间，为观者提供了深刻的文化和历史启示。

（三）英雄崇拜的精神指向

汉画作为一种叙事艺术，在叙事学的角度上扮演了传达人生经验本质和意义的文化媒介的角色。这种艺术形式通过图像的形式和内容的互动，以独特的节奏和形式表达深刻的思想和情感。汉画的重要性在于它不仅注重形式，还承载了深邃的思想情感，展示了生命的内核和生命内部最深的动力。

在汉画像中，叙事不限于具体的图像，还包含了象征符号和图案，这些元素承载着民族精神文化的延续。不同的图像题材代表着抽象的观念，形式与内容之间相互作用，成了汉代人思想、道德和信仰的艺术表达方式。

英雄神话在汉画中扮演着重要的角色，它们讲述了人类不断创造物质文化与精神文化的历史，关注着共同体的起源和命运。这些神话故事传达了共同体的文明起源和发展，具有强大的叙事性力量。与"神"不同的是，英雄具有更加现实和人性化的特点，他们的形象和人格化反映了人类的思想和生活。

汉画像展示了汉代人的独特精神面貌，无论是文化英雄、神话英雄还是其他英雄，他们的神话故事都以图像叙述的方式传达，强调了对英雄的崇拜和敬仰。这些画像构建了一个礼教性的神圣空间，传递着汉代人的文化和信仰价值观。

尽管两汉帝国已经消失，但汉画像中的故事和信仰仍然栩栩如生地保存在石头上。通过不同的叙事方式，汉画像展示了丰富的英雄神话，创造了一个充满礼教色彩的神圣空间，反映了汉代人对英雄的崇拜和敬仰，展示了汉民族最深层的精神情感。

二、历史与社会的镜像

汉代的画像艺术，以石刻和画像砖为代表，全面反映了当时的生活和思想。翦伯赞和鲁迅分别高度评价了这些作品的历史价值和艺术美感。这些作品可以分为社会生活、历史故事、神鬼祥瑞和花纹图案四大类。社会生活类涵盖农业、工业、日常生活等多个方面。历史故事类则描绘了古代的帝王、将相等人物。神鬼祥瑞类展示了传统的神话和宗教信仰，而花纹图案类则呈现了丰富的装饰艺术风格。

历史故事题材在画像石刻中比较常见，尤其在儒家思想影响深远的地区，如山东、河南南阳、江苏徐州等地更为突出。如山东武氏祠石刻，包含了三皇五帝、周文王十子等多种故事画，是历史故事画像的典范。通过这些艺术作品，由于篇幅所限，我们只能通过下面的几个作品。管窥汉代的社会生活和文化特色。

（一）周公辅成王图

《周公辅成王图》汉画像，位于山东嘉祥武氏祠的左石室，是汉代艺术中的杰作之一。画面分为四层，其中特别引人注目的是倒数第二层，描绘了成王受封的场景。

在这幅画中，成王居中立于矮台上，展现了他的尊贵地位。左侧一位头戴斜顶高冠、宽袍大袖的人物跪在成王前，似乎在汇报或提出建议，体现了对成王的尊敬和忠诚。其后的两人手执笏，身体略微前倾，表达了对王权的敬畏。右侧的场景则更显生动。一位戴着斜顶高冠的人物正给成王打黄罗伞盖，这不仅体现了对成王的侍卫和保护，同时也象征着权力和尊严。身后三人立正手执笏，中间的一位回头向后看，可能在监视周围的安全或与后方的人交流，增加了场景的动态感。

这幅画像不仅展示了汉代对历史故事的艺术再现，而且反映了当时对王权、礼仪和社会秩序的重视。通过这种细腻且层次分明的描绘方式，汉画像为我们提供了一扇了解古代社会结构和文化的窗口。

（二）二桃杀三士

这个故事反映了古代中国政治和道德哲学中的复杂性。晏婴利用了公孙接、田开疆和古冶子的自负和勇武之间的矛盾，巧妙地设计了一个陷阱，使他们在面临名誉与生命的选择时暴露了自己的弱点。具有深刻的意义：

三位武士虽然勇猛，但过度的自负和缺乏智慧导致了他们的悲剧。他们对个人荣誉的追求超越了对国家和社会的责任感，最终导致了自我毁灭。晏婴的智谋胜过了三士的武力。这揭示了在复杂的政治环境中，智慧和策略往往比单纯的武力更为重要。齐景公和晏婴利用了三士的弱点来消除潜在的威胁。这表明了权力在错误的手中可能带来的破坏性。如图 4-3-1：

图 4-3-1　二桃杀三士［东汉山东嘉祥县满硐乡］（今满硐镇）宋山村画像石

这个故事也表现了道德和伦理的复杂性。三位武士面对道德挑战时，选择了自杀来维护他们的荣誉，但这种选择在今天的视角中可能被视为不理智或不必要的牺牲。不仅是对个人品格的考验，也是对权力、智慧和道德伦理的深刻反思。它提醒我们，在追求个人成就时不应忽视对社会的责任，同时也展示了智慧和策略在解决冲突中的重要性。

（三）荆轲刺秦王

"荆轲刺秦"的故事，不仅是一段壮烈的历史，也深刻体现了战国时期的政治动荡和个人英雄主义，体现了一种义勇信念的象征。这个故事的意义在于忠诚与牺牲精神。嘉祥武氏祠的汉画像石对这一历史事件的描绘，不仅是艺术上的再现，也是对这段历史的传播和记忆。它让后人能够直观地感受到那个时代的现实和英雄的悲壮。

《中国画像石全集》第 1 辑中对此有说明："右一奋勇的勇士被人拦腰抱住，榜题'荆轲'；其足旁一人匍匐于地，榜题'秦武阳'；其后一卫士执刀、盾；武阳前置一盒，半启，内盛一人头，当为樊於期的头；中间一柱横贯一带缨匕首；柱右一割断的衣袖。左边一人惊慌奔逃，榻座前有丢脱的双履，此人当为秦始皇；其右有惊伏于地的两卫士。"画像生动再现了"掷匕于柱"的精彩瞬间。如图 4-3-2：

图 4-3-2　荆轲刺秦王（山东嘉祥武梁祠画像石拓片）

（四）豫让刺赵襄子

这个故事，详细记载于《史记·刺客列传》，展示在山东苍山博物馆收藏的汉画像石上。画面中央是一座砖木结构的桥梁，赵襄子的车马行列正壮观地穿过桥梁。与此同时，桥洞内豫让和他的朋友青正进行对话。这一场景与《吕氏春秋·季冬纪》的记载相吻合。

《史记》中记载，豫让是晋国人，曾为范中行氏服务，后来成为智伯的臣子。智伯因与赵襄子、韩、魏三国的联盟作战而被灭，赵襄子分得了其中一部分领地。豫让对智伯的灭亡深感不满，决心复仇。

这个故事不仅揭示了古代社会中忠诚与复仇的主题，还强调了社会诚信的重要性。《论语·子路》中的话语强调了言行一致的重要性：如果名不正，则言不顺；言不顺，则事不成；事不成，则礼乐不兴；礼乐不兴，则刑罚不中；刑罚不中，则民无所措手足。

我们从豫让刺赵襄子的故事可看到，历史不仅提供了无数的经验和教训，还是我们汲取力量的宝库。虽然愚忠不应被提倡，但社会的诚信和言行一致的原则在古代和现代都是至关重要的。

第四节　祥瑞图——吉祥与祝福

一、汉代的祥瑞图案

（一）汉画像中的祥瑞图案

祥瑞图案在汉画像石中尤为常见，特别是江苏和山东地区。武氏祠堂中便有三十七种祥瑞图案，每幅图案均附有说明其名称和作用的题榜。《说文解字》中将"祥"解释为"福"或"善"，而"瑞"指"以玉为信"。祥瑞概念的文字记录最早出现于西汉刘向的《新序·杂事》："成王任周召，而海内大治，越裳重泽，祥瑞并降"，指吉祥的征兆。

祥瑞的文字记载虽始于西汉，但其概念和图案使用可追溯至战国甚至更早。专家考证发现，一片名为"小臣墙"的甲骨刻辞中记录了"白麟"，为中国已知最早的祥瑞记录。商周时代的钟鼎和陶器纹饰中，云纹和龙凤纹已颇为普遍，汉武帝时期更出现了含图像和解说文字的"瑞图"。汉画像中的祥瑞图案种类繁多，反映了当时社会对祥瑞观念的重视和追求。

（二）祥瑞文化的渊源与发展

祥瑞文化在中国根深蒂固，主要源于原始时代人们对吉祥事物的崇拜和信仰，类似于世界各地普遍存在的"图腾文化"。图腾文化是一种宗教信仰和集体无意识的表现，涵盖动物、植物、自然现象及虚构事物。在祥瑞文化中，我们见到羊、鹿、虎、象等动物图腾，灵芝、嘉禾、连理枝等植物图腾，以及龙凤、冀英、神鼎等虚拟图腾。如图 4-4-1：

图 4-4-1　汉画中的瑞虎拓片

祥瑞的文字和图案在西汉时期逐渐繁盛，与当时的政治、经济、文化背景密切相关。汉代厚葬之风推动了祥瑞图案在汉画像中的广泛流行。汉初，刘邦和其开国大臣采用黄老思想，避免法家的严刑峻法，实行"清静无为"的政策，持续七十年，为汉王朝的稳定打下基础。然而，这种政策与社会发展要求相悖，导致经济、文化停滞，直至武帝刘彻继位，转向儒家思想。

董仲舒的新儒家哲学，融合了法家、阴阳家、黄老等思想，提出"天人感应"学说，强调天命观，将"天"视为有意志、情感的神。自然界的变化被视为预示社会变迁的征兆，特别是在君主无道时，天灾被认为是上天的谴责。这与西汉晚期至东汉早期盛行的谶纬神学结合，形成了强大的神学思潮，使祥瑞观念在社会各阶层深入人心，影响深远。

（二）宗教预言与忠孝观

在中国古代，宗教预言大多被视为"诡为隐语，预决吉凶"的工具，往往是由别有用心的人或方术之士编造，以达到特殊目的。这些预言倾向于将儒家经典神秘化，是后世儒生为获取学术神圣性而假借孔孟之名编造的。虽非纯儒学思想，却融合战国秦汉以来的思想成果，旨在构建适应县制帝国政治文化的新学。

谶纬关注灾异、祥瑞、三皇五帝，以及汉家天子受命之符和改朝换代征兆等。其核心思想是："帝王受命，必有德祥之符瑞，协成王命，申以福应，然后能立巍巍之功，传于子孙，永享无穷之祚"。由于遗纬少涉及民间生活，统治阶级常搜集或编造所谓祥瑞事物，以标榜自身德行或掩盖阴谋过失。民间也有李白所述"楚人不识凤，重价求山鸡"之类事件，反映了人们对祥瑞的迷信。例如，河北满城汉墓出土的铜朱雀灯、朱雀衔环杯等陪葬品，显示了祥瑞观念的社会影响。

忠孝观作为传统儒家伦理观，到汉代已成普遍道德观。如"其为人也孝弟，而好犯上者，鲜矣；不好犯上，而好作乱者，未之有也"。这一观念在法家思想中也有体现，如韩非子的"臣事君，子事父，妻事夫三者则天下大安，三者逆则天下大乱"。文献中"孝"的本体地位明确，结合董仲舒的灾异与祥瑞观念。如《孝经左契》所言："孝悌之至，通于神明，则凤凰巢"。这种观念的盛行影响了汉代的教化内容，武帝因此特别察举孝廉，使孝廉成为两汉时期中央选举的正途之一。

（三）厚葬文化与祥瑞图案

先秦时期的厚葬习俗在两汉时期达到顶峰，从天子到平民普遍实行。特别是在武帝时期，随着物质财富的积累和奢侈风气的兴起，加之对儒家孝道和灵魂不灭观念的笃信，厚葬风尚广泛盛行。《汉书·原涉传》中提及先人坟墓的草简约不代表孝，由此引发富贵之家竞相建造豪华坟冢的现象。

汉代墓葬的布局和装饰反映了"事死如事生"的观念。墓室根据生前居所样式布置，包括祭祀空间、埋葬空间和具备实用性设施的玄室。墓中不仅有大量随葬品，还有彩绘壁画、画像石、画像砖等装饰，生活场景如庖厨、宴饮、乐舞百戏图等在墓室中重现。祥瑞图案也成为不可或缺的元素。

以凤凰为例，象征吉祥和神圣，孔子曾言："凤鸟不至，河不出图，吾已矣夫！"凤凰与龙同为中华民族图腾，其保存和传承源于两大部族的族徽。人们的图腾崇拜逐渐演化成信仰，神圣图像在历史长河中变化，附着于陶器、青铜器、丝帛制品和画像砖瓦等。

凤凰图案通常出现在墓葬玄室的顶部、下侧边缘、门扉、侧壁和角柱上。特定位置的凤凰图案寓意驱邪护墓,祈愿墓主人达天界,或展示墓主人生前功德,以凤凰的出现象征子孙后代享受福瑞。凤凰与其他祥瑞图案组合,形成独立的祥瑞石,意在保护墓主人的安宁幸福,与神仙接近,求得不死之身。这些丰富的墓葬装饰反映了两汉时期社会文化和宗教信仰的复杂性与深刻性。

二、汉画像石的祥瑞题材

(一)龙象征的祥瑞意涵

汉画像石是中华文化的瑰宝,其中龙的象征意义尤为重要。龙,作为中华民族的传统象征,也是汉代祥瑞观念的核心元素。在汉画像石中,龙的形象多变且丰富,通常分为四种主要类型。第一种是龙单独出现,如双龙、三龙等画像;第二种是与四象之一的门虎、朱雀、玄武共出现的场景;第三种是与东王公、西王母等神话人物共同出现的情形;最后一种是在嘉祥武氏祠等地的龙与仙人共现的图像。

詹鄞鑫[①]在《神灵与祭祀——中国传统宗教综论》中指出,汉魏时代的龙造型已相对固定,大致可分为两大类:一是传统龙造型,源自脚龙的演变;二是作为四象之一的青龙,其形态与白虎相似,并通常带有翅膀。在汉画像石中,这种带翅膀的龙形象较为常见。

随着春秋时期奴隶社会的解体,龙的图腾意义逐渐转变为祥瑞观念。龙开始被视为统治者的"天命"象征,成为"天子"的标志。例如,嘉祥出土的画像石中,东土公旁伴有翼龙,象征着超凡的力量与神圣。同样,在嘉祥武氏祠中的龙与仙人图像,则表现了龙作为神圣生物的尊崇地位。

---

① 詹鄞鑫:华东师范大学中文系教授,博士生导师,著有《神灵与祭祀:中国传统宗教综论》《神秘·龙的国度》《神灵与祭祀——中国传统宗教综论》等专著。

（二）白虎与凤凰的象征

汉画像石作为古代艺术的瑰宝，其中白虎和凤凰的形象具有深厚的文化内涵。白虎，作为"百兽之长"，在古代中国文化中是一种威震邪恶的神兽。《宋书·符瑞志》中将白虎视为仁兽，认为其是君主圣明的吉兆，象征着统治者的高尚品德和政治清明。在画像石中，白虎的形象常被用来镇守墓门，驱逐邪恶，以期死者得以安息。

凤凰则是古籍中记录较为丰富的祥瑞象征之一，常见于汉画像石中。其主要形象包括衔珠凤鸟、群凤、羽人饲凤和羽人骑凤等多种造型。凤凰和龙一样，源于古人的图腾崇拜，经过时间的积累和神化加工，成为超脱现实的神鸟。在画像石中的凤凰形象通常被简化为一只有羽毛、高冠和长尾的大鸟。如图4-4-2：

图 4-4-2　汉画像砖的凤凰

白虎和凤凰在汉画像石中的呈现，不仅反映了古代人们对自然界和超自然力量的理解与崇拜，也象征了当时社会的政治理念和文化信仰。白虎作为镇守和驱邪的象征，凸显了古人对于安宁和秩序的追求；而凤凰作为祥瑞和高贵的象征，展现了对理想境界的向往。这些形象为我们研究我国古代的社会文化提供了宝贵的视角。

（三）朱雀和玄武的意象

在汉画像石的丰富祥瑞题材中，朱雀与玄武的形象同样占有重要地位。

朱雀，在古代中国文化中象征南方，其形态与凤凰相似，通常以衔书的姿态出现，寓意着智慧与知识。朱雀的这种表现形式，不仅体现了古人对知识和智慧的重视，也象征着文化与学问的传承。

玄武，则代表着北方，象征着水神，同样蕴含着祥瑞之意，代表着统治者德行兼备的理想。在汉画像石中，玄武的形象除了与龟相似的传统造型外，还有一种独特的龟负蛇造型，展现了龟与蛇相结合的神秘形象。这种龟负蛇的玄武造型，不仅体现了古代人对自然界和神秘力量的认知，也反映了对天地自然秩序的理解和尊崇。

朱雀与玄武在汉画像石中的呈现，富含深厚的文化象征意义。朱雀作为智慧和文化的代表，与玄武作为德行和自然力量的象征，共同构成了我国古代对宇宙天地的理解和崇敬。

图 4-4-3　汉画中的玄武拓片

（四）连理树、嘉禾与蓂荚

汉画像石作为我国古代文化的重要载体，其中连理树、嘉禾和蓂荚的形象承载着深刻的象征意义。连理树，亦称为连理树，在画像石中通常呈现为根深叶茂、枝叶交错缠绕的形态。这种形象象征着团结与和谐，树上常栖息着凤鸟，树下则绑有马车等，寓意着繁荣和吉祥。

嘉禾，在古代文献中被视为统治者高尚道德的象征。《白虎通·符瑞之应》记载，成王时期就有嘉禾出现，而《艺文类聚·百谷部》引《孝经援神契》中表示"德下至地，则嘉禾生"。嘉禾出现在画像石中，预示着统治者德行高尚，国家治理得当。

蓂荚，据传是一种奇特的小草，每月初一开始，前十五天每天长出一片新叶，后十五天每天掉落一片叶子，如此循环不息。武氏祠中出土的画像石上的蓂荚形象，通常具有十五片叶子，象征着天地的循环与平衡，所以人们认为它是"瑞草"。

连理树、嘉禾和蓂荚在汉画像石中的呈现，不仅是对自然现象的艺术再现，更富含着深层的文化与政治象征。它们共同预示着天赋德行，象征着国家的繁荣昌盛和统治者的圣明。通过这些象征性的形象，汉画像石展现了古代人民对宇宙自然、社会治理和道德伦理的深刻理解和崇敬，为我们研究古代社会文化提供了宝贵的视角。

汉画像石不仅展示了汉代日常生活，也体现了人们对未来幸福生活的期盼。这些画像不再局限于过去的威严规范造型，而是融入了更多的"人情味"，生动细致地反映了当时人们求吉避邪、羽化成仙的信仰愿景。随着祥瑞观念的普及，汉画像石中的祥瑞题材日渐丰富多样，成为生者对美好时代的向往和死者成仙愿望的象征。作为中国重要的文化遗产，汉画像石正受到广泛欣赏和认可。未来，其研究需深植于汉代思想文化背景，以充分展现其艺术精髓和文化价值。

第五节　狩猎图——自然与生存

一、古代的狩猎

古代的狩猎是一项重要的生存手段，也称为畋猎、羽猎、苑狩、打猎或打围。原始社会时，由于生产资源匮乏，人们依赖狩猎来维持生计。随着农业和畜牧业的发展，狩猎逐渐演变成一种练兵和娱乐方式。

在古代，君王的狩猎活动通常规模庞大，动静很大。例如，战国时期，魏王误以为赵国集结军队准备进攻，实际是赵王在进行狩猎，导致紧张的战事差点爆发。汉代时，由于生态环境允许野生动物大量繁衍，朝廷颁布法令鼓励人们捕猎有害动物，如捕虎奖励三千钱。

古代的狩猎工具非常简陋，因此猎人在出发前会向山神祈求保佑，遇到神庙也会虔诚地叩拜。在狩猎后，人们对猎物的分配非常慷慨，除了留下兽头和毛皮给猎人外，野兽的肉是人人平分，甚至连猎犬也能分到一份。狩猎在古代文学中也有体现，如《弹歌》描述了砍竹做弓矢，然后去打猎的场景，形象地描绘了古代狩猎的情景。

狩猎在古代是一项重要的生存手段，随着社会的发展，它的性质和意义发生了变化。它不仅是为了维持生计，还与祭祀、军事、娱乐、人才选拔、身体锻炼以及农业保护等方面密切相关，具有重要的历史意义。

在古代，祭祀和狩猎之间存在着密切的联系，这种联系深植于人类早期的精神活动和生活方式之中。祭祀，作为一种宗教和文化活动，不仅是对神灵的敬仰和感谢，同时也是对自然和生命的尊重。狩猎则是为祭祀提供必要物资的重要途径。

二、古代的狩猎和祭祀

在中国古代，祭祀活动几乎涉及了人类所有的精神和物质生活领域。据颜师古的注释，"祭者尚血腥"，说明古人在祭祀时常常需要宰杀动物，甚至有时需要人牲。这种做法不仅是对祖先的纪念，也是对天地、神灵的尊敬。在《说文》中，"祭"被解释为以手持肉的行为，强调了祭祀中牲肉的重要性。同时，狩猎活动在古代不仅是为了生存的需要，更多的是为了祭祀活动准备牺牲 ①。《榖梁传·桓公四年》提到狩猎的三个主要目的：为祭祀准备牺牲、招待宾客和丰富君王的庖厨。这说明狩猎不仅仅是一种获取食物的手段，更是一种文化和社会仪式。郑玄 ② 在《三礼目录》中提到，"郊特 ③ 牲"，是祭天之名，使用特殊牲畜进行祭祀，这体现了对天神的至高敬意。《续汉·志》中关于社稷祭祀的记载也说明，祭祀中使用的牲畜有着严格的等级

---

① 牺牲：此处指供祭祀用的纯色且完整的牲畜。

② 郑玄（127—200），字康成，北海郡高密县（今山东省高密市）人，东汉末年儒家学者、经学家。

③ 特：此处指三四岁的兽。

和规定，反映了社会结构和文化价值观。

因此，我们可以看到，在古代社会中，祭祀和狩猎是紧密相连的。狩猎不仅是为了生存，更是为了尊重和纪念神灵与祖先。通过狩猎获得的牺牲不仅是对天地神灵的敬仰，也是对生命的尊重和感恩。这种文化传统深深影响了古代人民的生活方式和精神世界，形成了独特的文化和社会结构。

汉代的狩猎活动是一个多面的社会现象，其在经济、军事、文化和娱乐方面都具有重要意义。从天子、诸侯到贵族豪强，狩猎成为一种普及的活动。这种活动不仅是贵族阶层的特权，也是下层百姓谋生的一种方式。司马迁曾在《史记》中描述了狩猎对百姓的重要性。

狩猎在汉代不仅仅是为了获取食物，还是军事训练的一部分，同时也是一种休闲娱乐活动。狩猎技术的发展对经济生活、军事斗争和体育教育等方面产生了重要影响。尤其值得一提的是骑射技术的发展。骑射起源于我国古代北方少数民族，后来被汉代社会广泛采纳，成为狩猎和军事的重要技能。

从汉代的画像资料可以看出，狩猎使用的工具包括箭、戈、弓、矛、戟等，捕捉的猎物种类丰富，如虎、牛、鹿、兔、野猪、雁鱼等。

汉画像中的狩猎内容反映了当时社会的奢侈生活，这些画像是艺术家对生活的细致观察和创作能力的体现。这些作品不仅表现了狩猎技术，还展示了狩猎者之间的分工合作。汉代的狩猎活动是一个复杂的文化现象，它反映了当时社会的经济、军事、文化和娱乐等多个方面。通过狩猎，我们可以窥见汉代社会的一部分面貌。

三、汉画像狩猎图

（一）汉代狩猎图画像石的分布与文化意义

汉画像石中的狩猎图占有重要地位，反映了当时社会的经济繁荣和文化特色。目前已整理出 150 多幅狩猎相关的画像石及拓片，主要分布在陕西、山东、河南和江苏等地，这些地区经济发达、资源丰富。据《汉书·食货志》

记载，汉代社会经济恢复和发展，加之厚葬之风，为画像石的发展提供了良好的社会条件。

陕西地区的狩猎图数量最多，有70多块，集中在绥德、榆林、神木等地。陕西是汉与匈奴等民族相邻的地方，虽经济文化不及中原，但作为军事要地，大量驻军和移民推动了当地经济和文化的发展。《中国画像石全集》卷551中的31块狩猎图像中，28块刻在墓门上，表现了庞大的田猎队伍和各种捕猎场景。《陕北汉代画像石》中41块狩猎图，34块刻在墓门横额上，显示了这一地区狩猎活动的重要性。

山东地区近50块狩猎图画像石，主要分布在嘉祥、微山等地，其中《中国画像石全集》卷1至卷3共有25块。这些狩猎图通常分为多层，与东王公、西王母或车骑出行等题材综合在一起，展示了狩猎的精彩场景。

河南地区有20多块狩猎图画像石，主要集中在南阳和唐河县，《中国画像石全集》卷6和《南阳两汉画像石》中各有11块，展示了丰富的狩猎场景，如猎者、赘犬、骑者等。南阳是东汉武帝刘秀的发祥地，也是交通要冲和工商业繁华的都会，这些条件为画像石的发展提供了重要铺垫。

江苏的画像石数量众多，但关于狩猎题材的相对较少，主要分布在徐州。江苏地区在两汉时期经济、文化极为繁荣，是农耕、盐业、铁业和纺织业发达的地区，汉高祖刘邦祖籍徐州，大量王侯封国和豪门大族为画像石的兴盛提供了条件。

汉画像石中的狩猎图不仅展现了当时的经济繁荣和文化多样性，还体现了当时社会的军事、娱乐和宗教信仰等多方面的社会生活。

（二）汉画狩猎图赏鉴

1.异兽图

画像石展现了二千年前的狩猎场景，描绘了鹿的多种形态，从奋力逃跑到牝牡相随，展现了既紧张又和谐的自然景象。翼兽造型，特别是带翅膀的龙，在汉代画像石中出现频繁，表明了神话和传说在古代艺术中的重要地位。这种艺术形象强调了天界的元素，如翼虎和翼龙，显示了汉代艺术家对神兽等级和神性的特殊理解。东汉时期，翼兽造型变得多样，不仅限于龙和虎，还包括鹿、马、羊等其他动物，虽然数量不多，却展现了汉代艺术的多样性和深度。如图 4-5-1：

图 4-5-1　汉画像仙境狩猎·异兽图拓片

2. 斗虎图

这幅东汉像石展现了一幅生动的狩猎场景，巧妙地利用浅浮雕技术在竖纹衬底上勾勒出两位猎人与猛虎的对峙。一位猎人手持飞箭和剑，准备与虎搏斗，另一只虎则回头观望，却未察觉隐藏的猎人。画面中的山峦叠嶂背景不仅增加了作品的深度感，还衬托出狩猎的艰难与危险。猎人与猛虎之间紧张的氛围，以及猎人制敌策略的巧妙描绘，使这幅作品不仅反映了当时狩猎的实际情况，也展现了东汉时期雕刻艺术的精湛技艺。整体上，这幅画像石是独特的文化遗产，展示了东汉时期人们对自然的观察、理解和艺术表现的高度。

3. 骑射狩猎图

郑州出土的空心砖上骑射狩猎图展示了一幅生动的狩猎场面。画面主题鲜明，构图合理，充分展示了狩猎的紧张与活泼。山坡起伏的线条流畅且具有波浪般的动感，增强了画面的视觉冲击力。猎者骑马奋勇下坡，姿态生动，手拉满弓瞄准前方的小鹿。小鹿的刻画传神，捕捉到了它那后顾一警的瞬间，强烈地表现出生命的求生欲望。山坡上一对惊飞的山禽，伸颈展翅，仿佛在鸣叫，为画面增添了额外的动态元素。整体上，这幅画通过精细的雕刻技艺，成功地捕捉并表现了狩猎的紧张气氛和动感，展示了古人狩猎生活的一瞥，同时也体现了古代艺术家对自然和动物的细腻观察与深刻理解。如图 4-5-2：

图 4-5-2　郑州出土空心砖上的骑射狩猎图拓片

4.许昌狩猎图

许昌收藏的狩猎图通过两幅画面展示了狩猎的激烈场景。第一幅以菱形纹划分上下两排，右侧描绘一名猎人挥管驱犬追鹿。画中猎人身材高大，双腿异常修长，形象夸张而生动。猎犬的身体被拉成一条直线，表现了追捕猎物的极速动态。第二幅画面同样分为上下两排，两名猎人携两只犬追逐两只小鹿。猎犬的目标明确，展现了其勇猛和追逐的能力。

这两幅画像通过夸张的艺术手法和巧妙的构图，生动地描绘了猎犬的机智灵活、反应迅速和勇猛追逐的捕捉能力。猎人与猎犬的动态描绘和鹿的惊恐反应形成鲜明对比，增强了画面的视觉冲击力。整体上，这些作品不仅反映了狩猎活动的紧张气氛，还体现了古代艺术家对动态描绘的高超技艺和对狩猎场景深刻的理解。

5.郑州画像石骑射狩猎图拓片

这幅图展现了一幅充满活力的围猎场景。画中两位猎人各骑一匹骏马，一个向前射击，另一个回头射箭，动作协调而生动。两只猎犬紧密配合，一左一右地追逐一只惊慌的小鹿。猎犬在奔跑中身体拉长，形成了动感十足的"八"字形，而小鹿则四蹄腾空、呈"V"形跳跃，增强了画面的动态感。

这幅画面通过夸张的动作表达了围猎场面的紧张和激烈，但又保持了形象的真实性。对猎人、猎犬和小鹿的动态捕捉精准，体现了画家对动物动态的深刻理解和高超的绘画技艺。这幅作品不仅展示了围猎的紧张气氛，还体现了古代艺术家对生动动态描绘的追求和狩猎场景的深刻把握。

6. 四川弋射收获画像砖

四川弋射收获画像砖展现了汉代艺术家通过装饰艺术捕捉动态美的高超技巧。画面分为上下两部，上部描绘弋射场景，右侧是莲池和飞翔的鸟群，左侧两弋人张弓射击。下部展示收获场景，右侧两人刈草，左侧三人割谷。整幅画面充满生动的动感，如跳跃的音符，展现了强烈的活力。无论是收割的人，水中的鱼，还是飞翔的鸟，画面上的每一个元素都在动，构成了一个和谐统一的动态画面。此外，画面通过"衣语"巧妙表现了人物情绪，三武士衣袖高卷，形象生动，与文官衣袖的顺畅形成鲜明对比。这幅作品不仅展现了物理动感，还通过衣物表达了人物的情绪状态，使形象更加生动逼真，展示了汉代艺术的独特魅力。

7. 陕西狩猎画像砖

陕西汉画像砖上的狩猎图展现了汉代狩猎文化的丰富多样和艺术家的精湛技艺。在洛阳汉画艺术博物馆收藏的画像砖上，一只猛兽凶猛地跳跃，张牙舞爪，准备扑向猎人，而马背上的猎人则从容转身，拉弓射箭，展现了猎人的勇敢与技巧。这些画像砖宛如古代的照片，生动真实地捕捉了汉代狩猎的瞬间。猛兽的威猛与猎人的冷静构成鲜明对比，画面简洁却富有张力。整体上，这些作品不仅反映了当时社会的狩猎习俗，还体现了古代艺术家对动态捕捉的高超技巧，令人赏心悦目。如图 4-5-3：

图 4-5-3　陕西狩猎画像砖

汉画像是汉民族集体无意识的图像展现，体现了一种宇宙象征主义的图式，不仅描绘了现实生活场景，也构想了人们对死后世界的理想。特别是在汉代墓葬中的狩猎场景画像，选取了矛盾集中爆发前的关键瞬间，展示了两个核心理念：

第一是"有限与无限的超越美"。汉画像石在有限的空间内展现丰富紧凑的图像，反映了工匠的缜密构思和创作心理。他们在创作狩猎图时，精心选择故事中最具表现力和意义的瞬间，以达到祭祀和叙事的目的。

第二是"瞬间与永恒的时空观"。汉代人的宇宙观认为空间无穷，时间永恒变化。他们将生命中有意义的瞬间永久定格在砖石上，希望通过这种方式使灵魂得以延续。狩猎图便是这种思想的体现，通过捕捉狩猎中的关键时刻，表达了人死后肉体消逝，而灵魂如同画中勇猛的猎人，充满活力且永恒存在的理念。

第六节　庖厨图——日常与烹饪

一、汉代的庖厨文化

（一）汉画像石中庖厨图的特点

细察各地出土的汉代庖厨图像，我们发现它们具有一些共同特点。尽管不同地区的表现细节各异，但主要内容大体相同。例如，山东和苏北地区的庖厨图相对丰富全面，而河南、浙江、四川等地区虽然出土庖厨图较少，内容有所欠缺，但基本与山东和苏北地区的图像内容一致。比如四川郫都区和浙江海宁的汉墓石棺上都刻有表现炊煮、切菜等场景的厨房图像。

同时代的汉墓壁画中也反映出类似的庖厨图特点。辽宁辽阳、河南密县等地的汉代壁画墓都描绘了包括屠宰、炊煮等内容的庖厨图。内蒙古和林格尔的壁画墓更加细致地展示了庖厨的各个方面，包括厨工、杂役的活动、食物的准备、饮食器皿等，内容丰富，与诸城前凉台的庖厨图有诸多相似之处。

　　这种庖厨图的一致性，反映了汉代，尤其是东汉时期，庖厨饮食习俗的普遍性和统一性。通过这些图像，我们能够窥见汉代人日常生活的一部分，了解他们的饮食文化和习俗。

　　庖厨图作为汉代生活的一部分，主要反映了肉食的准备和加工，但肉食仅是汉代副食的一环。研究马王堆出土文献表明，汉代主食以五谷为主，包括黍、粟、麦、菽和稻，不同地区的主食作物有所差异。庖厨图对这些主食的展示很少，只在个别图像如微山沟南画像石中见到加工谷物的场景，和面的图像也较为罕见，而对瓜菜等副食的描绘更是少之又少。

　　汉代肉食的加工方法众多，包括炙、蒸、煎、熬、蒸煮等十余种，但庖厨图中通常只展示炙和蒸煮等少数方法，其他烹饪技巧难以从图中得知。

　　尽管汉代的画像石和壁画中的庖厨图为研究当时的饮食生活提供了宝贵资料，但在内容和方法的展示上仍有局限，未能全面反映汉代人的饮食习惯和烹饪技艺。

　　从汉代的庖厨图中可以看出，当时的炊具主要包括灶、釜和甑，这与各地汉墓出土的随葬品中的炊具相一致。画像石上的灶通常为侧视图，设有灶门和烟囱，灶面上有一个大火眼，偶尔会有一个小火眼，但这种情况较为罕见。大火眼上通常放置釜和甑，小火眼上则放置小釜。这些炊具的形状与出土文物相似，釜呈扁圆腹、圆底形状，其下半部分套在火眼内。甑则置于釜上，具有敞口和外折平口沿，底部应有孔洞，有些甑上还有盖。

　　小釜形状与大釜相同，放在小火眼上，可能用于温水，也可能有其他用途。例如嘉祥宋山的炊煮图展示了一人在灶前烹饪的场景。除灶、釜、甑外，鼎也被用作炊具，河南密县打虎亭画像石墓内的图像就刻画了使用鼎烹饪肉类的场景。这些细节揭示了汉代人炊事活动的具体方式，反映了当时生活习惯和技术水平。

（二）庖厨图是饮食生活的写照

　　庖厨图不仅是汉代饮食生活的写照，也反映了当时社会阶层和经济状况。汉画像石墓，作为汉代厚葬风俗的产物和表现形式，揭示了当时社会的经济与文化特征。这种厚葬习俗需要较强的经济基础支撑，因此，一般只有上层统治者才有能力建造豪华的墓室并丰富墓内陪葬品。

庖厨图上展现的，往往是汉代封建官僚的奢华生活方式。画像中的厨房场景、食材的准备和烹饪方式等，都生动地描绘了当时上层社会的饮食习惯和生活风貌。这些图像不仅仅是对物质文化的记录，更是对汉代社会结构和阶层差异的直观反映。通过这些庖厨图，我们能够洞察到汉代社会的经济情况和文化风尚，了解那个时代人们的日常生活和社会习俗。

（三）反映的汉代人的饮食习俗

汉画像石中的庖厨图虽有局限，但仍从多方面反映了汉代人的饮食习俗：

1. 肉食品种类

汉代肉食主要分为兽（畜）、鸟（禽）、鱼三大类：画像石上常见的兽类包括猪、狗、羊、牛、马、兔等；鸟类有鸡、鸭、雉等；鱼类则难以细分种类。一些文献中提及的野生动物如鹿、獾等并未出现在庖厨图中。这反映了汉代的主要肉食结构为猪、狗、羊、兔、鸡、鱼等，牛、马等家畜及其他野生动物在肉食品中处于次要地位。

2. 地区特色饮食

山东和苏北地区特别偏好狗肉，相关图像远多于杀猪、宰羊等。这一风俗早在东周已形成。庖厨图和狩猎图显示，汉代时期该地区仍然保持这一饮食习惯。

3. 烹饪方式

马王堆汉墓出土的遣策显示了各类肉类的炙烤做法，如牛肋炙、犬肝炙等。墓中发现的炙烤肉串表明，这种烹饪方式在汉初已广泛存在。河南南阳和诸城前凉台出土的画像石上刻有烤肉串图，表现了烤肉的详细过程，与今日烤羊肉串方式类似，说明烤肉串习俗不仅在中原流行，北方少数民族也有类似习惯。

这些庖厨图为研究汉代人的饮食生活提供了宝贵的实物资料，虽存在局限，但仍能窥见当时的饮食文化和习俗。

二、汉代酒文化与宴饮

（一）汉画像石中的酒文化

汉代人将他们享用的酒誉为"天之美禄"，视为上苍的恩赐。通过汉画像石，我们可以一窥汉代人的酒文化和相关故事。汉代酒的酿造方法与现在有所不同，西汉时酒精含量较低，成酒不易久存，易酸败。酒味不浓，因此人们能饮用更多而不易醉。到了东汉，酿成了度数稍高的醇酒，酒质有很大提升，可能已掌握蒸馏技术，酿出高度酒。

河北望都东汉墓的壁画"羊酒"图，将羊与酒壶绘在一起，展现了美好生活的场景。山东诸城前凉台村的画像石更是集酿造、庖宰、烹饪活动于一身，描绘了庖厨场面的忙碌，表现了43位厨人的劳作，包括汲水、蒸煮、过滤、酿造等。画面下方的酿酒活动尤为生动，展示了捣曲块、加柴烧饭、劈柴、拌饭、滤酒等过程，以及发酵用的大酒缸，都安放在酒垆之中，仿佛散发着浓浓的酒香。

《汉书·食货志》记录了汉代的酒文化，指出汉代用酒量巨大，强调"有礼之会，无酒不行"，意味着酒是宴会和待客的必需品。因此，汉代涌现了众多酒爱好者，且当时的人们并不以"酒徒"为耻，甚至有人自豪地自称。例如，司隶校尉盖宽饶自诩为"酒狂"，郦食其称自己为"高阳酒徒"。东汉著名文学家蔡邕因醉酒被人称为"醉龙"。孔子二十世孙孔融，也是酒的热爱者，常感叹"座上客常满，樽中酒不空"，将酒杯常满视为人生理想。如图4-6-1：

图 4-6-1　山东诸城出土汉代画像石庖厨图（复原图）

（二）汉画的宴饮

汉代宴会成为社交和政治活动的重要组成部分。帝王和贵族在各种场合如祭祀、庆功、巡视、接待宾客及礼遇臣子时，都会举办宴会。官员、贵族、富商大贾也常设宴庆祝社交活动。官位越高，享用的食物越丰盛，酒越佳。《后汉书·梁统传》中的名言"大丈夫居世，生当封侯，死当庙食"体现了士人的追求。

汉代诗赋中对宴饮场景的描述生动具体。如左思《蜀都赋》所写："终冬始春，置酒高堂，以御嘉宾。金罍中坐，肴楠四陈。觞以清醥，鲜以紫鳞。羽爵执竟，丝竹乃发；巴姬弹弦，汉女击节。起西音于促柱，歌江上之飀厉；纡长袖而屡舞，翩跹跹以裔裔。"这段文字不仅展现了宴饮的繁华，也暗示了成都的酒食传统起源于汉代。

汉代王侯的宴会还伴有乐舞助兴，展现了贵族的优雅风度。多种出土文物如画像砖、画像石和墓室壁画中，都生动描绘了宏大的宴饮场景，其中乐舞百戏是宴会的重要组成部分。例如，山东沂水出土的画像石上描绘了宴会的主宾互敬酒祝，周围是乐舞百戏的热闹场景，增添了庆祝的气氛。四川成都市郊出土的画像砖则显示了不同的风俗，如赤膊男子的舞蹈。此外，一些画像砖石上的宴饮场景无舞蹈表演，反映了更为学术或文化的聚会，但酒具仍是必备元素。这些不同的宴饮场景描绘体现了汉代社会生活的多样性和丰富性。

汉代的酒器主要是漆器，因其高雅轻盈而广受欢迎。最常见的酒器包括樽、卮、杓和耳杯，这些漆制器物既美观又实用。多幅汉画宴饮图展现了这些酒器的样式和使用方式，呈现了汉代饮酒文化的特色。

汉画像石记录了汉代的真实生活场景，尤其是在酿酒和饮酒活动的描绘中，我们可以感受到那个时代生活的细节，仿佛穿越时空嗅到两千年前美酒的芬芳。

四、庖厨图的内容

汉画像石中的庖厨图为我们揭开了古代厨房的神秘面纱，其主要内容可以分为四类：屠宰图、汲水图、炊煮图以及切菜图。这些图像生动地展现了古代烹饪过程的各个环节，从获取原材料到食物的最终做成。通过这些图像，我们不仅能够窥见古代人们日常生活的一个重要方面，还能感受到当时社会的生活习俗和文化风貌。

（一）屠宰图

在汉画像石的庖厨图中，屠宰图占据了显著的位置，这些画像生动地描绘了古代屠宰场景的各个方面，包括杀猪、宰羊、椎牛、击马、剥狗、烫鸡（及其他鸟类、雉鸡）和剖鱼等。这些详尽的雕刻不仅展现了古代屠宰技艺的多样性，也反映了汉代人们日常饮食中肉类品种的丰富多样，以及他们对食材处理的细致入微。

1. 杀猪

汉画像石中的杀猪图呈现了古代屠宰猪的详细过程。例如诸城前凉台的画像中，杀猪图位于右下方，展示了一人用棒赶猪，另一人拉住绳子固定猪，而第三人则持刀准备放血，猪头下放置一盆用以接盛猪血。再如嘉祥纸坊画像石墓中，一幅庖厨图的右上部描绘了一人按住猪头，另一人用刀刺猪。在武梁祠前室的另一幅庖厨图中，右侧刻画了两人在大盆中烫猪的场景。这些细致的刻画不仅反映了当时屠宰技术的细节，也展示了汉代社会生活的现实面貌。

2. 宰羊

在诸城前凉台出土的庖厨图中，宰羊的场景位于整幅画像的右中上部，介于烤肉串图和椎牛图之间。画面描绘了两人进行宰羊的动作：右侧的人一手持棒，另一手抓住羊尾；而左侧的人则一手握住羊角，另一手持尖刀准备刺羊。羊头下方摆放着一盆，似乎是用来接收羊血的。此外，在沂南北寨村画像石墓的中室南壁上横额东段，庖厨图的右上角刻画了一幅场景，一人正用刀剥已侧吊起的羊。这些细致的描绘不仅展示了古代屠宰羊的技术，也反映了汉代社会食物准备和处理的实际情况。

3. 椎牛

在诸城前凉台的庖厨图中，椎牛的场景位于宰羊图的下方。画面显示，右侧的人用绳子拴住牛的右前腿，正努力将牛拉倒；而左侧的人则左脚踏稳拴牛的绳子，双手高举椎子，准备击打牛。在沂南北寨村的庖厨画面中，椎牛的描绘位于右上部，紧邻剥羊图的左侧。这里的图像展示了一人左手牵牛，右手挥舞椎子，正要击打牛。

4. 击马

在江苏徐州铜山区苗山汉墓出土的画像石上有一幅击马图。马被拴在石柱（或木柱）上，一人正举棒正欲击打。

5. 其他

汉画像石中庖厨图的内容丰富，涵盖了从屠宰到食物准备的多个步骤。其中，剥狗图是常见场景之一，通常描绘狗被吊挂并用刀剥皮的过程。如嘉祥宋山画像石上的剥狗图，展现了一人正用刀剥吊挂在立杆上的狗。烫鸡（包括鸟和雉）图也是常见的描绘对象，一般显示一人或二人正在拔去烫好的鸟类羽毛，鸟下方通常有一盆盛水。诸城前凉台画像石上的烫鸡图位于中部，介于汲水图和椎牛图之间。剖鱼图通常描绘一人在案上剖鱼，案下或案旁放有盛鱼的盆，有些画像还展示洗鱼的场景。诸城前凉台的剖鱼图位于上中部，烤肉串图的左上角。而在嘉祥南武山画像石的庖厨画面中，展示了一人跪地在大盆中洗鱼，这一图位于整幅画面的中上部，汲水图和炊煮图之间。这些细致的描绘不仅提供了对汉代食物准备过程的直观了解，也反映了当时社会生活的多样性。

（二）汲水图

汉画像石上的汲水图展示了古代人们利用两种主要工具汲水的场景：桔槔和辘轳。桔槔由一根立杆和横杆组成，立杆通常固定在地上，顶部设有叉字形结构或竖长方孔，横杆穿过此孔。横杆一端拴有提水器（如壶或罐），另一端则挂有重物，通过杠杆原理实现省力的提水。例如，武梁祠东壁的汲水图就展示了一人使用桔槔汲水，这幅图位于庖厨画像的右部。

另一种汲水方式是使用辘轳。通常在井上架设辘轳，通过转动轴来提水。诸城前凉台的汲水图位于庖厨画面的左中部，酿酒图上方，描绘了一人拉绳使用辘轳汲水。而嘉祥宋山的汲水图则展示了一人立于辘轳旁，通过摇转轴心来缠绕提水器的绳子，从而提水。这幅图位于庖厨画像的最右侧，展现了后来普遍使用的辘轳类型。这些汲水图不仅揭示了汉代水源获取的技术和工具，也反映了当时劳动人民的智慧和创造力。

（三）炊煮图

汉画像石中的炊煮图常展现古代厨艺场景，通常刻有灶台和置于其上的釜甑。画面中一般有人站在灶侧忙碌，另一人则负责添柴。有时仅一人同时进行这两项工作。灶上方的横杆上通常挂有待烹煮的肉禽等食材。例如，诸城前凉台的炊煮图位于庖厨面的左中部，展示了一人添柴、一人在灶侧烹饪，另有一人正在劈柴。画面顶部的横杆上挂有各种食材，包括猪腿、肉块、猪头、猪下水、兔子、鱼和鸟等。

嘉祥宋山的炊煮图则描绘了一人跪于灶前，一手添柴，另一手持匕首状工具准备烹饪。灶上方同样挂有鱼、鸡、兔、猪头和猪腿等。这些炊煮图不仅揭示了汉代的烹饪技术和方法，还体现了当时人们日常生活的一部分，反映了古代社会食文化的丰富。

（四）切菜图

汉画像石中的切菜图通常描绘一至两人跪坐于案前进行切菜，其中一手扶持蔬菜，另一手使用刀具进行切割。案旁往往放置用于盛装切好的菜肴的盆或器皿。在诸城前凉台的庖厨画面中，切菜图位于中上部，展示了三人一字排开，跪坐着切菜。他们身后有一人，似乎在指导工作，可能是他们的师傅或厨房主管。而沂南北赛村的切菜图则位于庖厨画面的右下角，位于剥羊图之下，描绘了两人跪坐案前，左手放在案上，右手持刀，似乎切菜工作已完成，案下放有一方盒。这些切菜图不仅展示了汉代厨房活动的一部分，还反映了当时社会生活的细节和食文化的一瞥。

汉画像石中的庖厨图除展现屠宰和烹饪等常见场景外，还包含厨房、抬猪、摆放食物、酿酒及烤肉串等丰富内容。多数庖厨活动似乎是露天进行，哪怕有厨房，其主要用途也是炊煮。例如，临沂白庄的庖厨图显示了精致的厨房设计，分为两部分：一间挂有猪头、猪腿和鸡鱼，另一间有人在灶前烹饪。

临沂白庄和沂南北赛村的庖厨图描绘了抬猪的情景，临沂白庄还展示了搬运食物的场景。诸城前凉台和沂南北寨村的庖厨图中，人们正将某种面食放置货架上。诸城前凉台的庖厨图左下角刻有酿酒场景，而烤肉串图描绘了两人在烤箱前操作，一人正在准备烤肉串。

庖厨图还包含鸡、鸭、鸟、狗和弋射等装饰性图案，虽与庖厨主题关系不大，但它们与主题内容相融合，使整体画面更加生动，充满生活气息。这些庖厨图的细节不仅揭示了汉代日常生活的场景，也展现了当时社会的食文化和生活习惯。

五、庖厨图的特点及意义

汉画像石上的庖厨图不仅展示了屠宰、烹饪等场景，也反映了当时的饮食文化、社会习俗和礼仪。这些图像是孝道的重要体现，尤其在养老、丧葬、祭祀方面。《礼记·祭统》中指出，孝道是"礼"的核心，体现在对父母的养老、丧事和祭祀。东汉时期，孝行成为官员选拔的关键标准，养老成为尽孝的重要形式。

庖厨图还体现了祭祀祖先和与神灵沟通的观念。祠堂建筑中的画像石常规化、固定化地展示了祠堂后壁的主人夫妇形象、祠堂两侧的庖厨、宴饮等场景。在平民墓中，庖厨图多展现肉食，这在日常生活中较为罕见，通常只在重要节日或祭祀活动时出现。庖厨图所描绘的场景主要是为祭祀神灵、祖先准备祭食，体现了与天界沟通的重要环节。

此外，庖厨图也是墓主人生前日常生活的写照。东汉时，随着土地兼并的加剧，地主豪强追求奢华生活，庖厨图中的三层楼阁、伺候主人用餐的仆人等场景，展现了当时贵族的日常生活和对荣华富贵的追求。

汉代庖厨图因此具有重要的学术价值，不仅反映了饮食史和制度史，还记录了食材、食品加工和制作方法及礼仪制度，对研究汉代的艺术和饮食文化提供了珍贵的资料。

第五章 汉画的艺术研究

第一节 汉画在中国美术史中的地位

一、汉画是对中华民族先古造型艺术的总结

汉画像石艺术，作为汉朝画艺的核心组成部分，虽然只是中国悠久历史中的一朵独特而闪亮的艺术之花，其闪烁的光芒却能照耀整个汉代的历史。这些艺术品，历经近两千年的风霜变迁，虽颜色渐淡，其独特的魅力和智慧却依旧能够启迪和感召每一个亲近它们的人。汉画像石的艺术魅力来源于其朴素的情感与包罗万象的精神，这些都是自原始社会以来，深植于民族艺术中的艺术基因所继承和发扬的。

拂去历史的尘埃，展开中国美术史的厚重画卷，在中国原生的艺术世界中探寻那些小小造型语言溪流如何汇聚成河，最终归入海洋。在这样的艺术语境中，探讨汉画这朵灿烂的民族艺术之花是如何精心雕琢而成的，同时确定汉画在中华民族造型艺术发展历程中的独特位置。

第一，汉画与史前岩画之间展现了显著的艺术相似性和延续性。在遥远的史前时代，中国本土的岩画通过雕刻和着色的方式，将简单而稚拙的形象呈现在粗糙的岩石上。从载体和造型形式来看，岩画与汉画像石之间具有较高的相似度；在题材方面，岩画与汉画像石都偏好动物题材。

第二，原始彩陶与汉画在风格上也较为相似。原始时期的彩陶造型粗犷而简洁，带有一种天真而质朴的韵味，这与汉画中的拙朴剪影式造型和丰富的线条设计呈现出许多相似之处。新石器时代的灰陶上，以那种带有金石质感的生涩阴刻线条来描绘自然景象和生物。汉画像石和汉画像砖中均能找到这种艺术形式带来的影响。

第三，汉画与先秦青铜艺术之间存在着深厚的联系。先秦时期的青铜艺术不只在艺术风格、造型元素的组合、层次丰富的画面构成以及成型技术上与汉画紧密相关，还体现了两者之间密切的文化和艺术联系。汉画中的青铜艺术是对先秦青铜艺术的继承和发展，其模印技术与汉画像砖间的亲缘关系尤为显著。汉画像砖和瓦当等模印艺术是从先秦青铜模范艺术形式衍生的新产品，并在陶质汉画的艺术领域中开辟了一片广阔的艺术天地。

汉画艺术在风格和内涵上显著区别于原始岩画和彩陶。原始的艺术作品常带有先天的朦胧和巫术的氛围，而汉画则透过"轴心时代"的洗礼，呈现出更为睿智和自由的特质，充满活泼的生活气息。相较于先秦青铜艺术的严肃与狞厉，汉代艺术家在更自由的环境中创作，艺术表现由严峻转向自由和浪漫。汉画的造型艺术不再展现先秦玉器那种紧张与冷凝的风格，而是变得热情而富有动感，形态更为舒展开放。与秦代砖瓦和陶俑的沉重与严肃相比，汉画展现了更多的灵动和生活化，仿佛在冰冷的躯体中注入了灵魂的温度。虽与战国帛画共享奔放的想象力，汉画却更显地道、朴实与壮观，同时在写实与细致上也更为突出，宛如汉代人深情而响亮的内心独白。汉画的形成如同细流汇聚成大海，融合众多前辈的艺术长处，从而形成了独特的风格。

二、汉画确立了中国传统造型艺术的基本格调

汉画艺术在超过四个世纪的发展中，积淀了丰富的造型艺术经验，逐步塑造出具有深刻时代特色的艺术风格。张道一先生在《画像石鉴赏》中提道："其想象之奇特、结构之巧妙和造型之严谨，标志着我国绘画艺术的成熟，成为中国美术发展的一个重要的里程碑。"

传统中国画的多个概念和审美特征均源自汉画，这包括形神关系、捕捉神韵、整体构思、空间布局、书画结合、留白技巧、线条为主的造型以及装裱边框等。这些特点在汉画中的体现，强烈暗示着汉画艺术已孕育出后世中国画的形式与规则。在汉帛画和壁画等艺术形式中，几乎包含了现代工笔画的所有技巧，可以认为汉画艺术为现代工笔画的风格和规范奠定了基础。在汉代的木版画及部分壁画、画像砖中，艺术家展示了自如的笔触、放纵的墨线和流畅的水墨表达，有的人物形象甚至比宋代梁楷的简笔画更为简洁，成为传统中国画"大写意"风格的典型代表。

在汉画的塑绘结合艺术中可以发现多个重要的艺术特征：塑绘一体化的艺术形态、强化的艺术形象神韵、追求"得意忘形"的艺术自由、注重形体结构的完整性，以及点、线、面、体相互关联的表现技巧。这些均是中国传统雕塑艺术的核心要素。汉代的陶楼及部分建筑遗迹展示了对礼制和规则的尊崇、对建筑力学的挑战、对神韵的追求以及对实用功能的拓展，这些均体现了中国传统建筑艺术的核心理念。其大气、大格局的艺术风格，恰如其分地展示了中国传统建筑艺术的宏伟气象。

在汉代的铜镜、陶瓷艺术、染织艺术等领域中，制作精细、品质卓越的艺术品紧扣时代脉络与道德教化的主题，这反映了《考工记》中提到的"天有时，地有气，材有美，工有巧，合此四者，然后可以为良"的核心观念。

金文、石刻、简牍、帛书、砖铭以及模印砖文，还有漆器和墙壁上的直接书写，汉代的书法艺术载体在中国历史上可谓十分丰富。从篆书到隶书，篆隶结合到行书，行隶结合、类楷书、章草等，汉代书法艺术的多样化展现了其丰富多彩的艺术面貌，特别是"草圣"的出现，标志着汉代书法艺术的成熟与高峰。

上面论述的，都足以证明汉画确立了中国传统造型艺术的基本格调。

第二节　汉画造型艺术美学观

一、"谨毛而失貌"——对造型艺术整体美的追求

西汉思想家刘安在《淮南子·说林训》中指出："寻常之外，画者谨毛而失貌，射者仪小而遗大。"这句话透露了一种艺术理念，即艺术家在创作过程中，若只着眼于细节的精细描绘，往往会忽视作品的整体效果。在艺术创作中追求局部的完美，很可能会破坏整体的和谐。真正能触动人心的，并非某个单独的精彩细节，而是整体协调的视觉效果。例如，在诗句"接天莲叶无穷碧，映日荷花别样红"中，首先触动人的是莲叶构成的广阔绿色，这强烈的视觉印象能够在夏日为人们带来心灵的震撼。而"映日的荷花"虽然颜色鲜艳，但其魅力仅为画面中的一部分，不能独自左右整体的感受。《淮南子·说林训》还提道："在颊则好，在颡则丑；绣以为裳则宜，以为冠则讥。"意思是酒窝长在脸颊上是美的，如果长在脑门上，就显得丑了；在衣服上绣花是美的，但如果在帽子上绣花就要被人笑话了。这说明，无论多么美丽的细节，都必须与整体的视觉和谐相匹配。局部的美丽需要在整体构图中找到其适当位置，否则，即使是精美的细节，也可能因为不恰当的呈现方式而变得不悦目，类似于不恰当的"大红补丁"，过分夺目反而失去美感。

因此，避免"谨毛而失貌"是汉代艺术家重视整体的正确审美观点。在汉画像石与汉画像砖中，这种理念得到了充分体现。许多作品中的人物形象，甚至连五官都未具体刻画，或仅以概括的线条强调其外部轮廓。这样的处理，既减少了对个体特征的强调，也增强了整体的视觉统一性，如同一个模子刻出的组合人物形象，突出了团队的整体风貌，如整齐划一的军队方阵展示了团队精神的力量，体现了整体的重要性。此外，某些舞者的形象在强调动态的变化时，可能牺牲了形体的准确性。为了突出舞蹈的强烈节奏，艺术家往往采用夸张和变形的手法，舍弃了细致精确的刻画，以凸显动作的生

动感。在涵盖众多人物的大型汉画像石和汉画像砖场景中，艺术家通过虚化次要人物，增强对主要人物的焦点，从而明确表达人物间的主次关系。如果画面中每个人物的面部都得到细致入微的刻画，很可能导致整个作品显得过于琐碎和零乱，进而失去整体的和谐感。

从汉代霍去病墓的石雕群中可以看出，艺术家选取了自然形状的大石块，经过简单雕琢后，通过阴刻线条极简地勾勒出形象的结构和细节，这种方法虽看似简约，却精准地捕捉了"马踏匈奴"的豪迈气概。霍去病墓的石雕是有意舍弃细节以增强整体的视觉冲击力和作品的震撼力。虽然汉画质量参差不齐，但更多的作品表现出强烈的整体感和气势磅礴的特点，这正符合汉代艺术家倡导的"谨毛而失貌"和追求整体美感的艺术主张。

二、"非壮丽无以重威"——造型艺术中的壮美追求

美学原则"非壮丽无以重威"深受孔子和荀子思想的影响。《论语》记载，孔子提出"君子不重则不威"，强调了庄重行为在塑造个人威望和威严中的关键作用，同时表明了外表与内涵、形式与内容之间的重要关系。《荀子》记载，荀子进一步扩展了这一思想，指出："为人主上者不美不饰之不足以一民也，不富不厚之不足以管下也，不威不强之不足以禁暴胜悍也。"此外，荀子还提出他的美学观点："不全不粹之，不足以为美也。"这一理念成为汉代美术发展的理论基石和主要风格，使得壮美和崇高成为汉代艺术创作的核心主题。

美学原则"非壮丽无以重威"在汉画艺术中得到了深刻体现，这一原则倡导豪华、气派与宏伟壮丽的风格。汉画像石、汉画像砖以及汉代的壁画和帛画都追求这种雄浑大气的艺术风格。例如，山东沂南北寨汉墓中发现的横长近3米、包含近百人物的巨幅画像石，南阳麒麟岗汉墓中的155块画像石，以及徐州市贾汪区青山泉出土的宽达790厘米的《缉盗荣归画像》等，都体现了这一风格。更有唐河出土的长达6米的《车骑出行》画像石，和成都羊子山1号墓中长达10米的《车骑出行·宴乐杂技》画像石，展现了气势恢宏

的艺术景象。① 在多数汉墓中，画像石并非单独展现，而是以组合的形式整体表现，形成了一种壮观的气韵，如徐州等地的画像石中，常刻画数十至上百人物，场面密集而充满张力，展现了宏大的艺术气势。

东汉文学家班固在《西都赋》中描述了汉代宫室壁画的辉煌："屋不呈材，墙不露形。裹以藻绣，络以纶连。"生动描绘了当时壁画的繁荣景象。这种壁画风格也在民间广为流行，如安平逯家庄墓室的四次出行壁画中，壮观的马车队伍包括80余乘，涵盖伍伯、辟车等多种角色，展示了汉画艺术的雄伟与壮丽。

通过上述介绍可以发现，汉画的整体画面都如同汉赋一样铺陈、张扬，无不体现着"非壮丽无以重威"的美学理念。

三、"如无闻见，则无所状"——现实主义的造型观念

东汉哲学家王充在《论衡·实知篇》中提出了一条重要的认识论原则："如无闻见，则无所状。"此言论指出，若未亲自经历或见识，便难以描绘或描述事物。王充这一观点反映了一种明显的唯物主义哲学，认为艺术创作应深植于生活实践，他的思想呼吁艺术家应深入生活，真实地反映生活。此外，王充在《论衡·雷虚篇》再次阐述了相关的美学观点："如无形，不得为之图象；如有形，不得谓之神。"并提道："以其形见，故图画升龙之形也；以其可画，故有不神之实。"这表明，王充认为只能描绘眼睛所能见到的事物，虽然这种观点看似极端，却是对艺术家的一种警醒，要求他们应深入观察生活，从中汲取创作灵感。

先秦时期的理论文献中，也存在着类似的观点。韩非的《韩非子·外储说左上》中指出，画犬马难，画鬼魅易。这反映了他对绘画追求真实性的看法。汉代的文献，如刘安的《淮南子·氾论训》，亦强调了追求真实的绘画原则："今夫图工而好画鬼魅而憎图狗马者，何也？鬼魅不世出，而狗马可日见也。"此外，《后汉书·张衡传》中也表达了这样的观点："譬犹画工恶图犬

---

① 杨絮飞，李国新. 汉画学概论 [M]. 郑州：大象出版社，2019：149.

马而好作鬼魅，诚以实事难形而虚伪不穷也。"这些论述均强调了艺术创作应基于对现实生活的深入观察和理解，反对空洞无实的幻想。汉画的创作实践也遵循了这些原则，其主题多聚焦反映当代的现实生活，哪怕涉及神话或超自然元素，其描绘也尽量贴近现实。例如，西王母的形象被塑造成一位端庄的中年妇女；羽人则是简单地在人形上增添翅膀；龙的形象则多基于现实中的猛兽形态变化而来。

王充在《论衡·须颂篇》中提道："宣帝之时，画图汉列士，或不在于画上者，子孙耻之，何则？父祖不贤，故不画图也。"意思是宣帝时期，汉朝宫殿墙壁上绘制的汉列士图像，如果某位父祖未被绘入其中，其子孙会感到羞耻，因为这暗示了父祖的不贤。这说明绘画不仅具备认知功能，还承载教育意义。绘画中的人物若要使子孙感到荣耀，必须确保画像忠实地反映了被描绘者的真实形象，否则子孙不会接受。

历史学家翦伯赞在《秦汉史》中评价汉代的石刻艺术，表明了汉代在艺术上的高度成就："在中国历史上，也再没有一个时代比汉代更好在石板上刻出当时现实生活的形式和流行的故事来。汉代的石刻画像都是以锐利的低浅浮雕，用确实的描写手腕，阴勒或浮凸出它所要描写的题材。风景楼阁则俨然逼真，人物衣冠则萧疏欲动；在有些歌舞画面上所表示的图像，不仅可以令人看见古人的形象，而且几乎可以令人听到古人的声音。"他的话揭示了汉代石刻画的细致与生动，这些作品如果被系统地收集起来，几乎可以编成一部绣像的汉代史。

四、"必有其质，乃为之文"——造型艺术中的形式内容统一

在先秦时代，已经存在了强调"文质彬彬，方为君子"的观念，其中"文"代表的是深厚的文化修养和审美观念，"质"则指人的内在伦理和道德品质。将这一理念应用到艺术创作中，"文"可以理解为艺术中的形式和美的手段，即纹饰、图案等美的形式；而"质"则是艺术作品中所蕴含的情感和对真、善、美的体现。西汉刘安在《淮南子·本经训》中提出"必有其质，乃为之文"，强调了质的本质和文的表现之间的联系。西汉的扬雄在《法

言·修身》进一步阐释："实无华则野，华无实则史，华实副则礼。"这不只强调了"文与质"的融合，而且提升至"文与实"的统一。这表明，文艺创作首先需要基于真挚情感的表达，其次是精通并运用艺术的物质媒介，展现出充分的技巧和方法来传达这些情感。

这一将艺术内容与形式辩证统一的审美观念，在汉代得到了进一步的发展。在汉画创作中，观者可以明显感受到"文质统一"的魅力。例如，山东嘉祥武氏祠的画像石，使用青石材质，其石面的平滑与人物形象的端庄严肃相辅相成，线条的深沉稳重与历史题材的内容互相映衬，实现了形式与内容的高度统一。另外，南阳的汉画像石风格则更为粗犷豪放，不过分追求细节的刻画，而是利用石材天然的肌理来表达形象，展现出一种醇厚自然的美感，仿佛天成。这些画像的构图疏朗、形象概括，并使用富有艺术张力的圆弧线来表现，充分展现了浓郁的楚文化风韵。歌舞百戏题材常见于这些作品中，以洒脱的画面布局和简练的人物形象，生动传达了动感、旋律感和节奏感，完美体现了丝竹歌舞的和谐气氛，生动表现了汉代统治者所倡导的盛世景象，从而真正实现了"文质统一"。

第三节　汉画的造型技法

一、雕绘结合创作的汉画艺术造型技法

（一）汉画像石的制作过程

1. 组织建造团队

在汉代，根据墓主人或家族的经济状况，首先需要筹集资金并组织建造团队，包括设计师、画师和石匠等。墓葬的豪华程度和建设团队的技艺水平直接关联。例如，皇族和贵族可能由国家级的工程团队建造墓室，而富裕的地主会选择与自身经济实力相匹配的团队，普通民众则通常只能依靠地方的工匠。

2. 整体设计

在汉画像石和祠堂的建设初期，设计是关键环节，凡事需提前详尽考虑。大部分古代丧葬建筑显示出其设计和施工的精密与周到。例如，每块石材、每个连接点的榫卯结构都需要经过严格的设计和计算，以确保结构的精确和整体的协调。尤其是高级别墓穴，其建设质量和技术细节都达到了较高水平，石材间接缝密合，仿佛自然生成。建筑设计还需考虑外部因素，如墓主的社会地位、封建礼仪的规定，以及墓主及其家族的个人喜好和文化禁忌等。每一处设计细节都不可忽视，以确保建筑完全符合预期的功能和审美。考虑到画像石本身的价值和难度，其加工和安装过程也需高度精确，任何安装上的疏忽都可能导致重大损失，弄巧成拙。由此可见，画像石的设计与制作不仅是技术问题，也关乎文化和审美的传承。

3. 挑选和开采石料

在画像石的制作过程中，精准挑选和开采石料是第一步。匠师需基于设计图纸的详细规格和客户的具体要求，精心选择适合的石材。这一步骤要求高度的专业判断力和经验，确保所选石料在质地、色泽和耐候性等方面均满足未来作品的持久美观和结构稳定性。

4. 制作画像石坯

选定石料后，工匠进行初步加工，将其裁切成符合设计尺寸的基本形状，这是雕刻画像石的前提工作。对于高标准的作品，不仅要求石块的尺寸精确，而且边缘需切割整齐。接着进行更精细的表面处理，包括凿平和磨光，以确保石材表面平滑，适合后续的精细雕刻。然而，在南阳、徐州等地区，部分画像石采用了更自然的风格，匠师利用石材本身的天然纹理和色泽，故意减少磨光步骤，赋予作品一种原始而粗犷的美感。

5. 绘制图稿

在画像石雕刻开始之前，有一个不可缺少的准备步骤——绘制图稿。根据考古发现，制作画像石需要至少两种专业人员：石匠和专门负责画像石图稿的画师。画师在画像石的制作过程中扮演关键角色，直接影响作品的艺术价值。在陕西绥德出土的未完成画像石中，可以观察到仍保留着画师初步勾勒的线稿，这些线稿使用朱色或墨色绘制，与白描技法相似，依赖精确的线条来塑造形象。考虑到直接在石面上用毛笔绘画的技术难度，画师可能首先使用木炭画出初稿，再用墨线精细描绘。此外，画师可能还利用传统的粉本技术，将预先制作的图稿转印至石面，然后进行勾画，以保证图案的准确性和一致性。特别是在陕西地区，某些汉画像石墓的左右门扉画像几乎完全相同，表明这些画像可能源自同一个粉本，由此复制出的艺术品显示了高度的规范性和一致性。

6. 精雕细刻

当石匠按照画师的图稿开始雕刻时，这一过程是技术的展现，也是艺术的再创造。简单的阴线雕刻虽然只需沿着图稿精准刻画，但真正的艺术价值在于能否超越二维图稿的局限，特别是在进行浮雕作业时，石匠的技艺水平尤为关键，因为浮雕通过不同高度的石块凸显形象，展示出更为生动的三维效果。石匠需要在忠于画稿的基础上，理解并发挥图稿的深层美感，这需要画师与石匠之间的紧密合作。画师提供创意蓝图，而石匠则通过手中的工具将这些线条转化为立体的艺术，双方共同努力才能呈现出完美的画像石作品。

7. 施彩着色

在画像石制作过程中，施彩着色通常被视为最后一步。这个步骤往往是在画像石拼装完成后进行，主要是为了避免在装配过程中对绘画造成损伤。确实，按常理，在画像石拼装前进行着色可能会因碰撞而损坏细腻的画面。然而，反过来想，墓室内通常空间狭窄、光线不足，这对完成精细的着色工作构成了挑战。特别是在墓室底部或狭小的角落作画，操作不便，光源不足还会影响色彩的准确施加。因此，事先完成着色，尽管拼装时可能会轻微损伤画面，但只需简单修补，相较于墓内施色的复杂性和困难，似乎更为合理。此外，使用脚手架等辅助工具虽然可行，但在古代这样的设备可能并不普遍，因此在工作室内完成着色更显得务实有效。

8.拼装成室

在汉画像石的制作流程中，拼装是最后一步。这个阶段涉及将所有预先处理过的画像石根据设计图样，通过榫卯连接方式精确组装成墓室或祠堂的结构。每块画像石上通常都标有编号，指导正确的拼装位置，确保整个结构的完整性与精准对位，至此，整个项目方才完成。

（二）汉画像石的雕刻技法

1.阴线刻

阴线刻是画像石雕刻中的一种技艺，其通过在石面上刻制凹入的线条来呈现图像，因此得名。这种技术在汉画像石中普遍存在，其线条简洁而准确，展现了深厚的中华艺术风格。阴线刻的效果与中国传统的白描技法较为相似，都以清晰的线条表达形象。不过在实际应用中，阴线刻不局限于简单的线条描绘，还发展出了多种变体，丰富了画像石的表现形式。

（1）造型准确的阴线刻。在安徽亳州曹腾汉墓的甬道两侧，分别展示着由八块拼接而成的画像石，上面精细地刻画了文吏与武士的形象。这些画像体现了较高的艺术水准，明显展示了东汉末期的艺术成就。文吏的形象表现为恭顺与柔和，其服装的流畅线条进一步强调了其性格的谦逊与文雅。相对地，武士的形象则略带滑稽，其裸露的臂部肌肉坚实有力，衣着夸张而动感，明显利用服饰的夸张来突出其个性特征。这两种形象的对比和互补，动静结合，形成了一种独特的艺术对话，打造出一个丰富而精准的艺术效果。细腻而均匀的线条使整个画面更具动感与生动性，使人物更显刚柔并济，表现了强烈的艺术表现力。此外，这组画像石的制作还深刻地描绘了人物的内在神韵，真实体现了古代艺术理论中的"以形写神"。作品使用的是中国传统白描技法，其中的线条圆润流畅，密度适中，洒脱自如，体现了高超的艺术水平，可与顾恺之及后世的阎立本、吴道子、李公麟等大师的作品媲美。线条的处理精细而富有变化，既表现了盾牌的坚硬、人物胡须的飘逸，也精确地描绘了头巾与衣物的质感。这种技法反映了汉代白描艺术的成熟，是中国传统线描技法发展历程中的一个重要里程碑，标志着从战国时期的《人物龙凤图》和《人物御龙图》所见的线条技法，至汉代已经有了显著的进步。

（2）手法稚拙的阴线刻。此类刻画方式虽显得未完全成熟，但其是在较为粗糙的石材上进行的，因此线条带有一种原始的金石风味，粗犷而不失生涩的美。这种艺术手法虽然看起来稍显简陋与幼稚，但是因此充满了独特的魅力。例如，在河南郏县和禹州市出土的门吏画像，其形象天真而独到，展示了一种纯朴的艺术风格。

（3）结合画底的阴线刻。西安碑林博物馆收藏的门吏画像石运用了阴线刻技法，这种技术的核心在于突出人物的轮廓线，使形象更加明晰。工匠通过使用粗大的阴刻线精确勾勒出人物的外部轮廓，然后在人物面部及手持戟的顶部采用剔底技术，移去部分石材以形成凹面，增加了画面的视觉焦点。

2. 凹面阴线刻

所谓"凹面阴线刻"，是一种特殊的雕刻技术，其基本做法是在石材表面先制造出一个相对凹陷的形象平面，然后在该凹面上进行细节的阴线刻划。此技法可分为两个主要类型：平地凹面阴线刻和凿纹地凹面阴线刻。

（1）平地凹面阴线刻。此法首先将石面磨平，再通过雕刻技巧将某个形象部分制作成凹下的形态，其目的是通过凹陷造成的阴影效果来增强视觉的立体感，继而使用阴线技术勾勒出形象的更多细节，如面部特征、服装纹样等。例如，在山东孝堂山祠堂的后壁下部有一幅《车马出行图》，便采用了此种雕刻技术，该作品通过这种凹面处理和阴线刻，在视觉上产生了一种独特的立体错觉，使得形象似乎浮现于背景之上。

（2）凿纹地凹面阴线刻。这种技术同样将形象部分凿成凹面，但在处理背景时采用了不同的凿纹技法。凿纹的处理方式有两种：一种是在凿纹时不规则地沿纵横或倾斜方向随意凿出，这样的凿纹较为粗犷，质感粗糙；另一种则是凿纹按一定方向规则排列，背景看起来较为有序。无论哪种方式，凿纹都与平滑的形象凹面形成了鲜明的对比，使得整体视觉效果更加丰富和引人注目。

3. 平面减地阴线刻

这种雕刻方式与凹面阴线刻形成对比，在操作过程中先将画像石表面加工至相对平整，然后将形象以外的背景部分降低，从而使形象相对突出，继而在凸起的形象上用阴线雕刻出细节。这种雕刻手法根据背景处理的不同又可分为以下几种类型：

（1）背景带凿纹的平面减地阴线刻。在这种雕刻方式中，形象部分被凸显，而周围背景则通过细密的平行凿纹进行处理，这样的凿纹背景与突出的形象形成对比，增强了形象的视觉冲击力。这种技术在东汉晚期的山东嘉祥地区非常盛行。

（2）平铲背景的平面减地阴线刻。此方法的基本原理与前者类似，区别在于形象外的背景处理方式。此处背景不是通过凿纹完成，而是留下自然的雕刀铲痕。根据背景的处理深度和细腻度不同，这种技术又可细分为三种情况：一是背景被铲得非常平整且深，以凸显形象的粗糙肌理，形成一种视觉上的"物粗景细"效果；二是背景铲得较浅，与传统的平面阴线刻相近；三是背景留有明显的铲痕，使平面上的形象显得更为精细，增强了艺术的层次感。

（3）纯装饰阴线刻。在这种雕刻手法中，画面的背景并未被完全清除和平整化，而是在凸出的形象上采用装饰性较强的阴线来创造丰富的线性纹理，使整个画面具有装饰性特征。例如，山东枣庄西户口的画像石展现了这种风格，其形象部分被刻上了规整而平行的线条，表现出一种精细的装饰美感。又如，临沂九曲街道的画像石，其表面的阴线刻如同细密的刺绣针脚，营造出刺绣般的精细纹理。青石的细密硬朗质地特别适合这种被称为"刀绣"的技巧，这种艺术处理增加了画面的美观度，柔化了石材本身的冷硬感，带给观者一种细腻而温柔的视觉体验。

（4）背景为点凿纹的凸面阴线刻。此类画像石的背景处理方式与常规的平铲或凿纹截然不同，而是通过凿子点点凿出，使背景呈现出一种粗糙的点状肌理，仿佛毛毯一样。这种技术多见于陕西和山西地区的汉画像石，选择这一耗时且费力的技术有其特定原因。在这些地区，岩石容易层层剥落，因而不宜采用长线刻画。通过点凿背景，画像石上的形象相对更为平滑、更加突出。

4. 减地绘画法

在制作陕西绥德地区的画像石时，工匠首先通过削减石材周围的部分，让主要形象在平面上突显出来。这样处理后的形象能够在视觉上更加突出，并且便于接下来的艺术处理。在这些平面化的形象上，艺术家会使用墨线进行细致勾勒或施加色彩以增强细节表现，充分展示雕塑与绘画技术的结合。

5. 浅浮雕

在南阳和徐州等地的汉画像石中，常见的雕塑技法是首先将石材加工平整，接着将形象周围的背景部分减低，然后通过浮雕技术将形象立体化，突显其细节与轮廓。此类技法在南阳地区尤为盛行，工匠特别注重形象的轮廓线处理，经常将轮廓线刻深一些，以增强形象的立体感和视觉冲击力。汉代的浮雕更注重线条与体积的交互作用，采用的是一种雕画相济的技法。这种技法可以进一步细分为浅浮雕配合阴线刻和浅浮雕配合装饰线刻两种主要方式。

（1）浅浮雕加阴线刻。这一技法先将形象背景稍稍减低，使主体形象相对背景凸显，然后利用阴线刻出形象的详细特征和体态轮廓，这是汉画像石中比较常见的造型方法。此方式不仅增强了形象的动感和层次感，也使得整体作品具有较强的艺术表现力。

（2）浅浮雕加装饰线刻。这种技法常见于河南商丘和江苏徐州的汉画像石，尤其在描绘鸟兽或神兽时多采用此法。在突出的浮雕形象上，艺术家会使用各种粗或细、密集或稀疏、直线或曲线的阴刻线条进行装饰，形成丰富的图案和纹理。如此处理，赋予了形象较强的装饰性和视觉吸引力，有效地表达了鸟兽的动态感和生动感，也增添了作品的神秘色彩与异域风情。

6. 高浮雕

高浮雕作品体积的起伏程度远超传统浅浮雕作品，更接近圆雕作品的立体效果。例如，河南方城的门吏画像石，展现了明显的体积变化和强烈的动感，其人物造型夸张而简练，体现了一种粗犷与精粹兼具的艺术风格，彰显了高浮雕的独特魅力。

7. 透雕

透雕是在高浮雕或浅浮雕的基础上，将雕塑中的部分区域进行镂空处理，穿透石材以增强视觉透明感和空间层次感。这种技术使雕塑作品更加精致与复杂。例如，山东安丘董家庄汉墓前室的柱上透雕，以及江苏徐州青山泉白集汉墓的羊形柱础，都是透雕技法的典范。浙江海宁地区的雕窗画像石同样展示了画像石透雕的独特美学价值。

8. 圆雕

圆雕是一种全方位的雕刻艺术，可以使观者从任何角度欣赏其完整的立体形象。这种雕塑形式在河南南阳、江苏徐州及连云港，以及安徽淮北等地都有发现，其艺术价值较高。圆雕不局限于传统的雕塑艺术，还广泛应用于建筑构件，如立柱、横梁和垫棺石等。这些作品通常为了满足特定建筑功能而被设计，其形式多样且生动，为建筑增添了难以匹敌的视觉冲击力和神秘感。

9. 综合雕绘

综合雕绘是将不同的雕刻技术应用于同一块画像石上，从而实现复杂多样的艺术表现。例如，在江苏徐州地区发现的一些雕窗画像石上，工匠巧妙地运用了透雕技术雕刻窗户部分，以突出窗户的镂空效果；主体形象则采用了浮雕与阴线刻相结合的方式进行细致雕刻；在窗台下部，又用高浮雕或圆雕表现羊的形象，这样一来，一个画面集合了多种雕刻技艺，展示了非凡的工艺水平。

在山东枣庄西户口村出土的画像石中，西王母图虽主要采用阴线刻技术，但为增强人物服饰的质感，画师还使用了凹刻手法。此外，为了使服饰纹理更为精细和富有层次，运用了点状凿斑、密集排线以及留白技术，使得人物的衣物纹理丰富且精细，这些技法的应用不仅增加了画面的视觉深度，还赋予了形象更多的动感和生动性。

二、模绘结合创作的汉画艺术造型技法

（一）汉画像砖的制作过程

1.空心画像砖的制作过程

（1）土壤选择与泥土制备。制作高质量的画像砖首先需要选择合适的土壤，通常选择地下深处的黏土，因其黏结性好，更适合制作细节丰富的画像砖。选定的黏土需经过细致打碎、筛选杂质，并加水搅拌至均匀。此外，为了确保泥土的均质性和细腻度，需要反复地用工具如木棍或铁棒敲打泥土，除去其中的干土块和杂质，直到泥土达到柔软细腻的膏状。此时的泥土质地会类似于黄河流域丰富的黄土，十分适合制作精细的画像砖。

（2）泥饼的制作。在具体制作画像砖之前，需要制作用于成型的泥饼。依据画像砖的设计，通常需要三种不同尺寸的厚泥凹形饼范来制作大面、侧面和端面的泥饼。制作泥饼时，将调制好的泥土压入模具中，再用刮泥工具抹平表面，去除多余的泥土。

（3）空心砖素坯的制作。使用五块木板构建一个凹形砖范，按照画像砖的尺寸，将准备好的泥饼依次贴合到木板框的内侧，确保所有接缝紧密无缝并压实。空心部分填入特制的沙袋以防塌陷或变形，顶部同样覆盖一层泥饼并压实，形成空心砖素坯。

（4）设计与压印画像。砖素坯经过短时间的风干后，即可进行图像的压印。在进行印刷前，需要使用刷子蘸清水对砖面进行多次清洗，以确保表面的光滑细腻。根据所需展示的内容和印模的数量与尺寸，对画像砖的纹饰进行精心设计和规划。特别是多印模构成的画像砖，需要精确计算和排列每个印模的位置，确保图像的整体协调和美观。

（5）分割砖面。用细工具合理分割砖面，并以不明显的痕迹标示，规划印模的具体位置。多以细绳或木工墨斗"打印"方式分割和制定小印模的排列位置。

（6）压印花纹、画像。在模具或砖面上涂抹隔离性的媒介（如水、油或

滑石粉），以便顺利脱模并保证图像清晰，然后用印模（整模或小模）压印出图像。

（7）去除沙袋，修压砖面接缝。在砖坯端面挖洞，用利器捅破预先放入的沙袋，使沙流尽，再取出空袋。若砖坯存在接缝问题，需在端面洞口内修补。提早去掉沙袋可能导致砖体在压印时损坏或变形，因此建议在压印图案后去除沙袋。

（8）入窑烧制。制好的画像砖坯经过晾晒干透后，即可入窑烧制成型。

（9）彩绘。在烧制成型的画像砖上，根据物象进行勾画和彩绘。

2. 实心画像砖的制作过程

（1）选土、练泥。同样需要选用高质量的黏土，打碎、筛选、加水搅拌并反复敲打，直至泥土细腻如膏。

（2）制作坯体和印花。使用整模一次性完成坯体和印花。在模具内部加入隔离剂，将练好的泥压入模具中，用泥弓刮去多余的泥，然后脱模晾晒。

（3）烧制成型。干透后的实心画像砖坯入窑烧制成型。

（二）汉画像砖图像的制作技法

1. 压印法

（1）阳模或阴模压印法。在泥坯上使用阳模或阴模压印出各种图像和纹样。有一砖一模的情况，多见于实心砖；也有一砖多模的情况，主要用于空心砖。大型空心砖的连续或组合纹样，往往通过相同或不同印模的反复和交替压印而成。

（2）边框纹和细长装饰线纹的印制手法。边框纹多见于郑州、许昌等地的小印模画像砖上，通常采用斜压齿状条纹来装饰画面。这些纹饰也是趁湿压印出来的，常用的模具制作较为简单随意。第一种方法：用木质、竹质或铁质的硬质条形齿状物直接压印。第二种方法：将细圆木棍刻上"V"形沟槽，直接压在湿砖上形成长条齿状装饰纹。第三种方法：将湿泥条平铺在砖面上，用刀背、小木棍等工具等距离压按形成凸起长条纹。第四种方法：用刀刃等细棱直接压印形成凹进的细长线。第五种方法：在豫中地区的空心砖中，大装饰面四周的条形凹陷齿状纹饰，可能用类齿轮的印模滚动压印完成。

（3）死模活印法。虽然画像砖中的印模本是固定的，但匠人常常通过巧妙的操作，灵活运用固定的模具，制作出理想的形象。例如，将野猪的印模进行两次叠加压印，就能形成前后紧挨着奔逃的两头野猪，使原本单一的形象变得更加鲜活、有趣。

在这些压印法的实施过程中，若出现失误导致形象缺憾，制砖匠人会趁湿进行人工修补，或修补印模间不完美的接缝，或将不贯通的印模边框连接起来，使画面贯通。

2. 先印后塑法

在砖坯上先用印模印制形象，然后用泥塑的手法进行补充，以修正印模压印的不尽如人意之处。有时还会创造性地添加一些新效果，如河南新野的画像砖中一些执盾门吏手中的盾牌，就是在模印出门吏形象后，再用泥片补加上去的。

3. 先印后刻法

先行印制图案，脱模后再用刻制的手法进行补充，以完善印模的不足或增添图案。不少洛阳的阴线刻画像砖多使用此法。

4. 雕刻法

一些高浮雕或凸出形象不是通过印模制作，而是直接用手工塑造（捏制）而成的，因此有些砖上还明显留有指纹印。

5. 湿坯刻绘法

不使用印模压印，直接用尖锐器在砖坯上刻画出形象。

三、绘画造型方式创作的汉画艺术造型技法

(一)汉代壁画艺术的造型技法

1. 汉代墓室壁画的制作步骤

汉代墓室壁画的制作通常经历四个程序：垒砌墓室、涂抹画地、勾画草图和绘制成型。具体而言，空心砖结构的墓室壁画制作，先用空心砖拼合成墓室，再在表面涂抹粉底，接着绘制壁画。若墓室由小砖构建，则在建成后统一粉刷粉底再绘制壁画。对于石板构造的墓室，则在建成后施以粉底再绘制，若石板表面平整光滑，则省去涂抹粉底的程序，直接绘制壁画。一些汉墓壁画，如河南商丘永城汉墓壁画，则是在凿光的石壁上直接涂抹粉底进行绘制的。

2. 汉代墓室壁画的绘制技法

一般先用木炭勾勒草图，然后进行"正稿"绘制。技法熟练的高手也有可能直接绘制，以节省时间。在"正稿"阶段，通常先用墨线勾勒出形象，然后施色并处理细部，这是汉代墓室壁画的基本技法。此外，还有一些创新的壁画创作手法。

(1)水墨法。这种造型手法与常见的水墨画法基本相同，主要以墨为主，用笔狂放，具有写意画的神采。特别是一些人物形象，墨线简练，与南宋画家梁楷的简笔画有异曲同工之效。

(2)没骨法。在中国画中，常常称墨线为骨、色彩为肉。没骨画法是不用墨线勾勒，直接施彩的表现技法。例如，洛阳地区的一些墓室壁画，色彩直接用大笔涂抹，并且反复覆盖、重重叠加，底层色彩在上面色彩的缝隙中时隐时现。该画法类似油画的直接画法。欣赏此类壁画，就像欣赏用笔比较写意的油画，看来西方画的表现技法在墓室壁画中早已被汉代工匠使用过。

(3)白描法。用单色，主要是墨线直接勾勒形象，不加色彩渲染，画面艺术效果简洁而雅致。

(4)晕染法。通过控制笔中水量来调节色彩的浓淡变化，以凸显色彩的

层次感。这种表现技法可以表现出所塑造物体的明暗以及体积的微妙变化，避免了单纯平涂造成的平淡。

（二）汉代帛画艺术的造型技法

1. 汉代帛画的制作步骤

（1）设计构思。作为"非衣"而产生的帛画，其功能性作用是祭祀、招魂以及安魂，要求画者事先要对画面内容和形象进行整体设计构思。例如，《导引图》在绘制之前，需要对人物的安排、数量的确定、动作的设计、顺序的安排等进行详细规划，既要符合实际导引的程序，也要考虑画面的审美和构图需求。因此，设计构思的严谨性至关重要。由于帛上绘画涂改和遮盖较为困难，这进一步凸显了设计构思环节的重要性。

（2）绘制草图。在现代工笔画创作中，常在绢上涂刷胶矾底子，以防止墨色无序渗透。推测汉代帛画也可能采用类似的方法。在做好底子后，用木炭等易于涂改的材料绘制草稿，经过反复调整后定稿。

（3）绘制。草稿确定后，进入具体绘制阶段。第一步，先用淡墨起稿，进一步完善草稿以固化形象。第二步，在淡墨线稿基础上施绘色彩，刻画形象的具体特征。第三步，复勾，用浓墨在原淡墨线上重复勾勒，使形象更加明确。

（4）装裱。"非衣"帛画由于需要悬挂、展示、移动等，因此绘制完成后需要精心装裱，以便在丧葬仪式中加以应用。

2. 汉代帛画艺术的造型技法特征

汉代帛画是一种兼具现实主义和浪漫主义特征的独特画种，具有较强的实用性。帛这种丝织品的质地细腻，非常适合进行深入细致的艺术表现。因此，汉代帛画的重要艺术特征之一就是对形象的具体而深入的塑造，这是其他汉画品种所不具备的优势。中国传统工笔画有"三矾九染"之称，由于帛的特殊属性，汉代帛画的绘制和着色过程也是循序渐进的：由淡到浓、由浅入深，直至细致入微。特别是在着色方面，层层深入推进甚至晕化，与壁画、汉画像石和汉画像砖的直截了当形成鲜明对比，因此堪称汉画艺术中的"至细主义"。

（三）汉代漆画艺术的造型技法

天然大漆是中国的土特产之一，其涂装应用历史悠久。自新石器时代起，人们就认识并利用了天然生漆的性能。《髹饰录》记载："漆之为用也，始于书竹简，而舜作食器，黑漆之，禹作祭器，黑漆其外，朱画其内。"汉代漆绘艺术继承并发展了战国风格，规模扩大，产地分布更广，造型技法迅猛拓展。

1. 汉代漆画的绘制步骤

（1）打底。在木材或其他材料上进行漆绘，首先要打好底子，因为所有的施色和特技制作都基于一个优良的底子。

（2）合理构思、绘制草图。由于漆材料珍贵、制作周期长，合理构思和精心绘制草图是必不可少的重要环节。

（3）层层绘制。在运用针刻、沥粉等特殊工艺的基础上进行层层着色，直至画面完整。

2. 汉代漆画艺术的造型技法

（1）彩绘法。彩绘法是一种利用油漆色彩描绘形象的造型技法，是汉代漆画艺术中重要的表现手法。彩绘法主要包括以下四种技法：①线描法。用毛笔蘸以色漆勾勒形象，以线条为主进行造型，凸显中华民族的造型特色。②平涂法。用色漆平涂画面，有两种具体手法。一是先勾线后平涂色彩；二是先平涂色彩，再用线条勾勒形象轮廓或主要部位。此法实际上是线面结合的表现技法。③堆砌法。利用油漆的黏稠特性，通过堆砌的方法表现物象的立体感，使画面具有强烈的浮雕效果和装饰意味。

（2）汉代漆画中的特殊技法。①针刻法。又称锥画，是用锥状金属工具在漆器表面进行凹刻，以形成纹饰。有时还会在凹陷的刻画线条中填以朱色或金色，使画面呈现类似金银错的奇异效果。②沥粉法。将胶液调和矿物质粉成糊状，装入器皿中，通过管状物挤压，使软糊状的圆线条流出并在漆器表面形成凸起线条。这种技法塑造的线条呈现阳线特征，具有强烈的装饰感和立体感。③镶嵌法。将金属、宝石或蚌壳等物镶嵌于漆器上，以达到装饰、强化形象和加固漆面的效果。

由于漆材料的特殊属性，其天然光泽在阳光下熠熠生辉。除了深受中华文化影响的少数亚洲国家，古代漆器艺术几乎可以称为颇具中华民族特色的艺术形式之一。漆彩贵重难得，漆膜的光彩和漆色的鲜明，再加上凸起、凹陷及珠宝增光等特技的运用，使得漆器、漆绘和漆画艺术在汉代实现了华丽的转变，成为中华民族重要的造型艺术品种。

四、塑绘结合创作的汉画艺术造型技法

通过塑绘结合创作出来的汉画作品主要是陶楼和陶俑，此处以陶俑为例进行介绍说明。

（一）汉代陶俑的制作步骤

1. 创作构思

在陶俑的创作过程中，设计构思是不可或缺的环节。古代画家常有"收尽奇峰打腹稿"的习惯，陶俑的创作也不例外。需要在创作构思中涉及形象设计、形象重心以及符合泥塑的形体要求等方面。

2. 模具制作

为了数量众多的兵马俑形象能够整齐统一，模具的使用是必然选择。模具不仅实现了军阵的整齐划一，还大大提高了工作效率，节省了制作时间。例如，在秦始皇兵马俑的制作过程中，模具先造出俑的部件结构，然后再组装成整体。为了体现形象的差异，人物的面部则采用手工塑造的方法。这样既能保持统一，又能呈现出各具特色的形象。西汉时期的兵马俑也继承并改进了这一技术。

3.泥塑制作

形制统一的兵马俑类陶俑多采用模具塑造，而一些乐舞俑因一人一舞姿，可能是直接手工塑造出来的。塑造环节是陶俑创作的关键，直接决定了陶俑的艺术水平。博物馆中的陶俑，即使色彩已剥落殆尽，依然神采飞扬、活力四射，展现了汉代工匠高超的泥塑技艺，带来了丰富的审美感受和视觉震撼。

4.烧制成型

陶俑是通过烈火烧制成型的。泥塑完成后，需晾干，然后放入窑中烧制。这一过程是陶俑制作的基础步骤。

5.彩绘（施釉）

烧成的陶俑还要进行彩绘，多使用矿物质颜料，用毛笔完成。彩绘过程与绘画过程基本一致，包括墨线勾勒、平涂色彩，甚至可以使用晕染的艺术手法。对于施釉俑，则是先施釉色然后再入窑烧制，烧制后无须再施色彩。如此，陶俑的整个创作过程便宣告完成。

（二）汉代陶俑的造型技法

1.内掏

制作陶俑首先要对黏土进行初步加工。工匠会将黏土切成规定比例的块状，置于砧板上并使用工具自内向外逐渐削薄，以达到预期的厚度和形状，保证作品的均质和轻盈。

2.外塑

将已处理好的黏土块置于工作台，运用手工工具和木制模具进行精细塑形和修整，此技法要求工匠具备高超的雕塑技术和审美观念，以便创作出生动的陶俑。

3.透雕

透雕是陶俑制作的工艺之一。陶俑塑形后，工匠会用细小的刀具在其表面进行细致的线条雕刻和艺术刻画。这一过程被称为透雕，旨在增添更多细节，提升作品的艺术价值。

4. 打磨

用砂纸等磨具对陶俑表面进行细致打磨，使其表面更加平滑精致。这既增加了陶俑的美观度，也提升了作品的质感和触感。

5. 上釉

在陶俑表面涂覆特制釉料后进行高温烧制，形成一层坚硬光亮的釉面，一方面保护陶俑免受侵蚀，另一方面增强其观赏和收藏价值。

第四节　汉画艺术形象特征

一、高度概括的形象轮廓

轮廓线作为一种表现形象本质特征的重要艺术元素，对于塑造形象的优劣起到决定性作用。在汉代艺术创作中，艺术家如何运用轮廓来捕捉和表达形象的本质特征呢？在汉画中，艺术家精心设计的简洁而有力的轮廓线，赋予了作品一种独特的魅力。在汉画像砖和汉画像石中，常见的侍从、门吏等人物，他们的外部轮廓十分简化，以剪影式的处理手法得以呈现，展现了流畅自然的线条和高度概括的风格，从而增强了艺术的感染力。这种风格是与当时的审美风尚——雄强刚武的美学观念相吻合，也是民间艺术家世代相传的程式化造型经验的体现。

汉画的这种造型策略，将形与神的表达精准融合，使得简约的线条既传达了人物的外在形态，也深刻描绘了内在的精神特质。这种艺术处理方式，充分体现了汉代艺术的核心理念，即以简洁的手法表达深刻的情感和丰富的内涵。同样，汉代陶俑的创作也遵循了简约的原则。陶俑的轮廓简练，去除了所有不必要的细节，让观者能感受到作品流畅而完整的动态美，以及着意强调的内在神韵。这种艺术风格与汉代的整体艺术审美密切相关，展示了

"以最少表现最多"这一艺术的高境界。

汉画中高度概括的形体轮廓主要有以下几种形式：

（一）直筒式造型

直筒式造型在汉画中表现出得特别突出，它将雕塑的直立形象简化为接近圆柱体的轮廓，平面化图像则被概括为竖直的矩形。这种表现方式在中国造型艺术史上较为罕见，但在汉画中却屡见不鲜，显示出简洁造型的独特魅力。例如，汉画中的门吏、侍从及圣人的门徒等人物，常被描绘成这种风格。尽管这种格式化的表现可能显得有些呆板，但其描绘的人物如同一位内力深厚的大师。这种简洁而直接的造型，深刻地传递了人物的内在精神和力量。

（二）花瓶式造型

汉画中还普遍采用了类似传统花瓶的造型。这种风格的人物通常端庄直立，头束高发髻或戴高冠，衣袖宽大。汉代服饰常在腰部用带子束紧，使得整体轮廓形似花瓶，上窄下宽的造型既简洁又典雅。这种形象的魅力在于其"S"形的轮廓线条，流畅而充满变化，象征着云水的自然流动，展示了一种高雅的文化韵味。

（三）宽底酒坛式造型

汉画艺术中常见的还有宽底酒坛式造型。这种形象多见于坐姿人物，如宽大的衣袍自然垂落，形成上窄下宽的坛子状轮廓。这种设计让人物显得更加端庄、稳重，给观者以沉稳大方的感觉。在画面中处于主导位置的这类形象，如西王母或东王公等，都采用了这种造型，其表现出的是一种不张扬的威严与内敛的力量。

（四）青蛙式造型

这种造型风格常见于汉代的武士与将军形象，其主要特征为头部与躯干几乎合为一体，显得无颈，而四肢的设计则呈现上细下粗的特征，尤其是下肢较为粗壮，符合"将无颈，女无肩"的民间画师创作口诀。该造型通常表现为大腹便便，意在强调武士的威武身躯，俗称虎背熊腰。通过观察，如山东沂南北寨的《戴竿之戏》《飞剑跳丸》，以及其他地区如临沂白庄的《击鼓》、滕州的《扬幡招魂》等作品，可以明显看到这种青蛙式造型的运用。虽然这种造型方式有时可能显得有些程式化，但其夸张的形体构造往往能够生动地表现出人物内在的力量，让观者在欣赏中感受到作品的独特魅力。

（五）几何式造型

几何式造型则是通过简单的几何形状来构建人物的形象。这种风格在汉画中也有着广泛的应用。例如，山东武氏祠前室后壁画像石上的羽人形象，仅通过梯形和三角形的组合便简洁地表现了羽人的躯干。这种造型既简洁又规则，但同时又不失动感和生动性。在其他汉画中，这种利用几何形状构建形象的方式同样常见。通过这种方式，艺术家能够在保持形象简洁的同时，保留作品的视觉冲击力和艺术表现力。

二、高超的线条表现语言

（一）汉画艺术形象轮廓线特征

汉画的形象轮廓多采用曲线形式，展示了一种流畅且充满动感的视觉表现。这些曲线圆润、柔和，很少出现尖锐或突兀的角度，使得整个形象显得结实有力，而且内敛而完整。曲线的波折富于节奏和韵律，为观者提供了颇具张力的视觉体验。这些曲线在凸凹之间巧妙转换，传递了形象的内在张力，也体现了外部环境的压力，展示了汉画艺术风格的豪放与深邃。

这些充满活力的轮廓线带来强烈的视觉冲击，并有效地传达了一种静态中的动感；简洁的线条在弯曲伸展中透露出音乐般的韵律美。形象周围的线条时而向外凸起，时而内凹，呈现出复杂而富有变化的形态，如同一首节奏感强烈的抒情诗。特别是许多汉画形象采用了"S"形的轮廓线，而这种线条是颇具美感的曲线之一。在汉画中，无论是迅速如闪电般的翼虎、旋转飞扬的飞龙，还是飞速奔驰的车骑队伍，抑或缓缓升空的嫦娥、拉弓射箭的战士，其形象都随着"S"形轮廓线的舒展而生动起来，创造出无限的生命力和强烈的美感享受。

（二）汉画艺术形象内部线条特征

轮廓线在艺术作品中起到了明显的分割作用。它一方面定义了形象与背景的界限，另一方面突出了被描绘对象的主要特征和动态感。高质量的轮廓线能够精确地捕捉并表现出艺术形象的独特神韵和内在气质，而形象内部的线条则主要用于深化对形象的细节刻画和特征阐释。

以山东武氏祠的汉画像石为例，这些画像通常采用质地细腻的青石进行雕刻，呈现出光滑且均匀的表面。类似的画像石不仅见于山东，还有安徽亳州的曹腾汉墓、河南新密市的打虎亭汉墓等地也采用了相似的石材和艺术手法。这些高社会地位的墓主人的画像石在雕刻技巧、石材选择及艺术表现上均展现出较高的水平。这些作品通常采用类似行云流水的白描技巧，通过流畅而均匀的线条来塑造形象，使其生动而准确。这种主要依靠线条来表达的画像石，艺术成熟度已相当高。考虑到在石材上雕刻远比在纸或绢上绘制要困难，能够雕刻出这样流畅、均匀且富有表现力的线条，尤其是能精确呈现形象的每个细节和神韵，确实体现了很高的艺术成就。

画像石作为中国各地普遍存在的艺术形式，以独特的石材质感和雕刻技术吸引众人的眼球，特别是使用石灰石材质的南阳画像石，以粗糙的石质肌理和生涩、稚拙的线条处理，展现了一种深刻的沧桑感。相较于外轮廓的简洁而强烈的曲线，画像石内部的线条则表现为短小、断断续续且质朴。这种对比和衬托关系的巧妙运用，是工匠利用对立统一规律的智慧体现。在处理这些画像石时，工匠通常以外轮廓线为主导，内部线条为辅助，使得形象的整体感和块面关系更加清晰，形象展现出更强的整体性。利用石材自身的天然质地来表现形象，不仅节省了劳力，还赋予了作品丰富的语言表现力，达到了事半功倍的效果。这样的雕刻手法让作品散发出自然而古朴的金石味，为画面带来了一种厚重和高古的气质。在不平整的石材表面上雕刻出细腻均匀的线条是一项挑战，尤其是实现这些线条的一致性更为困难。然而，这些略显粗糙的短线条，却展示了一种特有的生涩和朴素之美。这种美感反映了艺术家与顽固材料之间"斗争"的痕迹，体现了铁凿与石头相互较量时产生的独特韵味，这正是许多艺术家追求的艺术境界，也是民间艺术家率真个性的一种物化表达。

在川渝地区，崖墓画像石主要采用沙石材料，通常展现为高浮雕的艺术形式。由于沙石的松脆特性，细腻的雕刻线条较难实现，因此画像石上的内部线条主要是高浮雕表面的阴刻线。这些线条在形状和宽窄上变化多端，既有平滑的，也有陡峭的，它们的设计既呈现出多样性，又和浮雕本身相辅相成，展现出一种厚重和大气的视觉效果。

相对而言，河南洛阳的汉画像砖风格独特，主要采用均匀的阴刻线条来表现艺术形象，给人一种仿佛用均匀粗细的金属丝压印出来的效果。画像的外轮廓线和内部细节处理在粗细和质感上高度一致，营造出强烈的整体视觉感受。

长沙马王堆等地出土的汉代漆器上，艺术形象的装饰风格较为明显，使用的线条均匀且流畅，带有较强的装饰性。尤其是凸起的沥粉线条，增添了浓厚的装饰味道。这类装饰性强的线条语言在汉代的多种工艺美术作品中常见。例如，金银错、摇钱树和铜镜等，显示出汉代工艺的风格和独特魅力。

第五节　汉画的构成艺术特征

一、汉画像石的构成

在深入研究汉画像石的艺术构成时，应当扩大研究视野，不局限于单个画像石的分析。首先，研究者应考虑整个墓葬环境，分析墓室、祠堂内所有画像石的布局和组合规则，这种方法有助于理解特定墓室或区域内汉画的总体构成，并可以进一步推广到对整个汉代艺术规则的探讨；其次，研究者在分析单个画像石的构图规律时，需要结合所展示的主题内容，研究画面中各形象的空间布局和构图元素之间的相互关系，探究它们是如何协同作用以营造整体的视觉和情感效果的。

考虑到汉画像石的独特性，它们融合了雕刻和绘画的多种艺术手法，因此不能简单按照平面绘画的处理方式来分析。需要特别注意的是，雕画与绘画在空间表达、体感、肌理和材质等方面存在本质的差异。例如，在平面绘画中，若一组人物的面积和间距相等，则通常表现为一种均衡的横向排列；而在画像石中，只要某个浮雕的高度稍微突出，它就容易成为视觉的焦点，从而在视觉上转变成画面的主体，使得原本平行的人物关系转化为有层次的宾主关系。

（一）汉画像石的整体构成

1. 积木式的立体构成

汉画像石墓、祠堂的构建方式类似于积木搭建，其中每块画像石都可视作一种独特的构件，这些构件根据其形状和功能被巧妙地组合成一个复杂的三维空间结构。例如，在汉代的石墓中，常用长条形的画像石作为横梁和门楣，这些石材横跨较宽的空间。竖立的柱子通常采用圆柱形、四棱柱形或其他多棱柱形状的画像石，而作为墓门的画像石则一般选择面积大且较薄的矩形石材。此外，用于墓室或祠堂山墙的画像石可能呈三角形、半圆形或梯形等更为特殊的形状，而整齐规则的长方形或正方形石材则多用于构建墓室或祠堂的墙壁。例如，在沂南北寨和徐州地区的汉墓中，石柱上还雕刻有多样的画像斗拱，增添了构建的复杂性与艺术魅力。

总体而言，汉画像石墓本质上是由一系列预先设计的、大小和形状不同、装饰有细致画像的石质构件组合而成的地下建筑，这种结构充满实用性，展现了独特的立体艺术构成方式。

2. 屏风式构成

屏风，从字面上理解，是用来阻挡风的设备，其设计思路是基于将多个小部件整合为一个大的三维结构，通过集合细小单元来构建宽广的空间。这种构建原理在汉代的画像石墓室和祠堂中同样适用，尤其是在构建大面积的墙面和天花板时。多块尺寸一致或相近的画像石通过特定的排列方式组合起来，就能够形成广阔的石制表面。这不仅能够创造出壮观的大型画面，还能实现多个小画面的集成效果。例如，南阳麒麟岗汉墓中的天象画面，就是由九块长条形的画像石拼接而成，成功营造了一种天空辽阔的视觉印象。在山东邹城的高李村和金山村的汉石祠堂，都是由三块石材构成，中间一块较宽，两侧各有一块，大小相同且对称。这种屏风式的设计在外形上左右对称，而且和祠堂对祖先祭拜的庄严氛围相协调，展示了汉代屏风典型的对称和正统风格。

3. 集石成柱

汉阙的构造和装饰细节具有较高的艺术价值和构建复杂性。这种由立方体石材堆砌成的宏伟建筑通常包括四个基本部分：基座、阙柱体、阁楼身和阙顶。简化后，主体部分呈现为一个六面体的形态，而更为复杂的子母阙则由两个不同大小的六面体组成，展现了层次分明的结构美。阙身的构造可分为三种类型：第一种是由一块巨大石料构成，展现出一种庄严和雄伟的视觉效果，这种阙身通常给人以坚固和阳刚之美的感觉；第二种类型的阙身则由多块形状和体积相似的石材垂直叠加，类似于叠罗汉的方式，如山东曲阜孔庙的汉阙便采用了这一模式，其中每块石材的四面都饰有画像，这些画像的大小和形状依据石材的具体尺寸而定；第三种类型的阙身更为复杂，由更多的石块构成，其堆砌方式类似于砌砖，四面大的可见部分则由许多小的画像石面拼合而成，其结构与魔方类似。在欣赏汉阙的画像石时，观者需要从整体上感受其雄伟与大气，并细致地欣赏每一个精细的小画面。这些小画面本身具有精致细腻之美，而大尺度的结构则展现出壮丽华美之感，大小不同的部分相辅相成，共同构成了汉阙独特的艺术风格。

4. 盒式构成

汉代石棺椁通常由六个部分组成，即四壁、顶盖和底座。这种结构形似一个盒子。汉画像石棺椁的装饰风格可分为三类：仅外部装饰、仅内部装饰以及内外兼修。通常情况下，石棺主要强调外部装饰的精美，而石椁则更侧重内部的美化。汉代石棺椁有不同的构成，山东曲阜东安汉里的石椁提供了一个典型例子。这种石椁是双室结构，其左右两壁各由一块完整的画像石构成，而头部和足部的挡板也分别由一块画像石制成，这四块画像石围成了一个近似正方形的空间，中间则由一块双面雕刻的隔板画像石分割为两个独立的石室。加上覆盖两个石室的两块顶盖，总共用了七块画像石（底石遗失）。每块石材上都设计了榫卯结构，以便于组装。这种设计展示了汉代工匠使用坚硬石材实现精细木工技艺的能力，也体现了他们的高超技艺和创造性智慧。

在四川地区，汉画像石棺的另一种常见类型是由一块整石掏空制成的棺体，其顶部开口为棺口，棺盖则是另外加工以确保尺寸与棺体完美契合，棺体外侧还会雕刻精美的装饰纹样和画像。该类石棺的结构与古代独木棺相似，展现了古汉时期石雕艺术与功能实用性的结合。

（二）单块多幅画面的画像石构成

1. 夯土墙式构成

在中国古代，一种常见的建筑技术是使用夯土方法构建墙体，这种方法直至今日仍可在一些偏远山区的土墙中见到。建造夯土墙通常使用高约一米的木板作为模板，模板之间填充土壤并进行夯实，每层土稍干后再继续往上堆叠新的一层。由于每层夯土的施工时间有所差异，墙体上会形成一层层的水平分界线，这些就是夯土的自然界线。在中国现存的画像石中，很多单块画像石的构成与这种夯土墙的结构非常相似，方形石块上被水平的横线分割成多层，每层由若干横长的小画面纵向排列。这种分层的画面构成方式，早在春秋战国时期的"水陆攻战纹铜壶"上就已被采用。

山东嘉祥县的武梁碑文描写了一种复杂的艺术构成，记载着"雕文刻画，罗列成章。摅骋技巧，委蛇有章"。这些词语反映了一种细致且富有层次感的艺术表达方式。该碑文反映的艺术形式的形成，从心理层面来看，与墓主人的精神寄托和理想追求紧密相关。墓主人的愿望复杂多变，既有向往升仙的精神追求，又对尘世中的豪华生活依依不舍：他们需要车马与奴仆的陪伴，同时又对灵异现象和普通动物抱有特别的喜爱。为了在有限的画面上表达这种复杂的精神世界，工匠们采用了"平行蒙太奇"的表达方式，使得在不扩大画面面积的情况下，所承载的内容得以丰富。这种表达方式在视觉上类似于在夯土墙中设置通风透光的窗户。滕州的画像石常见的层层横排中间开窗的现象，正是这种思想的体现。

从艺术史的角度看，这种表现方式与 20 世纪欧洲兴起的构成主义有异曲同工之妙。构成主义强调画面的骨架、形象和色彩三方面的组合，是现代设计艺术教育的基石。而汉画像石的夯土墙式构成，实际上早在两千多年前就展示了类似现代构成主义的成熟技巧。这种构成在画像石中体现为夯土墙的每层高度一致，这种层层相同的高度在平面构成中称为"重复性骨架"。此外，还有一些画像石展示了高度逐层变化的模式，每一层的高度不同，展现出更为动态的视觉效果。

在视觉艺术中，渐变构成可以通过"骨格渐变"来展示，这涉及画面中骨格线的间隔逐渐增大或减小。这种变化可能从画面的边缘开始，或者从中心向外扩散。在山东嘉祥满硐镇宋山村发掘的画像石《西王母·季札挂剑·邢渠哺父·二桃杀三士画像》中，展示了一种典型的骨格渐变模式，其中画面被分为四个部分，自上而下，每层的高度逐步增加，形成由窄到宽的视觉效果。山东枣庄桑村镇西户口村出土的画像石《东王公·狩猎·车骑出行画像》则在骨格变化上呈现出更复杂的情形：画面被划分为八层，其中底部的三层高度一致，占据了整体高度的一半，体现了"重复性骨架"的构成方式，中间的第四和第五层高度相同，但高度要小于下部三层的尺寸，而从第五层开始向上，层高逐渐变宽，显示出渐变形态。这种结构在重复与渐变之间切换，并且通过精准的高度调节，创造出层次丰富的视觉体验，展现了画面中既定与变化的微妙平衡。

2. 屏风式构成

在山东发现的一些石椁画像石侧板，由于其长宽比约为 1∶3，通常会将一个画面横向划分为三个部分：左、中、右。这样的分割使得单块画像石上形成三个独立而对称的画面，呈现出类似屏风的构造方式。这种布局不仅提供了视觉上的平衡与和谐，也展现了一种美学上的中和之美。

3. 电影胶片式构成

电影胶片中每个单位的面积保持一致，通过简单的重复排列，创造出连续性、渐变效果、动画效果以及韵律的视觉美感。类似地，在汉画像石的艺术构成中，经常可以见到小画面旁边被花边或文字装饰。这些文字似乎为画面提供了解释性的注释。特别引人注目的是绥德的画像石，对于其竖向排列的舞蹈形象，当观者快速从上到下（或从下到上）观看时，由于视觉暂留效应，舞蹈者看起来仿佛真的在动，这种视觉效果非常引人入胜。

（三）单幅画面画像石的构图

1. 队列式构图

在汉画像石的构图中，常见的一种方式是将形象排列成整齐的行列，呈现出一种有序且统一的视觉效果。例如，在山东的《孔子与弟子》画像石中，画面宽阔，所有弟子整齐地排列成一行，反映了教育集体的有序性和纪律性。这种排列不是为了突出个别形象，而是为了展现整体的气势和团队的力量，通过这样的表现方式来赞扬孔子教育的伟大成就。这种队列式的构图方式还能强调行进的动向，常见于描绘庞大车马队伍的场景。在这类画面中，车马和骑士整齐划一，向同一方向前进，营造出一种浩大且连绵不绝的视觉感。当观者重复扫视这些画面时，会感受到一种强烈的动态效果，仿佛自己也置身于那迅猛推进的队伍之中，体验那震撼人心的气势。

2. 主体特异化构图

在汉画像石中，有一幅来自山东沂南北寨的《吊唁祭祀图》，展现了吊唁者整齐划一地排成一行，体态肃穆，表现出对逝者的尊重与哀悼。与此同时，迎宾者以恭敬的姿态回礼，这种排列深化了画面的悲伤和肃穆氛围。还有描述"周公辅成王"场景的画像石，在山东有多处版本。其中，身材矮小的成王位于画面的中心，而周公和其他大臣则恭敬地站在两侧，形成了一种众星捧月的阵列。这种布局突出了成王的高位，还表现了周公对王室的忠诚和责任感。在这类画面中，群众角色如学生、吊唁者和大臣通常排列得整齐划一，形成一种静态背景，而如老师、迎宾者和成王等主要人物则通过其独特的姿态和位置成为视觉焦点，从而引导观者的视线并强化画面的主题表达。

3. 主从相衬式构图

在汉画艺术中，通过人物体型的大小来区分主次关系是一种常见的表现手法。其中，主要人物通常描绘得较大，而次要人物则较小，从而在视觉上立即明确了重点。明确的主次区分是艺术创作中强调重点的基本法则之一。许多汉画还采用了由主体和陪衬物组成的构图，类似于建筑群中主次建筑的关系，或舞台剧中主角与配角的互动。这样的构图丰富了画面的变化，增加了画面空间的层次感。例如，在徐州地区的汉画像石中，建筑物经常作为画面的主体，占据了绝大部分画面空间，使得建筑显得尤为突出，画中的人物、神兽和车马等元素占比相对较小，仅作为装饰性的点缀存在，突出了建筑的主体地位。

4. 图文并茂的画面构成

汉画像石的构图中经常将形象与文字结合，这些文字元素主要以四种形式出现：第一种是画像一侧或一端的长篇题记，常见于南阳、徐州等地，这些题记详细记载了墓主的生平、身份以及去世日期，起到了解释画像内容的作用，如南阳的《许阿瞿墓志画像》便是此类；第二种形式常见于绥德的画像石，画面中间通常设有一个正方形空间，刻有墓主的官阶和府第名称，标识墓主的社会地位和家族荣誉；第三种形式则以陕北地区的汉画像石为主，常在竖直排列的形象旁边附上竖排文字，这些文字可能是描述墓主人的身份或是对画面形象的简要说明；第四种形式是形象周围的标签式文字，主要出现在山东的祠堂画像石上，常在人物形象旁刻上名字如"老子""孔子也"，有时也会标明物体归属如"孔子车"。

这种将文字与形象结合的表现手法，让汉画像石的艺术表达更为丰富和详尽。该种做法在中国画中尤为突出，诗、书、画、印相结合，形成了独具一格的艺术风格，其中书法与绘画相辅相成，相互映衬，展现出深厚的文化底蕴和审美价值。

5.天女散花式构图

天女散花的场景在汉画像石中呈现出自然而富有艺术感的风格。花瓣在空中的分布看似随机无序，但实际上是精心设计的，体现了严谨的构图原则。这种布局既不像刻板的图案那样规整，也不完全是无序的散乱，而是在自然与规律之间找到了微妙的平衡。通过巧妙运用虚实对比、层次分明、疏密有致和节奏变化等手法，画面展现了丰富的视觉效果和情感深度。无论是南阳的画像石中精致的"小品"，还是山东、陕西、徐州等地的大型场景，自如的表现手法都使得画面既不显得过于空旷或散乱，也不感到拥挤或压抑。艺术家能够巧妙地操控这种布局，使之流露出轻松、自在和洒脱的氛围。天女散花式构图是对自然美学的一种追求，展示了汉画艺术中构图技巧的高超和对自然美的深刻理解。

二、汉画像砖的构成

（一）汉画像砖的整体构成艺术特征

在研究汉画像砖的构成时，首先需要关注的是画像砖在墓室中的整体布局，因为每个汉画像砖墓实际上是一个精巧的三维结构。然后，分析墙壁上各画像砖之间如何组合，这关系到整体视觉和结构的和谐。最后，还需探讨单个画像砖内的构图细节，这两点与汉画像石的构成原理大体相同，整块汉画像砖的构图模式与单块汉画像石在视觉构成上有许多相似之处。

特别是在豫中地区和洛阳地区，汉画像砖墓的整体构成尤为重要，墓室的墙壁（包括平墙和山墙）、屋顶、门额和立柱共同构成了一个较为完整的空间。有时，仅需二三十块设计精良的汉画像砖，便能通过精妙的榫卯连接方式构筑一个完整的墓室空间。以河南新野和川渝地区的汉画像砖墓为例，大型的方形画像砖通常由许多小砖围绕，形成一种小块汇聚成大面的视觉和结构效果。

（二）小印模的排版与构建大画面的技巧

豫中地区、洛阳地区等地的小印模组合压印而出的汉画像砖的构成形式独具特色，故而列出加以分析。

1. 纹模和画模共同构成的砖面排版

在郑州和许昌地区，制作空心画像砖的过程涉及如何精巧地将不同的印模（纹模和画模）结合在一起的技术挑战。这种排版工作不同于简单地排列均匀大小的文字，因为使用的印模在大小和方向上都各不相同，这无疑增加了排版的难度。但是，从现存的空心画像砖来看，汉代的排版匠人展示了令人赞叹的技艺和创造力，他们巧妙地解决了不同印模结合的问题，并灵活应对印制过程中出现的各种意外挑战，显示出了他们的高超智慧和出色的处理能力。

（1）面状排版形式。此形式中，纹模或画模以团块状集中排布，创建出明显的花纹或图像块。这种排版方式在画像砖上产生了清晰的纹模与画模方阵的视觉对比，让图案与画面的分界清楚明朗。

（2）线状排版形式。在这种排版中，纹模和画模融合在一起，没有明显的分界线，它们连续排列成线状，呈现出一种条纹装饰效果，赋予了画像砖一种朴素的秩序感。

（3）间隔排版形式。纹模和画模交替排列，形成一种节奏感和重复变化的视觉效果，同时形成了交叉对比的关系，增强了图案的动态感。

（4）重复排版形式。通过线状或面状重复使用同一纹模或画模，这种方法不仅增强了视觉节奏，还能将较弱的视觉符号变得更加突出和强烈，展示了整齐划一的视觉效果。

（5）无缝对接形式。在这种形式中，带边框的纹模在印制时紧密排列，力求模与模之间无缝对接，常使得原始的印模边界难以辨认，让一系列印模看起来如同一个连续的整体。

（6）对称排版形式。通常，画像砖上的纹模行数以奇数为主，便于实现对称式的排版。对称排列的画模通常位于横向排版的中心，以中间较醒目的图案作为对称轴，两侧则对称地排列其他图案。这种排版方式突出了中国传统绘画的对称美学特征。

（7）均衡排版形式。此排版方式并不强调两侧画模的数量或形式完全对称，而是追求一种灵活和自然的视觉均衡，展现出变通与和谐的美感。

（8）转向排版形式。在这种排版中，同一印模在画像砖上以不同的方向进行印制，或在一致方向的图像群中加入一个反方向的图像，增加画面的动态感和视觉张力，使转向的图像成为视觉焦点。

（9）横向排版形式。此方式分为横板横排和竖板横排。前者通常形成水平条纹状结构，增添画面的稳定性和宁静感；后者则创建层状结构，带来严谨和坚固的视觉效果。

（10）纵向排版形式。纹模或画模按竖直方向排列，形成竖直条纹状的结构，给人以高耸和纵向拉伸的视觉感受。

（11）双向排版形式。结合横向与竖直排列的纹模或画模，使一块画像砖中呈现双向的构图方式，这种方法可创造出更为复杂丰富的视觉效果。

（12）画模包纹模形式。此方式以纹模为核心，周围用画模环绕，像电影胶片般动态，整体画面显得生动活泼。

（13）纹模包画模形式。以画模作为主体，周围以纹模围绕，形成一个严密的画框效果，增强了画面的整体性和封闭性，使得核心图像更加突出。

2. 小印模构建出大画面的技巧

在洛阳汉画像砖的艺术制作中，虽然可用的印模数量有限，但匠人们能通过巧妙的排版技术，将这些小型图像组合成千变万化的画面，赋予其深厚的文化意味和较高的艺术价值。这些大画面通常是通过对几种印模的反复使用和组合来构建的。工匠在印制过程中，利用丰富的艺术想象力和技巧，将看似单调的图像元素变化为富有生命力和自然感的大型画面，这背后是精湛的艺术手法和深思熟虑的构图策略。

（1）重复手法。在洛阳汉画像砖的设计中，重复使用某一印模是一种常见手法，包括单一图像的连续排列和意义深远的群体形象的排列。例如，将同一执戟门吏的形象重复排列，强化了形象的统一性，还加深了画面的情感表达。如果画面中仅有一个门吏，将大大减弱这种情感的传达，使得画面显得平淡无奇。另一个例子是将五个相同印模制作的伍伯形象等距离排列，这在视觉上形成了一支严整的小分队，并通过重复展示了步伐的坚定和队伍的有序，暗示了团队的潜在力量。这种重复增强了单一符号的影响力，赋予了画面更强的艺术感染力。在一些汉画像砖中，武士和马的组合被反复呈现，从视觉上将单个的人马形象扩展为一队牵马的武士，无形中增强了画面的气势。

（2）关联形象的搭配方法。当不同的图像元素并置在一起时，它们在观者的想象中自然形成关联，激发出特定的暗示，进而赋予画面一定的意义。例如，射箭者与奔跑的鹿并置，容易使观者将这两者联系起来，解读为狩猎场景；而豹子与白鹤的组合，则容易被解释为捕食关系。这样的视觉关联为画面增添了紧张感和戏剧性，使得画面不仅是静态的图像，更是充满悬念的故事：奔鹿是否能逃脱猎人的箭矢？白鹤能否避开豹子的攻击？这些问题让整个场景充满了紧张感和强烈的戏剧效果。

三、汉代壁画的构成

（一）汉代壁画的整体构成

汉代墓室壁画常呈现出穹顶与墓壁融为一体的设计，展现出一种宏伟且连贯的艺术风貌。欣赏这种壁画需要在空间内移动，从不同角度体验画面的深度和细节，这种观赏方式使得壁画的全貌逐渐展开，韵味无穷。设计和绘制这些壁画的艺术家往往注重整体构思，以确保画面的连续性和整体美感。在汉画像石的设计中，使用凸显的分界线来划分画面是常见的。例如，通过水平线或垂直线将画面分割成多个小单元，这样的布局既可以展示多个故事情节，也可以强化画面的形式美。但在墓室壁画中，这些分界线通常被淡化或去除，目的在于强调壁画的整体视觉效果和宏观感受。

（二）汉代壁画部分具有强烈装饰感的构成形式

偃师新莽墓室的壁画以独特而创新的画面构成引人注目，其设计精巧且颇具现代感，令今人赞叹。特别是藻井处的人物、翼虎的构图颇具匠心：画面的上方、下方和左侧由未着色且装饰精细的凸起砖体构成，形似现代浮雕的画框，砖体的右侧中部设计有一个正方形的凹面，从其边缘到中心逐渐细分出更小的正方形，而具体的画面内容则展现在这些小正方形内，周围的四个等腰三角形通过填充不同的颜色增添视觉效果，展示了强烈的现代构图感。这种两千年前的艺术作品展现了超前的设计理念。

四、汉代帛画的构图

汉代帛画的构图技术非常先进。以长沙马王堆发掘的《导引图》为例，该图的布局与现代体操示意图有着惊人的相似性。该帛画的背景留白，人物形象清晰突出，顺序排列以展示一系列动作的流畅过程。人物由上至下有序排列，体现了动作的连续性和统一性。红黑相间的服装进一步强化了动作的流畅性和节奏感。虽然《导引图》在某种程度上类似于体操示意图，但其独特性在于人物站立的线条有所高低起伏，人物的大小和体型也有所不同，增加了画面的动态和多样性。此外，人物装束也各异，有的裸露上身，有的穿戴整齐，这样的对比使得画面既统一又富有变化。通过这种在统一构图中寻求变化的手法，帛画避免了单调乏味，并成功表达了运动的连贯性和动作的细节，展现了一种丰富而又完整的视觉效果。

五、汉代铜镜的构成

（一）放射式构成

汉代铜镜设计以独特的放射形结构为特点，从中心的钮起，逐层扩展至外围的边缘，每一圈圆环均细致划分，呈现出向外扩散的视觉效果。这种设计亦可从外向内视为向心式构图，是汉代铜镜典型的艺术表现。这样的分层圆环增强了视觉的秩序感和节奏感，还通过各层之间填充的三角形纹、平行线和卷草纹等精细图案，赋予了镜面较高的装饰性和美观度。即使是较为自由的图像元素，一旦置于这种强有力的结构中，同样被其秩序感所整合，展现出一种无法抗拒的和谐与规律。

（二）旋转式构成

在汉代铜镜中，特定的动物图案，如螭龙或禽鸟，经常被设计在中心钮和外轮廓之间的圆环空间内。这些图案按照圆环的形状首尾相接，顺序相连，形成了旋转式的构图。这种旋转动态的设计为铜镜装饰面增添了明显的动感和流动性，使得观者在视觉上感受到铜镜的动态美。

（三）对称式构成

由于圆形本身的特性，铜镜的设计容易实现多方位的对称构图。对于那些采用规则几何纹样的铜镜，如八角纹或柿蒂纹，其对称性直观易见。而对于设计有双虎、龙虎等图案的镜子，不论是面对面还是首尾相连的排列，都颇具对称美。这些图案围绕中心对称轴布局，形成了简单的双面对称。另外，还可能通过更多图案的加入，展现出复杂的多重对称效果，进一步强化铜镜的规律性和美观度。

（四）天圆地方式构成

"天圆地方"即天为圆形覆盖地球，而地则为方形。"天圆地方"在汉代铜镜的设计中得到了巧妙的体现，尤其在一些规矩镜的制作上尤为突出。外围的圆形圈层强调了"天圆"的观念，而中心的正方形则象征"地方"，形成了方圆结合的空间布局。铜镜中心的四角常设有小圆形凸起——乳钉，与外围的大圆形相呼应，进一步增强了天地融合的视觉效果。

（五）方位式构成

强烈的方位感是汉代文化的另一特点，常通过青龙、白虎、朱雀、玄武来象征东、西、南、北四方。在汉代铜镜中，这一主题经常出现，中心的正方形分割出四个区域，各置一神，完美地体现了古人对于方位的重视。每个区域可能还会配以相应的鸟类或人物，但都均匀分布，显示出明确的方位感。

（六）纹饰加文字式构成

铜镜的纹饰和文字的结合，展示了汉代艺术的复杂性和丰富性。通常，几何纹饰位于镜边和中心钮周围，而鸟类、人物等自然形象则布置在镜面中央。文字则灵活地穿插在这些形象之间或靠近几何纹饰，既增加了艺术表达的深度，也强化了视觉的引导作用。

六、汉代瓦当的构成

汉代瓦当通常呈圆形或半圆形，设计风格与汉代铜镜相似，主要包括形象、几何纹饰和文字三个部分。瓦当在纹饰上显得更为简洁，但同样展现出对称、旋转和放射等明显的设计特点，其上面的纹饰可能只包含单一图案，如龙、虎、朱雀等，这些形象展示了一种自由和充满活力的风格，与典型的填充纹样风格相类似。在整体构成上，汉瓦当与汉铜镜有所不同，它们通常被安置在屋檐上，以圆点的形式线性排列，通过重复的单一形式，形成一种规则而壮观的视觉效果，显示出独特的艺术魅力和构成美学。

第六节　汉画色彩特征与色彩造型特征

一、汉画的色彩特征

（一）汉画像石与汉画像砖中的色彩特征

1.汉画像石的色彩特征

汉画像石在博物馆中多呈现出失色的状态，然而它们的原始着色方式与墓室壁画存在显著的不同，值得深入探讨。墓室壁画通常被绘制在土墙或涂有石灰的墙上，因为这些材质吸水性较强，有利于颜料的附着。相对地，画像石由坚硬的石材构成，吸水性较弱，着色过程更为复杂，尤其是陕北地区的汉画像石，其颜色保留较好的部分原因是当地气候干燥、地下水位较低，当地画像石的材质是水成岩，对颜料的吸附力较强，而其他如青石或石灰石的吸附力则较弱。在南阳等地，汉画像石表面常刻有粗糙的纹理，这一方面是为了美观，另一方面是增强颜料的附着力。

墓室壁画和画像石在着色工艺上也有所区别。墓室壁画的绘制面一般较平整，而画像石常呈浮雕形式，表面起伏不平，这就要求使用特殊的画笔。这些画笔需要有较强的耐磨性和一定的弹性，以适应不平的画面并确保颜料均匀覆盖在复杂的浮雕表面。

对于汉画像石的着色技术，不能简单以传统中国绘画技术如帛画或壁画的方法为准。传统绘画主要使用以水为媒介的植物和矿物颜料，其中植物颜料虽渗透力强但覆盖力较弱，而矿物颜料则覆盖力强但渗透性较差，通常这两种颜料会被混合使用，以薄涂层方式逐层施加。然而，这种着色方法不适用于画像石，因为画像石的吸水性远不如帛绢或墙面，且其表面本身具有天然色素，不像壁画或纸本的白色背景那般干净。鉴于此，画像石可能采用了与传统不同的着色技术。汉代的工匠可能借鉴了春秋战国至汉代高度发展的漆画技术，使用油性物质作为调色媒介，以提高颜料的浓度和黏附性。这种假设得到了南阳汉画馆中出土画像石上颜料残存的支持，尤其是那些经历了长期自然侵蚀还能保持颜色的画像石，显示出色料的厚重与高黏附性。

下面对部分画像石色彩特征进行具体分析：

在南阳赵寨砖瓦厂出土的汉墓中，西汉中期至东汉早期的画像石使用了多种鲜艳的颜色，如红、黄、蓝，这些色彩平涂在石面上，形成鲜明的色彩对比，显示了南阳早期汉画像石独特的设色风格。其他画像石上通常采用朱色，反映了楚地画风的色彩特点。与此相对照的是唐河电厂汉墓的画像石，其着色方式别具一格，主要采用朱色强调画像的边缘线和斑纹。例如，马的耳朵、眼睛、鬃毛和虎的口、耳、眼、身躯等部位，用色技巧突出了形象的轮廓，使整体造型更加醒目和生动。

南阳石桥东汉中期汉墓的墓门正面画像使用了多种鲜明的矿物质色彩，如朱红、紫红、粉红、土黄和黑色，展现了汉代色彩使用的精细与成熟。这些颜色中，红色系列的朱红、紫红和粉红在同一画面中展示了色相的微妙变化和色彩的协调。这三种红色虽为同色系，但通过明度的不同（亮、中、暗），形成鲜明的对比，同时保持整体的和谐。每种红色的纯度也有所不同，使得画面即便在统一的色调中也能表现出丰富的层次感，体现了汉代工匠对色彩运用的精细把握。

在陕北神木大保当汉墓中，汉画像石上有多种颜色的彩绘，包括黑色、朱红、白色、褐色、粉绿和石青等。这些色彩巧妙应用了明暗变化的晕染技巧，进一步丰富了画面的视觉效果，展现了汉代色彩技艺的高超和艺术的细腻。

2. 汉画像砖的色彩特征

在多个地区如四川、陕西以及河南中部地区的汉画像砖，受到时间侵蚀及墓室潮湿的影响，保存有色彩的砖画较为罕见。相比之下，洛阳地区的某些汉画像砖则保留了更为鲜明的色彩。这些洛阳汉画像砖的色彩保存之良好，通常是因为它们多以壁画形式呈现。在制作过程中，工匠首先在空心砖表面涂设一层白底，之后再进行彩绘。也有少数画像砖直接使用色彩进行装饰，主要使用的颜色包括红、黄和白等。这些颜色纯度较高，多采用平涂技术来完成色彩的施加。

（二）汉代壁画中的色彩特征

汉代的墓室壁画，多数被制作在隐秘的墓室中，其制作工艺相较于地上宫廷建筑中的壁画来说，可能更显粗糙一些。但正因为其私密性，艺术家在创作时往往能更为自由地展现才华，随心所欲地布置色彩与构图，更真实地展示了汉代的艺术水平和审美风格。

在这些壁画中，鲜明的色彩对比和明亮的色调是一大特色。以洛阳磁涧西汉墓的壁画为例，其主要使用红色与青绿色。这两种颜色形成补色对比，能产生强烈的视觉冲击力。这些画面虽然颜色对比明显，但整体上色调和谐，这得益于使用了黑色线条勾勒和大量白色背景的调和。在汉代的楚文化中，红黑色彩组合尤为典型。壁画中的黑色与红色也是必不可少的元素，增强了画面的稳定性。

河南偃师辛村的新莽壁画墓在色彩运用上尤为引人注目，底色通常为深色调，上面叠加多层次的白色、粉红、红色、浅蓝和粉紫等颜色，创造出丰富的视觉层次和厚重感。

汉代墓室壁画主要使用稳定的矿物质颜料，如朱红、绿色、青色、黄色、橙色、紫色和白色等，墨色则是壁画不可或缺的基本材料。尽管平涂上色是基本的画法，但汉代壁画还是展现出一系列技法的发展与创新。从东汉晚期开始，壁画艺术表现形式更加多样化，涵盖了笔墨自由的写意技法、直接施彩的没骨画法以及单色勾勒的白描技法和色度渐变的晕染法，每一种技法都为观者带来了独特的视觉体验。

（三）汉代帛画中的色彩特征

汉代帛画因其丝绸基材的特殊性质，以及作为"非衣"用途的精细要求，展现出精致与细腻的艺术特质，与现代工笔画在风格上具有显著的相似性。以长沙马王堆1号墓出土的帛画为例，这些作品色彩丰富，运用了黑、红、黄、青、棕、白和粉青等多种色彩，创造出以暗暖色调为主的画面。帛画的艺术处理方法较为精细，主要采用墨线勾勒形象的轮廓，通过交错使用的五彩点缀来丰富视觉效果。通过原色与复色的巧妙结合，以及使用平涂、叠色和晕染等技巧，画面呈现出既阳刚又阴柔，既粗犷又精致，既严谨又自由洒脱的复合艺术效果，展示了高度的审美和艺术价值。

（四）汉代漆画中的色彩特征

汉代漆器的艺术特点显然体现了楚文化的影响，尤其是在色彩使用上，红黑和黑红的组合较为经典。例如，马王堆1号墓的漆棺，其黑底彩绘充满活力，展示了动感的流云。流云采用黄、白、蓝、红等高纯度色彩层叠绘制，形似流动的彩虹。这些流云中穿插着各种神兽、灵禽和仙人，形象多样而充满神秘感。虽然色彩绚烂，整体画面却因为黑色底的大面积使用而显得稳定、不杂乱。

同样位于马王堆1号墓的朱底漆棺，在色彩上则更加斑斓。画面中不仅运用了红与绿的补色对比，还融入了红与黄的明亮组合，辅以白色及少量的黑色、赭色和褐色，使得色彩的丰富性达到了非凡的层次。红色的主导作用让整个画面呈现出一种热烈而稳定的色彩氛围，鲜明而不失和谐。

（五）汉代纺织品中的色彩特征

汉代的纺织品染色技术已相当成熟，尤其表现在蜡染技术的应用上。利用这种技术能染出至少两种具有明暗对比的色彩，显示了汉代染色工艺的高超技巧。汉代刺绣作品在色彩运用上，主要特点是采用高对比的纯色，并通过底色的衬托，使得整体色彩效果明亮斑斓。

二、汉画的色彩造型特征

（一）高纯度的色彩特征

汉画的色彩运用在纯度上通常较高，常见的有鲜明的红、黄、蓝等原色，这与汉代的时代特征及其社会氛围紧密相连。相对较少使用的是灰色系列，这种色彩的选择不仅体现了汉画的视觉冲击力，也与现代民间美术，尤其是年画中的色彩使用有着明显的相似性。民间美术作为比较贴近生活的艺术形式，其色彩使用的直接和大胆反映了中国传统造型艺术的一种普遍特征。

（二）浓郁的楚文化特征

汉代的色彩选择也深受楚文化的影响，尤其是朱红与黑色的经典组合，在多种艺术品中频繁出现，如曾侯乙墓的漆器、马王堆的漆绘棺等。这种色彩的搭配符合楚文化的审美习惯，同时体现了汉朝政治文化中对红色的偏爱和尚红的传统，黑色作为红色的完美伴侣，两者共同构成了汉代造型艺术中的主要色彩语言。

（三）具象的色彩表现形式

南齐美术理论家谢赫在《古画品录》中明确提出"随类赋彩"的原则，即根据自然界事物的固有色彩进行描绘，这在汉代绘画中有诸多体现。例如，汉画在表现太阳或日神时通常使用代表温暖的朱红色；相反，描绘月亮或月神时则采用冷色调的蓝色。洛阳墓室壁画中，人物的肌肤色泽与现实中的人类肤色一致，甚至在光影处理上也做到了逼真，完美地实践了"随类赋彩"的绘画方法。

（四）传统中国画色彩特征形成

中国传统绘画的色彩理论强调"色不碍墨"和"墨不碍色"，确保墨线与色彩各得其所，互不干扰。汉画的发展特别注重墨线的运用，这种以线条为主的造型方法在汉代已非常成熟。在汉画中，常常是先用淡墨勾勒轮廓，之后填充色彩，最后再用浓墨强化线条，保持墨线的清晰。这种方法使得墨色和彩色能够相互衬托而不相融合，形成了中国画特有的视觉艺术风格。在视觉表现上，汉画多采用高纯度和补色对比，使得色彩层次丰富而生动。墨色的使用则增加了画面的稳定性和层次感，形成了一种"墨骨色肉"的独特美学系统。

第六章　汉代美学传统与汉画艺术的碰撞

第一节　汉画传统审美观念的对话

一、图像在古代文化中的重要性

图像在古代文化中的重要性体现在多个方面。在中国文化中，图像文化原本受到重视，但随着时间的流逝，这一传统逐渐淡出了人们的视野。根据传说，夏朝时期就存在着"铸鼎象物"的审美观念，这表明古代人对图像的重视不亚于文字。

《易经》中的"河出图，洛出书"揭示了古代对图像（"图"）和文字（"书"）的并重视角。这种观念说明，在中国古代文化中，图像与文字并存，且同等重要。然而，随着时间的推移，"图谱"逐渐消失，而文字独自保留了下来。

在汉代，随着大量图像的出土，我们得以从新的对象和视角来研究古代的审美观念。这些出土的图像不仅反映了古代社会的审美理念，而且为我们了解古代文化提供了宝贵的资料。这种对图像的重新关注，也让我们认识到，在古代文化中，图像曾经扮演着与文字同等重要的角色。

图像在古代文化中的重要性不容忽视。它们是理解古代社会、文化、审美和信仰的关键。对这些古代图像的研究不仅揭示了古代人的思想和生活方式，而且为我们提供了一扇窥视古代文明的窗口。

二、汉代图像的象征性

汉代图像的象征性体现了那个时代独特的审美观和宇宙观。这些图像不仅反映了当时社会生活的现实，而且深刻展现了人们的审美理想和意识形态。汉代人通过图像中的符号，创造了一个丰富的象征世界，这些象征包括宇宙、时空、生死、人鬼、仙妖等概念。

汉代图像不局限于现实生活的描绘，更是一种对于死后世界理想的构想。它们不仅是神话和宗教的表现，更是一种深刻的审美幻觉。这些图像在表达天、地、人等概念时，都融入在一个庞大的象征系统中，通过符号的形式进行呈现。如图 6-1-1：

图 6-1-1　杂技图

汉代的宇宙象征主义图式起源于人与宇宙的关系，并且与人的社会关系密切相关。这些图像不仅是天地间联系的巫术观念的表现，也是"天人合一"的哲学观、历史观和政治观的体现。此外，它们还涉及命运观、宗教观和审美观等领域。

从结构上看，汉代图像既是世界构造及其在人心中的呈现，也是外在世界转化为文化存在的方式。这些图像是人类通过语言、符号、图式创造的文化体系的一部分。它们是汉民族集体无意识的表现，同时也属于黑格尔所说的象征型艺术。

汉代文化，作为一种宇宙象征性的文化体系，不仅包含合理和有秩序的元素，甚至还包含了各种怪异、矛盾和邪恶的事物。通过这种方式，人类的存在和活动在宇宙论的语言中获得了意义。

汉画像的象征性研究为我们理解中国古代文化提供了重要的视角。这些图像不仅是那个时代宇宙观的表现载体，而且是文化研究中的关键要素。晚近的象征人类学认为，文化本质上是象征性的，而汉画像的象征性正是这一理论的具体体现。通过对这些象征的深入研究，我们可以更好地理解不同时代和民族文化的多样性。

三、象征在文化中的作用

象征主义艺术在汉画像中的体现是一种深刻的文化表现形式，它揭示了人类对宇宙和存在的理解。以下是象征主义艺术的主要特点和作用的概述：

汉画像艺术体现了宇宙象征主义，这种艺术形式给宇宙赋予了一种固定的模式，并以此模式作为生存的基础。这种对宇宙的解读和表达是中国古代文化的核心部分。米尔希·埃利亚德的理论指出，世俗与神性是相对立的存在形式。在汉代画像中，每个图像背后都蕴含了世俗信仰和超验的价值观，使得普通物体转化为具有神圣意义的象征。如图6-1-2：

图 6-1-2 汉画像石交颈鸟拓片

象征符号展现了宇宙结构的构成，这种结构超越了直接经验，需要通过"直接知觉"来理解。这些符号不仅是宗教的象征，也是宇宙的象征，将复杂的现实世界融入一个统一的体系中。在原始文化中，人们认为自己生活在一个充满生命和神性的宇宙中。列维－斯特劳斯和道格拉斯的研究表明，这种宇宙观是一种活生生的象征体系。在汉代，对宇宙中人的位置和天人关系的重视体现在民俗和艺术中。画像石和画像砖展现了当时的宇宙观，不仅在祠堂画像中，在墓穴中也有充分的体现。

晚近的象征人类学认为，文化的本质是象征性的。人类通过符号来掌握和解释世界，这些符号在不同文化中有着多样的表现形式。中国文化中的象征体现在多种形式上，如彩陶图案、岩画、汉字、青铜器装饰等。了解中国文化的一个重要途径是从象征符号开始，探究其深层含义。

汉代图像的出土为研究古代审美观提供了新的视角。从《山海经》的图文并茂到夏代的"铸鼎象物"，这些作品展示了图像与文字并重的古代文化特点。象征不仅是认识论问题的一部分，也是美学领域的一个重要组成。文化象征的研究涉及精神分析学和人类学，强调象征在心理和文化层面的重要性。

中西学术的交流有助于深入理解中国文化中的象征性。中国人的象征语言被认为是信息交流的重要组成部分，其深刻性和细微差别的表达丰富了文化的内涵。象征主义艺术在汉代文化中扮演了核心角色，不仅是艺术表现形式，也是理解宇宙、人类存在和文化传统的关键。

四、文化象征的研究意义

文化象征的研究具有深远的意义，它涵盖了从文字与图像的表现形式到社会和心理层面的多维度解读。在中国文化中，象征不仅是身份的标志，如命相学中的征兆或社会中的记号，也是文化传统和审美观念的体现。例如，古代的兵符、原始彩陶图案、岩画、汉字、青铜器装饰等均蕴含着深厚的象征意义。

象征在认识论和美学领域的重要性逐渐被认识到。精神分析学家如弗洛伊德、拉康和荣格对象征的理解和应用，展现了象征在揭示人类无意识、精神结构和文化价值中的作用。荣格认为，象征是人类活动的基础，每个表现形式都与原型本身具有象征性的关系。他的著作《人类及其象征》深化了对象征在原始文化和梦境中的研究。

第二节　语言与图像——交流与理解

一、汉画的语言

汉画像石作为中国汉代石雕艺术的重要代表，其独特的表现语言体现在材料与表现手法、构图以及造型三个方面

使用的主要材料是特有的青石和白石。创作过程首先在石材上描绘图像，然后雕刻，并最终上色。虽然大多数画像石上的颜色已褪去，但仍有少数保存良好的例子。艺术形式结合了雕刻与绘画技术，凸显了其绘画性和艺术性。铁质雕刻工具的使用，尤其在东汉时期质量提高，为画像石的精细雕刻提供了重要支持。

早期汉画像石多在墓门等主要位置雕刻，内部图像较少，构图简单。但随着时间的推移，构图形式日益丰富和成熟。采用了等距散点透视、焦点透视和装饰图案构图法等多种构图方式，各具特色。等距散点透视法多用于车马出行、历史题材的图像，而焦点透视法则常见于狩猎场景。

汉画受楚文化影响很明显，表现在造型上夸张、大胆，同时更加舒展、简练、轻巧。动物造型在狩猎、打斗的图像中常见，强调神韵和画面效果，而非具体形态。人物造型遵循楚文化中的细腰风格，无论男女，形态优美。使用的云气纹样式在南阳汉画像石中独具特色，表现为圆弧状曲线，变化多端。

汉画像石不仅是汉代艺术的重要组成部分，也是特定历史时期独特的艺术品类。是中国艺术史上的珍贵文物。

二、汉画的图像

汉画，作为中国两汉时期的核心艺术形式，涵盖了丰富多样的绘画和浮雕作品。这一时期的艺术创作不只数量庞大，而且具有独特的风格特征，主

要包括画像石、画像砖、画像镜和瓦当等形式。2022 年 10 月，西北大学出版社出版的《中国汉画大图典》对汉画进行了全面的分类和汇编，包括舞乐、百业、车马乘骑、仙人神祇、丹青笔墨、建筑藻饰、动物灵异等多个分册，共辑录了 13600 多个汉画作品，充分展现了汉画的美学价值和艺术魅力。特别是人物故事部分，细分为人物、故事、执法惩戒等几个类别，共辑录了 1300 多个图像，展现了帝王、圣贤、明君、名臣、官吏及侍从等人物形象及其相关故事，体现了汉画在线条运用、形象塑造和构图方面的多样化艺术风格，反映了汉画在叙述历史和宣扬教化方面的社会功能。

中国现存的汉画数量庞大，有几百万件，其中包括上万块画像石、几百万块画像砖，以及数十座壁画墓和数以万计的画像镜和瓦当。20 世纪 60 年代初，河南省出土的一块画像砖，上面的乌鸦和狐狸形象最初被误认为是伊索寓言《鸦与狐狸》的描绘。然而，这些形象实际上代表了中国古代神话中的"三足乌"和"九尾狐"，其中三足乌象征太阳，九尾狐与夏禹治水的故事相关。这些在汉画中常见的形象反映了当时人们对神话和传说的崇拜。九尾狐的形象特别引人注目，其九条尾巴不是简单并列，而是从一条大尾巴中巧妙地分出九个叉，展示了古代艺术家的创新思维和精湛技艺。

三、汉画的线

"线条"作为一种关键的视觉艺术元素，早在汉代就显著展现了其独特的艺术魅力，并逐渐成为中国文化的一个核心象征，深深融入中国文化的丰富底蕴中。"以线条造型"这一特性正是在以汉画和画像石为代表的汉代艺术发展过程中逐渐形成和完善的。

（一）线条之美

汉画像石的线条艺术是经过长期发展逐渐成熟的。不同历史时期的画像石用线方式各有特点。早期汉画像石艺术线条简单、抽象，如河南南阳杨官寺汉墓中的作品，人物形象简洁、概括，具有早期绘画的特征。这一时期的线条具有简洁性和抽象性，展现了图像的基本轮廓和特点。

汉中期的画像石艺术用线更自由、多样,线条运用已摆脱早期的束缚,展现出古拙、豪放的艺术风格。这一时期的线条艺术不仅表现物象特征,更逐渐发展成表达艺术情感的手段,具有新的审美价值。

到了鼎盛期,汉画像石的线条运用已相当成熟,线条流畅、生动,画像具有强烈的动态感。这时期的线条不仅在勾勒物象方面表现出色,更重要的是能够刻画出深刻的个人情感和精神内涵。汉代的线条艺术展现了气势宏大、充满活力的汉代精神,反映了那个时代人们的精神面貌和情感世界。

在中国传统绘画中,线条是造型的主要手段,不仅传达外形和结构之美,还表达创作者的主观情感,具有超越物象的独特审美意义。这一美学观念在汉画像石的线条中得到了生动的体现。

(二)力度之美

汉画像石的力度之美是其独特的审美特征之一。汉画像石作为一种"以石为地,以刀代笔"的艺术形式,其创作方式和所用材料对其线条技术特征产生了显著影响。由于石材具有坚硬、质重的物理特性,艺术家们凿刻出的形象展现了"如锥划沙"的力度之美。汉代艺术家深刻感受到石材本身的自然美感,并在制作过程中融合汉代审美要求,将其材质魅力升华为符合汉代文化特点的艺术感悟。

艺术作品不是简单的自然形态,而是人类对现实材料进行有意识提炼和创造出来的,才能成为艺术品。石头的自然力度之美经过艺术家的精心雕刻,转化为艺术品的力度之美,从而更加引人入胜。画像石艺术家们在坚硬的石面上以刀代笔进行艺术创作,展现了中国传统书法中的"入木三分""力透纸背"的力度,以及雕刻艺术中的"刀面斧凿""石破天惊"的力度感。这些线条体现了一种古朴、凝重、金石的力度之美。

从徐州汉画像石的刀法运用来看,不同的线条深浅、劲道各异,但均展现了相同的力质之美。例如,南阳画像石的线条运用力道平稳而流畅,展现了动感强健的雅致美感。汉代艺术中,"运动、力量、气势"是其本质特征。

使用石质材料和刀工创造的汉画像石艺术,其材质自身的力度美与人为形成的力度美浑然天成，与其他视觉艺术相比，具有独特的气势和巨大力量。这些有力的线条组合成的艺术形象生动传神，展现了一种吸引人的力质美感和审美品味。

（三）装饰之美

汉画像石的装饰之美是其显著的审美特征，尤其体现在其精致的造型画和边饰上。通过线条的巧妙组织，汉画像石展现了非凡的装饰美感，其中线条节奏尤为突出。

汉画像石的表现通常简洁有力，许多作品仅通过外轮廓线展现"剪影效果"，使用简练的线条来凸显物体的形态和势态。尽管内容具象，艺术家们却不拘泥于现实，而是大胆运用夸张和抑扬顿挫的技法，创造出栩栩如生的效果。例如，马的形象通常身体壮硕而腿部细长，虽不成比例，却视觉上舒适且有力。

画像石上的花草、云纹等装饰性线条比例高，排列平衡、对称，线条流畅优雅，展现了明显的装饰特征。如绥德延家岔一号汉墓出土的画像石，其车马出行狩猎图整体布局和细节设计充满装饰味道，展示了强烈的风格特色。

汉画像石的线条特征之一是韵律感。艺术大师刘海粟[1] 曾说："节奏的韵律不但是音乐的状态，也是存在于全部艺术中的一种状态。"画像石中线条的疏密关系处理极具匠心，如山东武氏祠画像石中，人物头饰、手部细节及动物毛发的线条密集，而服饰则较为疏朗，这种疏密变化形成了丰富的节奏美感。

汉画像石中的装饰手法非常成熟，提供了丰富的装饰灵感和技法，对后世美术有着深远影响。

---

[1] 刘海粟（1896-1994）：中国现代画家、艺术教育家，被誉为中国现代绘画的先驱之一。他的艺术生涯横跨了中国近现代艺术史的重要时期，对中国美术教育和美术事业做出了重大贡献。

（四）情感与生命的审美

汉画像石不仅仅是一种艺术形式，它更是中华文明深厚底蕴的体现。这些作品中的线条艺术，不只是简单的图形描绘，而是蕴含了丰富的情感和生命的意象，流露出生命的运动和精神的活泼。汉画像石的审美取向，深刻体现了情感与生命的意味，其灵动的线条赋予作品豪迈的时代精神。

鲁迅曾赞叹汉代石刻的气魄深沉雄大，这些线条以豪迈的气概展现了封建王朝上升时期的气势恢宏。汉画像石艺术形象不仅反映了汉代人民的伟大气魄和生命力，也展现了大汉帝国时代精神的本质。汉代的舞蹈、杂技、绘画、雕刻等艺术的发展，充分反映了汉民族的前进活力。

汉画像石艺术，上承先秦青铜艺术，下启两晋南北朝雕刻艺术。其用线的艺术影响了后世的版画和中国画。顾恺之的线条用笔源于汉画，宗白华评价其画全从汉画脱胎。王伯敏在《中国版画史》中称画像石为"最古老的大型版画"，指出石刻线条在美术表现上的特色。

如今，汉画像石已超越其最初为丧葬礼俗服务的目的，留给我们的是一个时代的艺术精神。这些作品中蕴含的传统文明的风骨与理念，对后世艺术产生了深远的影响，无声地滋润着人类的艺术之旅。

三、汉画语言的表现

（一）材料与表现手法

画像石是刻绘在石材上的一种艺术形式，从已出土的画像石可以推测，全国范围内的画像石一般都是在制作成型的石材上先描绘出所需图像，相当于打稿，然后根据"稿子"雕刻，最后上色。只是时间久远，画像石上的色彩几乎都已消失掉，少数保存较好的画像石还能依稀看到彩绘的迹象。南阳汉画像石本来是雕刻与绘画结合的艺术，再加上其彩绘的形式，更加说明其具备的绘画性、艺术性。石材主要来自南阳市东北部浦山店的青石，和唐河县湖阳镇、黑龙镇产的白石。

雕刻工具的好坏对于图像效果颇有影响。西周时期，冶铁开始出现，战国时期南阳成为全国重要的冶铁地，秦汉时期规模宏大，铁质产品丰富。东汉冶铁技术又上升到新的高度，铁质工具质量提高。为画像石雕刻提供支持，从出土情况来看，画像石的雕刻工具主要分为锤、凿、据、锥、铲、钢刀等。隐起刻的形式奠定了南阳汉画像石艺术风格的基础。

（二）构图

汉画像石从最初的出现到后续的发展和成熟，其图像内容和刻绘面积不断增加，构图形式不断进步，表现力变得更加强烈。最初期的汉画像石墓室多数仅在墓门等重要位置雕刻图像，内部刻绘较少，且图像简单，构图欠缺精致。随着时间的推移，这种情况逐步改善，尤其到了东汉中期，构图形式变得更加丰富和固定。

汉画像石的构图具有鲜明的时代特征和独特的艺术风格，它们是汉代雕刻艺术的重要组成部分。这些画像石通常刻画了当时的社会生活、历史故事、神话传说、宗教信仰和礼仪活动，反映了汉代丰富的文化内涵和社会风貌。

汉画像石多采用分层次的构图方式，每层描绘不同的场景或故事。这种多层次构图使画面内容丰富而有序，能够在有限的空间内展示更多的信息。虽然画像石的雕刻空间有限，但艺术家们通常能巧妙地运用透视法等手法处理空间关系，使得画面既紧凑又不失层次感。

南阳汉画像石是汉代汉画的重要代表，其构图主要分为三种类型：等距散点透视构图法、焦点透视构图法和装饰图案构图法。等距散点透视是指画面中的物象与观者视线距离相等，这种构图法常用于车马出行、历史题材的图像；焦点透视法则是根据物体离观者的远近，按照近大远小的规律来表现物象，多用于狩猎场景的表现。这两种构图方式在全国范围内的汉画像石中都较为常见。这种构图方法以装饰图案贯穿整个画面，使得整体构图显得舒朗而和谐。这种独特的构图方法为南阳汉画像石赋予了特有的艺术风格。

（三）造型

汉画像石的物象造型深受多种文化的影响，这种影响体现在造型上的夸张、大胆。例如，南阳汉画像石的造型更加舒展、简练、轻巧。特别是在动物的绘画方面，这些动物形象常出现在狩猎和打斗的场景中，不过分追求动物的具体形态结构，而是注重其整体的神韵和画面效果。既展示了汉代雕刻艺术的高超技艺，也反映了当时社会的文化观念和审美取向。例如，汉画像石中的人物造型注重表现个性化特征，人物面部表情丰富、生动，动作自然、形态各异，反映了当时社会的生活状态和人物特征。人物服饰细节刻画精细，反映了汉代的服饰风格。而动物和植物造型常被用来象征吉祥或传达某些宗教及哲学思想。动物形象如龙、凤、麒麟等，造型夸张而具有神话色彩；植物则多样，精细刻画，体现了自然观察的精确性。

南阳汉画像石的人物造型也受到楚文化的影响，特别是女子细腰的习俗。无论是高贵还是平凡的人物，南阳汉画像石中的人物造型多以细腰形式呈现，楚楚动人，甚至男性人物造型也遵循这一特点。此外，云气纹的运用也是南阳汉画像石区别于其他地区的重要特征之一。在南阳汉画像石中，云气纹以圆弧状曲线呈现，具有宽窄、粗细的变化。

汉画像石不仅是特定历史时期的独特艺术品类，也是艺术发展轨迹的自然产物。尤其是南阳汉画像石的图像语言极具特色，承袭了楚美术的诸多品质，创造出了众多经典作品，成为我国艺术史上的一颗璀璨艺术珍宝。

第三节　深邃的装饰符号

一、汉画的装饰符号

汉代留存的各类装饰性画像是信息和符号语义的宝库。语言学家罗曼·雅各布森指出，每个信息都由符号构成，汉画的装饰符号储存了大量的汉代艺术信息。这些符号系统继承了古代神话艺术精神，并受社会宗教、民俗等因素影响，展现了汉代的艺术与生活，其丰富的想象力和多样的表现手法对后世艺术产生了深远影响。

目前保存较完善的汉画主要是广泛出土的汉画像石和画像砖以及壁画、帛画。图案学家陈之佛将装饰视为思想的一种表现，认为装饰是一种人类特有的古老艺术形式。起源于原始宗教活动，逐渐转化为生活美化的需要，装饰行为已成为人类精神活动的重要组成部分。

二、汉画装饰符号的分类

（一）汉画装饰中的图像符号

汉画装饰中充满了丰富的图像符号，这些符号既包括具象的也包括抽象的元素。如罗曼·雅各布森所说，一个指示符号基于图像符号，而一个象征符号既基于指示符号又基于图像符号。因此，在汉画中的装饰符号都可被视为图像符号，既有指示性的图像符号，也有象征性的图像符号。

汉画装饰的图像符号具有肖似性特征，通过一定的图形或图像来表现。例如，社会生活场景如拜谒、宴饮、会见、杂耍、庖厨、耕作、狩猎、捕鱼、争战、车马出行、乐舞百戏、武士斗剑、楼阙桥梁等，都是以具象的写实方式呈现。这些社会生活图像符号在汉画像石、砖墓等墓室壁画中，寄托了墓主对生前人世生活的追忆与向往，反映了"事死如事生"的社会思想。

汉画装饰中也存在大量的抽象图像符号，如用于装饰的三角纹、帷幔纹、水波纹、模仿渔网形态的菱形交叉纹等，继承了青铜器物上的云纹、雷纹、回纹等。这些抽象图案通常源于社会的约定俗成，被程式化地使用，起到美化作用，与具体画像符号无需有特别的联系性。汉画装饰中还存在兼具具象与抽象形式的符号，如扶桑树、龙、西王母、伏羲女娲等，这些符号产生于远古传说与现实生活中图腾崇拜的结合。

（二）汉画装饰中的指示符号

汉画装饰中的指示符号承担着具体的指称功能，它们与所代表的对象之间存在直接的联系和对应关系。这些符号在许多教化性质的历史故事中尤为显著，它们与汉代社会历史的实际情况构成一定的对应关系，包括有榜题的历史人物和指示不同时空的超现实主义符号。例如，历史故事如泗水捞鼎、荆轲刺秦王和二桃杀三士，都是根据特定历史环境直接联系而展现的符号，具有告知、讽喻和警示的作用。

在山东武氏祠中频繁出现的有榜题的人物或事物，如"黄帝""神农"等，通过图像符号直接指示了文献记载的人物或事物的特征。这些指示符号不仅揭示了汉代社会的礼仪规范，而且起到了教化和劝诫的作用，反映了当时社会文化的深层价值和意识形态。通过这些符号，我们能够更深入地理解汉代的社会结构、文化观念和历史背景。

（三）汉画装饰中的象征符号

汉画装饰中，象征符号的使用极为广泛，以致很多人将符号的概念狭义地理解为仅指象征符号。这些符号的解读需依赖于符形本身蕴含的本质特征或赋予的人格化意义。例如，传说中的龙、三足乌、东王公、西王母等，都富含深厚的象征意义。在图腾崇拜中，龙和凤常象征着雨、电和火，而神话人物东王公和西王母则常被视为天界、神力、长生不老的象征。

通过这些象征符号，汉画装饰构建了一个神秘而雄浑、浪漫的艺术世界。这些符号不仅反映了汉代人对于自然现象和神话传说的理解和尊崇，也体现了他们勇于追求创造和乐观向上的时代精神。汉画装饰中的象征符号丰富多彩，既有传统的图腾崇拜，也有对自然现象和神秘力量的崇敬，这些都是汉代文化和艺术独特魅力的重要组成部分。

三、汉画装饰中的符号体系

汉画装饰中的图像符号通常具有具象写实的特点，反映了汉代日常生活的场景和活动。这些肖似的图形构筑出了符号的形象（符形），其含义（符义）能直观地被理解。这些符号被广泛应用（符用）于日常器物的装饰和汉画像石、画像砖等墓室壁画中，成为汉代世俗生活的缩影。

图案化的符形通常源自对写实物象的抽象概括，通过添加和结合单一符号，形成了社会约定俗成的命名和使用习惯。这些图案常用于装饰图像的空白处，增添美感。同时，具象与抽象相结合的图像符号，如日、月、龙、扶桑树等，常被视为神圣或具有神力的事物，在汉画装饰中被赋予特殊的地位。这些符号通常用于汉画像石和画像砖中的显眼位置如幕门、门帽和画像中心等，给人一种神秘和崇高的感觉。典型的如日、月图像符号及其抽象符号，它们在汉画装饰中的应用揭示了汉代人对宇宙自然和神秘力量的理解和尊崇，体现了独特的文化和艺术观念。

（一）日、月图像符号

在汉画装饰中，太阳和月亮作为与人类生活紧密相关的天体，被广泛用作图像符号。这些日月符号通常基于对实际星象的观察并结合想象而创造，它们不仅象征着时间和空间的变换，还涵盖了长生不死、阴阳互生、孕育生命等深层含义。

1. 日、月的静态符号表达

在汉画装饰中，日月的图像符号丰富多样，反映了汉代人对这两大天体的深刻理解与崇敬。太阳常以三足乌的形象出现，其形象来源于人们对太阳现象的观察与想象。《汉书·五行志》对太阳黑子现象的描述，以及古籍中对三足乌作为日精的记载，反映了古人对太阳现象的理解；三足乌的形象象征着太阳是万物生长的源泉，代表生命力，同时也体现了天圆地方的传统观念，将天浓缩成圆形符号，表明太阳是阳光与生命的象征。

月亮的符形则结合了古人对其表面特征的观察和神话传说中的想象。月亮上的环形山形成的阴影被想象为广寒宫中的玉兔、蟾蜍和桂树，这些符号象征长生不死。玉兔与西王母的传说，以及桂树作为不死仙药的象征，加深了月亮与长生不死主题之间的联系。汉代人通过将这些符号结合在一起，构建了月亮的象征意义，表达了对生命永恒和再生的渴望与寄托。

太阳与月亮的符号在汉画装饰中不仅是自然现象的表现，也融入了丰富的文化内涵和神话色彩，反映了汉代人对宇宙、生命和神秘力量的认知与崇敬。

2. 日、月的动态符号表达

汉画装饰中的日月符号以动态形态呈现，周围缭绕着云气，创造了一个绚烂神秘的世界。太阳的动态表现在《山海经·大东经》中有所描述，如常用羽人载日和阳乌载日的符号，象征太阳的东升西落。

例如，四川出土的汉画像砖中，羽人形象为人首鸟身，腹部有日乌，双翅和尾羽展开，周围环绕着大小不一的星象，表现太阳自东向西的运行动感。河南南阳出土的阳乌载日画像石也表现了类似的主题，大鸟般的阳乌载着太阳，其尾羽与周围的云气融为一体，形成了太阳自然运行的速度感，象征太阳的日常运动。

月亮的动态表现通常与载日符号成对出现，多以鸟类形态托着月亮在空中运行。这种表现形式体现了月亮的运行规律，如月从西向东的飞驰。日月的动态运动画像常反映日月更迭、昼夜变化，如羲和捧日、常羲捧月的图像，描绘了羲和将太阳从东推向西方，而常羲则将月亮反向推动的场景。

3. 汉画装饰中的日月动态符号的含义

汉画装饰中的日、月符号不仅展现了古人对天文现象的观察和想象，也反映了他们对自然规律的理解和敬畏。日、月以动感十足的形态出现，周围环绕着缭绕的云气，构筑出绚烂神秘的视觉世界。

太阳在汉画中通常以三足乌形象出现，象征着日的运行和生命力。据《山海经·大东经》记载，羲和浴日、羲和驾驭太阳的故事，以及《淮南子》中对太阳运行的描述，都赋予了太阳以人格化特征和生动的活动场景。

月亮的符号通常以蟾蜍、玉兔和桂树等形象呈现，象征长生不死和生命的轮回。嫦娥奔月的故事则象征人类对生命永恒性的追求，反映了汉人对生死、长生不老的深刻思考。

日月的动态表现在汉画装饰中体现出日月更迭、昼夜交替的变化，如羲和捧日、常羲捧月等故事，表现了日月运行的规律。这些符号不仅丰富了汉画的艺术表现，也展示了汉人对天体运行规律的深入理解和想象力。

这些日月符号的运用，不仅是对自然现象的艺术再现，也是汉代人民对宇宙、生命和神秘力量的崇敬与思考的反映，体现了汉代人乐观向上的精神风貌和对生命不死欲念的追求。通过这些生动的符号，汉画装饰赋予了日月更加生动、神秘的文化内涵，成为汉代文化艺术中不可多得的瑰宝。

（二）抽象符号在汉画中的表达

抽象图像符号在汉画装饰抽象符号中，较为常见的为菱形、圆形、云雷等符号，它们以多种组合形式出现，表征生命、吉祥等语。

1. 菱形

汉画装饰中的菱形符号，常象征地面和生命繁衍。其起源可追溯到原始的鱼图腾崇拜，将鱼简化为三角形，进而形成菱形。这种双鱼结合的图形，寓意生命繁衍。例如，由柿蒂纹组合成的"天圆""地方"模式中，柿蒂纹的外轮廓即为菱形，象征地面，强调的是万物繁衍的基础。

铺首的图形中，山形冠的中心常饰以菱形。据考证，汉代的铺首源自青铜器上的饕餮，具有保护墓主灵魂和辟邪的意义。山形冠被视为通天符号，其上的菱形纹象征生命，强化了铺首守护生命的特质。铺首衔环的用途除了镇鬼辟邪外，还具有报警和封闭门锁的功能。

常青树符号中，桃形符号常变化为菱形，两者均象征长生不老。扶桑树的枝叶盘曲交织形成的菱形纹，代表生命的繁衍。柿蒂纹上的菱形符号，象征着生命的昌盛和连绵不断。西王母的形象中，"胜"作为汉代妇女的饰物，强化了菱形的生命繁衍特征，表现了汉代人对生命的热爱和对长生不老的追求。

菱形在汉画装饰中的广泛使用和多样化的象征意义，反映了古代人们对自然、生命和宇宙的深刻理解和崇敬，以及对生命繁衍、长生不老的向往和追求。通过这些符号，汉画装饰传达了一种对生命力的赞美和对神秘力量的敬畏。

2. 圆形

汉画装饰中常见的圆形符号，是中国传统美学中对称、和谐、圆满理念的代表。圆形主要用于表现天、日月星座等图案，寓意着永恒与长生。

太阳的动态表现经常通过羽人载日或阳乌载日的符号来展现，象征太阳的东升西落。如四川汉画像砖中的羽人载日图像，显示了太阳的运行动感。河南南阳的阳乌载日画像则通过大鸟的形象表达了太阳的自然运动。

在汉画装饰中，圆形常与十字穿环符号结合使用。十字穿环符号在汉画像石壁面上广泛应用，朱存明视为璧的简化形式。璧作为重要的礼器，象征着天地四方。圆环作为天的象征，与菱形的交叉构成双龙穿璧的图式，体现了天地合一、生命繁衍的主题。圆形在汉代丧葬习俗中也具有重要意义，如口含和手执璧的习俗，反映了人们对生命再生的渴望。圆形的封闭循环特性象征着生命的永恒和突破生死界限的愿望。图 6-3-1：

图 6-3-1　汉代玉璧

月亮的动态表现与载日符号相似，通常通过鸟托着月亮在空中运行的形象来展现。例如，大鸟载月的画像反映了月亮的运行规律。日月的动态符号体现了日月更迭、昼夜变化的天文现象。在星宿符号的表达中，如常见的苍龙、白虎等，都是以圆形为基本符形，展示了圆的神性。圆形在十字穿环图式中的应用，强化了其象征天及长生的吉祥寓意。

圆形在汉画装饰中的运用广泛而深刻，不仅体现了古人对自然和宇宙的认识，也富含了对生命、再生、永恒的深层思考和神秘崇敬。通过这些符号，汉画装饰展现了古代人民对宇宙、生命和神秘力量的理解与敬畏，以及对长生不老的向往和追求。

3. 云、雷纹

汉画装饰中常见的云雷纹是中国古代美学中重要的几何纹样。云雷纹最早出现在商代的青铜器上，被视为自然现象的象征。北宋沈括在《梦溪笔谈》中描述云雷纹，表明古人将云雷现象视为自然界的重要组成部分。雷的古象形文字呈现了雷声隆隆、乌云滚滚的景象，反映了古人对雷雨天气的观察和理解。

云雷纹在汉画装饰中的运用表现了古人对自然现象的敬畏和尊崇。在农耕文化中，雷被视为雨的先兆，因此云雷纹可能起源于巫术祈雨的习俗。汉画像石装饰中广泛使用云雷纹，展现了对装饰纹样的创新性和丰富想象力。

云雷纹的不断演变体现了汉代人将自然现象的不确定意向转化为心理符号，用以表现世界的有序结构。在创作过程中，新的心理和视觉元素不断积累，丰富了云雷纹的内涵。

在山东嘉祥武氏祠的画像中，云雷纹顶部巧妙地结合了人首和鸟首，表现了羽人在云端翱翔的场景，展现了天界的云雾缭绕。这种符号的创造融合了古人对宇宙的认识，将云雷纹想象为羽人与神鸟间的追逐嬉戏，展示了生动的运动感。

在平阴画像石中，云雷纹与鸟首结合的形式体现了循环往复的特性，表达了生命无限延续的寓意。云雷纹的构造强调了"三"的主题，符合道家万物生成的法则，象征着生命的萌生和无限延续。

云雷纹在汉画装饰中不仅是对自然现象的艺术表现，也富含了对生命、生死和宇宙的深层思考和敬畏，展示了古人对自然界的深刻理解和文化内涵的传承。通过这些符号，汉画装饰传递了对生命无限延续和阴阳循环的崇敬与向往。

4. 云、雷符号的多样性

汉画装饰中的云雷符号融合了龙首、人首、鸟首等多样化元素，表现了丰富的创造力和深厚的文化内涵。例如，山东汉画像石中的云雷符号，首尾装饰有龙首，中间穿插人首和鸟首，展现了一种随性和自然的美感。这种随意适形的处理方式衍生出一系列以云雷为主骨架的图案，如云纹被想象成驱车、挥鞭御马的形态，将云纹的变幻融入世俗生活的想象中。

云雷纹的表达方式多样，如桃形的云纹象征着旺盛的生命力，生命循环的"S"形排列象征着无限延伸。河南新野和郑州的画像砖中的云雷纹以直线几何形态表现，呈现出稳定而规整的结构。云雷纹在意向和形态上逐渐趋向分化，展示了丰富的视觉效果。

陕西绥德的画像石中的云雷符号穿插着狐狸、龙、凤等神兽形象，体现了人们的想象力。这些云雷符号呈现出无限循环的运动形态，象征着宇宙万物的诞生与循环。云雷纹中的"S"形象征着动与静、生与死、阴与阳，体现了"二元论"世界观。

汉画装饰中的云雷符号不仅是对自然现象的艺术表现，也富含了对生命、宇宙、神秘力量的理解和崇敬。通过这些符号，汉画装饰传达了古人对天地、宇宙、神灵等非自然之物的深刻崇拜和敬畏之情，展示了古代人民对生命循环、宇宙万物起源的深刻思考和文化内涵的传承。

（三）画装饰指示符号的分析及符号化过程

汉画中的历史故事和人物，基于文献记载而创造，其形象按文字描述想象而成，具有一致性和直接解释性。这些符号旨在教化和说明，激发情感体验和反思。汉画像石、画像砖常以这些故事和人物装饰墓室四壁，融入日常生活场景之中。

1. 超时空符号

汉画装饰中的超时空符号展现了不同时空面貌的特征，类似于西方立体主义的艺术表现。例如，淮北市梧桐村出土的画像石中的飞虎形象，其整体和面部均呈侧面，但画像中却展示了双眼，增强了形象的威慑力和立体感。这种对飞虎头部全景式的展现，通过结合不同空间视角的符号操作，唤起了人们对虎的敬畏。

同样，在其他汉画像石中，如月支牛头部形象的表达，虽然整体为侧面，却运用了正面的眼睛造型，使得牛头显得更为立体和动态。门吏的面部处理也采用了侧面与正面神态的结合手法，展现了不同时空门吏的形象。

这种立体符号的表达方式在汉画装饰中常见，通过侧面的身体动作与正面、侧面的面部神态相结合，创造出视觉上的强烈刺激，引发观赏者的情感共鸣。这样的画面强化特征在观者心中留下深刻印象，体现了汉画艺术家对形象表现和视觉效果的独特理解和创新。通过这些超时空符号的运用，汉画装饰不仅展示了古人的艺术才华，也反映了他们对多维空间感知和表现的深刻理解。

2. 神话历史人物指示符号

汉画中的神话历史人物指示符号，基于传说中的形象创造出具有特定特征的人物和物象。这些符号在汉画像石和画像镜等图像中广泛出现，如西王母的形象便是典型的例子。

西王母在汉画中常被描绘为半人半神的图腾形象，她通常头戴胜冠，身着华丽服饰，坐于精美的座位上，由九尾狐、三青鸟（可能是三足乌的别称）、捣药玉兔、蟾蜍等神兽服侍。在《穆天子传》中，西王母被描绘为具有人形，且有"有翼"和"无翼"两种形态。

"有翼"西王母符号，在江苏滕州画像石中表现得尤为明显。西王母盘坐于双龙交织的座位上，双肩两侧绘有翅膀，强调其飞翔的神性功能，象征她超越生命时空限制、拥有超脱生死的能力。

西王母的坐姿通常稳重和蔼，如盘腿、拱手、双袖笼手等形态，体现了其"善神"的温和与善良特性。这些神话历史人物的符号不仅丰富了汉画的艺术表现，也反映了汉代人民对神秘力量的崇敬与向往，以及对超自然现象的深刻理解和想象力。通过这些生动的符号，汉画展现了古人对于神话与历史人物的独特诠释和文化内涵的传承。山东微山县两城汉画像石墓中的西王母形象，居于画面中心位置的西王母肩膀上的翅膀不存在，在头顶站立一鸟，肩后为缭绕的卷云，左右对称，如羽翼状展开。将西王母的羽翼巧妙地转化成卷云与鸟，通过这些能飞或为与飞翔相伴之物象来表达飞翔功能，指示西王母具有超脱生死的神力。

3. 伏羲和女娲

伏羲和女娲，作为中国神话中人类的始祖，常以人首蛇身或龙身的形象出现在汉画像石、画像镜等中。他们的形象在汉代艺术中具有明显的特征，多体现为相交合、阴阳互补的状态，象征着生命的起源与万物的生成。

伏羲通常与阳性特征相关联。他的形象中，胡须象征着长寿，龙或蛇的身体强调其与生命力的联系。伏羲常被关联到春天，被视为春神，象征着生命的复苏与生长。

女娲则代表阴性元素，以蛇身人面的形象呈现，象征着创造和生育的力量。在汉画中，女娲常被描绘为拖着长长的蛇尾，这种形态不仅体现了阴湿特征，也象征着生命的循环与延续。

在汉画中，伏羲和女娲的对偶出现象征着阴阳相合，感生万物。他们的形象常结合规矩，象征着创业和治理。这种象征意味着天地的开辟、国家的发展与治理。规矩，作为法则和衡量工具的象征，体现了圆形和方形的和谐统一，代表着天地和宇宙的基本关系。

伏羲和女娲在汉画中的表现不仅富有深刻的文化内涵，也反映了古人对生命起源、自然法则和宇宙秩序的理解与崇敬。通过这些符号，汉画展现了古代中国人对神话传说的独特诠释和文化内涵的传承，以及对生命和宇宙的深刻思考。

四、汉画装饰征符号的分类及符号化过程

汉画装饰中充斥着丰富的象征符号，这些符号深受远古传说、图腾崇拜、神话思维和宗教巫术的影响。它们采用多样的符号操作，引发相关联的解释和情感体验。这些象征符号广泛应用于汉画像石和画像砖中，其解析有助于理解汉代的装饰思想及中国传统装饰的源流关系。以下是对汉画装饰中常见象征符号的分析。

（一）植物象征符号

汉画像石和画像砖中的树木符号，如扶桑树、常青树、若木等，代表着"精神之树"，富含独特的精神内涵和象征意义，反映了汉代人的创造勇气和乐观态度。

1. 扶桑树的象征意义

扶桑树,作为传说中的神树,象征万物生长和生命力。文献中记载扶桑树高耸入云,日乌栖息于其上,树叶细小如芥子。在汉画中,扶桑树多有干无枝,呈"8"字形蜿蜒向上,顶部常有神鸟栖息,树下常出现射箭之人和马匹。扶桑树的螺旋形状象征生命力和宇宙的螺旋结构,体现生命的繁衍和循环。

在汉画中,扶桑树不仅作为神话中的元素出现,还与日常生活紧密结合,如宴饮、歌舞等活动。这种结合反映了汉代人的想象力,将传说中的形态与现实生活巧妙融合,展示了对长生不老的追求和对生命的乐观态度。

扶桑树的形象在汉画中的丰富表现和深刻内涵,不仅是艺术创造的成果,也是汉代文化和哲学思想的体现。这些树木符号展示了汉代人对自然界的深刻理解和对生命无限可能的想象,体现了他们面对生活的积极态度和对长生不老的向往。通过这些生动的符号,汉画传达了古人对自然和生命的尊重及其对未知世界的探索精神

山东、江苏等地的扶桑树形象,取材自当地的银杏树,与凤凰的崇拜紧密相关。银杏树被视为长生之树,其叶形似鹅掌,重重叠叠,与汉画中的扶桑树形象相结合。这些地区的扶桑树形象与日常生活场景结合,表现出神话与现实的双重功用。

2. 常青树的树形符号分析

汉画装饰中的常青树符号,以其独特的几何形态和深厚的文化象征意义,反映了汉代人对永恒与稳固生命的追求。

常青树通常呈现为等腰三角形或桃形,具有明显的几何对称特征。其直立的树干和斜向上的分枝,顶部呈锥形,与现实中的松柏树相似。这种树形象征着稳固和永恒,反映了汉代人对长生不老的强烈愿望。同时,三角形作为稳固的象征,与桃树的长寿含义相结合,展示了一种对永生的祈求。

常青树在汉画中不仅起到辟邪的作用,还融入了积极的精神内涵。柏树因具有辟邪功效而常用于墓地,而常青树的象征意义则更为复杂,包括稳固、长生以及直升天空的象征,与汉代墓地环境的神秘氛围相吻合。

在描绘日常亭台楼阙的汉画中，常青树常见于道路两旁或建筑物附近，既美化环境又反映了当时栽植树木的习俗。这些树木形象的出现不仅体现了树木在环境美化中的作用，也展现了汉代人对自然环境的珍视和对生命的敬畏。

常青树作为汉画装饰中的一种重要符号，通过其独特的几何形态和丰富的文化象征，展现了汉代人对永恒生命的向往和对自然环境的深刻理解。这种符号不仅是视觉艺术的展现，也是汉代文化和哲学思想的重要体现，反映了古人对自然和生命的尊重以及对未知世界的探索精神。

3. 若木的树形符号分析

若木作为汉画装饰中的一种重要符号，尤其在陕西地区的汉画像石中表现得尤为突出，其深厚的文化象征和独特的形态表现，反映了汉代人对神秘天界的向往和对超凡入圣的追求。

若木，作为传说中的不死之树，与昆仑山紧密相连，是连接天地的桥梁。陕西地处中国西部，其地理位置与昆仑山的传说关系密切，反映在汉画像石中的若木，往往与昆仑山及其周边的神话故事紧密相关。

在陕西的汉画像石中，若木的符号通常出现在画像石门柱的上端，与西王母等神灵的形象相结合，显示其神圣不凡的地位。若木的形态多变，枝叶繁茂，其周围常饰以云气、蔓草等元素，融入神禽异兽如翼龙、飞虎等，充满神话色彩。

若木的形态通常呈S形或与山峰结合，顶端常有神鸟或其他神话生物，表现了一种与神秘天界联系的想象力。这种树木在汉画中的表现形式，不仅仅是对自然树木的模仿，更多的是一种对神话世界的想象和重塑。

在汉代人的观念中，昆仑山是神界的所在，若木作为登天的媒介，在文化传统中扮演着连接人间与神界的角色。通过若木，汉代人表达了对超凡脱俗生活的向往，寄寓了灵魂升天、永生不死的美好愿望。

若木在陕西汉画像石中的表现，不仅是视觉艺术的展示，更深刻地体现了汉代人对神话世界的理解和对未知天界的探求。这种符号的使用，既展现了汉代文化的丰富性，也反映了当时社会的宗教观念和哲学思想。

4. 柿蒂符号

柿蒂纹作为汉代装饰艺术中的一种重要元素，其独特的形态和深远的象征意义，在多种文物中得到广泛应用，反映了汉代人对宇宙和自然的深刻理解及其丰富的想象力。

柿蒂纹通常由四片桃形叶片组成十字交叉形，中心常设圆形，有时装饰五铢钱纹或波浪纹等。这种纹样的多样化命名（如四叶纹、花苞纹等）反映了其在汉代装饰艺术中的流行和多变性。图6-3-2：

图6-3-2　山东宋山柿蒂纹画像石拓片

柿蒂纹虽源于自然（柿子顶盖），但在汉画装饰中经过艺术化处理，赋予了更为深邃的象征意义。例如，安徽萧县的画像石中，柿蒂纹结合莲花和鱼的形象，呈现出一种既写实又富于象征的美学效果。

柿蒂纹作为宇宙象征的体现，其十字形叶片代表四方，中心圆形象征天穹，反映了汉代人对宇宙的认识。这种方圆结合的图式，既符合古代"天圆地方"的宇宙观，又蕴含着深刻的哲学思想。

柿蒂纹被广泛应用于漆器、铜镜、汉画像石、墓室装饰等，尤其在汉代建筑的藻井装饰中常见，象征着天穹和神圣。柿蒂纹在汉墓装饰中的频繁出现，表达了对天界的向往和对生命永恒的追求。

在佛教传入中国后，柿蒂纹与佛教中的莲花纹相结合，增加了其在宗教和文化中的深度。作为一种广泛流传的装饰元素，柿蒂纹不仅是美学上的装饰，更是文化和宗教信仰的载体。

柿蒂纹在汉代艺术中的普遍应用，显示了汉代人对自然和宇宙的深刻理解与崇拜，以及他们在艺术创作上的独到见解和创新精神。通过对柿蒂纹的研究，我们能够更深入地理解汉代文化的丰富性和多元性。

（二）动物象征符号

1."龙"符

汉代的龙符，作为中华民族的重要象征，体现了丰富的文化内涵和艺术价值。它不仅是一种装饰元素，更是汉代人对宇宙和自然力量的想象与崇拜的体现。

汉画装饰中的龙符涵盖了蛟龙、应龙、虬龙、蟠龙、蟠龙等多种形态，每种龙形都具有其独特的象征意义。例如，蛟龙常代表水域，而应龙则象征天空和气象现象。

龙的形象糅合了多种动物特征，展现了超自然力的神秘感。它常被描绘成能够在天空和海洋中自由穿梭的神物，象征着自然界的力量和神秘。汉代龙形常呈"S"形，富有生命律动感，象征着生命力和宇宙循环。龙的这种形态与太极图及易经中的阴阳交替原理相呼应，反映了生生不息、永恒循环的宇宙观。龙常与其他符号如凤凰、星座、云纹结合，形成各类超级符号。例如，交龙符号融合了阴阳交感、生殖崇拜的思想，而龙凤相交则象征着天地的和谐与统一。

龙符在汉画装饰中的应用十分广泛，不仅用于建筑物和墓葬的装饰，还常出现在日常用品和宗教仪式中。例如，屋檐上的龙形装饰具有辟邪和镇宅的作用，而墓室中的龙纹则象征着引导灵魂升天的信念。

龙作为"四灵"之一的青龙，代表东方和春天，与生命的起源和再生紧密相关。龙的这种象征意义不仅体现了中国古代的宇宙观，还与汉代人对自然和天象的理解密切相关。

通过对汉画装饰中龙符的分析，我们可以深刻理解汉代文化的多样性和深邃性，以及龙作为一种文化符号在汉代人心目中的重要地位。龙符不仅是艺术表现的主题，更是汉代社会信仰、哲学和宇宙观的集中体现。

2."鱼"符

汉画装饰中的鱼符反映了古人对自然的认识和与之和谐共处的愿景，同时也富含深厚的文化内涵和象征意义。

在山东、江苏等地的汉画像石中，鱼符象征着交通和通行，表现了古人对水域世界的探索和征服。例如，仙人骑鱼或鱼车的形象，体现了鱼作为通往神秘世界的交通工具。

鱼形的几何三角形状装饰，尤其是双鱼形象，常被解释为女性生殖的象征，反映了对生命繁衍和家族兴旺的祈愿。此外，太极图中的阴阳鱼形象进一步强化了这种生殖与繁衍的象征意义。

鲤鱼形象在汉画装饰中尤为常见，与"鲤鱼跳龙门"等传说相关，象征着坚韧、上进和成功。鱼形的灵活应用，如在边饰或水景中的展现，不仅体现了艺术美感，还蕴含着对自然和生活的深刻理解。

在一些汉画作品中，鱼承担着沟通天地、生死的神职，与龙的引魂升天功能相似。例如，湖南马王堆的《登天图》帛画中，鱼符承载着沟通生死、连接天地的重要意义。

鱼形应用在汉画装饰中也象征着祥瑞和吉祥。例如，与吉祥语相结合的鱼纹，如"富贵""昌宜子孙"等，既是对物质丰富的祝愿，也是对家庭和社会和谐的期盼。

汉画中的鱼符不仅是艺术表现的对象，更深层地反映了古人对自然、社会和文化的理解与期望。通过鱼符的多样化表现，我们可以窥见汉代社会的文化特征和审美趣味。

3. 汉字装饰

汉字装饰在汉画像石与砖中发挥了多重作用。这些装饰富有文化内涵，具有吉祥、纪年、标示符号以及榜题等功能。

在汉画像石中，常见的吉祥装饰包括五铢钱纹字和柿蒂纹中心圆圈，象征着吉祥。例如，在浙江的海宁汉画像石墓中，钱纹与"天"字组合成条砖，装饰于墓室四壁与券顶中央的"伏"中，寓意天界的美好。类似地，其他地区出土的汉画像砖也常以吉祥语为主要装饰，表达了祈求吉祥美好的愿望。

汉画像砖还常用于纪年或标示建造者。例如，浙江上虞凤凰山古墓中出土的砖上刻有"永元十五年"或"永元八年"等纪年文字。淳安地区的汉墓中也有砖侧面刻有纪年和建造者信息。这些文字砖在纪年和标示墓地所有权方面起着关键作用。

汉画像砖中还包括买地券，标志着私有化的发展。例如，白杜汉熹平四年墓内出土的砖质买地券表明了墓地的所有权，防止了鬼神侵扰。这些买地券为墓主提供了保护。还有一些汉画像砖中的文字起到标示符号的作用，以区分不同位置的砖。例如，临安区河桥镇曙光村出土的东汉"上"文字砖和德清凤凰山画像石墓中的扇形砖上的"不"字，有可能是对"下"字的笔误，但它们清晰地标明了砖在建筑中的位置，以防混淆。

一些汉画像石中还包括榜题，用来简要说明画像内容，或者对祥瑞事物和历史故事进行定名和解释。有些较大篇幅的文字则概述了整个墓室情况，包括纪念谁以及建造情况等信息。

汉字装饰在汉画像石与砖中承载了吉祥、纪年、标示符号和榜题等多种文化功能，反映了当时社会的文化、宗教和建筑特点。

四、汉画装饰符号的意义与功能

（一）汉画装饰的意义

汉画装饰艺术对后来的装饰艺术产生了深远的影响，特别是对我国民间装饰艺术的发展有着重要的贡献。顾森认为中国民间艺术主要产生于汉朝以后，而民间装饰艺术为其他装饰艺术提供了丰富的母体与土壤。因此，研究汉画装饰的符号意义是探索装饰艺术源头的一种方式，也有助于更好地理解汉朝以后装饰艺术的发展。

在汉画装饰中，许多符号被民间艺术所引用，并进一步演化出新的符号。例如，涡旋纹在汉画装饰中常被视为生命的象征。这个符号在民间装饰艺术中仍然保持着重要地位，如库淑兰的民间剪纸作品中的生命树就采用了这种装饰手法。生命树的枝条呈对称分布，类似于汉画装饰中的涡旋纹，寓意着生命的蓬勃发展。

传统的中国结，它起源于云雷纹中的回纹，经过演化和发展，形成了各种不同样式的中国结。这些结的设计融合了涡旋纹和菱形符号，都象征着生命的延续和吉祥。这些符号的传承与发展，反映了汉画装饰艺术对民间文化的深远影响，同时也丰富了中国的装饰艺术传统。

汉画装饰的符号意义对中国的装饰艺术有着深刻的影响，尤其是对民间装饰艺术的发展产生了积极推动作用。这些符号的延续与演化，为中国的装饰艺术提供了丰富的创作元素，同时也传承了汉朝以后装饰艺术的精髓。

（二）汉画的标识和表意

汉画装饰符号具备着明确的标识和表意功能，通过符号的构成形态来传达特定的含义和解释。例如，日、月、星等符号通常以圆形为主要符形，用来表示日月的状态，其中日乌和蟾蜍等形象形成了标识日月状态的符号。日乌东升西落，蟾蜍则反映了月亮的阴晴。同样，在星宿的表达中，符号通过短线与圆相互连接，以标识不同星宿符号所处的位置。根据这些符号在天空中的分布，人们将它们组合成苍龙、白虎等形状，并为星宿命名。

汉画装饰符号还具有传达功能，通常分为连续传达、不连续传达和选择传达三种类型。

连续传达是指符号在一个系列中传达相同的意义。例如，汉画中的"蛙"形符号，不论其表现形式如何变化，都保持着长生和庇护生命的符义，因此仍然属于连续传达的符号。不连续传达则是指在不同系列中传达符号，这种传达会导致符号的语义发生根本性的变化，原有的含义消失，新的含义产生。举例来说，西王母在相关文献中被描述为剥夺生命的残酷之神，但在汉画中她被表现为赐予长生仙药的善神，庇佑人的生命，这是一个不连续传达的例子。另一个例子是青铜器上的饕餮符号在汉画中变成了铺首符号，代表护宅和辟邪的神兽，也是不连续传达的一种。选择传达是指根据实际需求有选择性挑选符号以传达特定的含义。例如，汉画中的"鱼"符号因为跳龙门的勇敢典故而象征着勇敢和善战，但在民间艺术中，人们选择了它作为生殖、繁衍和丰收的象征，从而在传达中进行了选择。

汉画的标识和表意功能丰富多样，不仅通过符号的形态传达特定的含义，还在传达过程中表现出连续、不连续和选择的特征，为汉画装饰艺术增添了深刻的文化内涵。

（三）汉画装饰符号的实现功能

汉画装饰符号具有多种实现功能，包括结构的、表现的和再现的方法。

结构的实现功能指的是通过符号的结构或造型来直接表现对象，仿照其原型构建。在汉画装饰中，写实的图像符号常常具备这种实现功能。例如，汉画中的场景如"农耕""狩猎""宴饮"等，通过符号的形态直观展示了现实生活的全貌。

表现的实现功能指的是通过符号来指示或表现对象，而不是直接模仿其外貌。这类符号记录了历史故事和人物，通过历史故事传达道理和社会道德观念等。这些符号通过表现来实现其功能。

再现的实现功能指的是通过象征性的方式来表现对象。例如，龙象征着雨水、权力和吉祥，而凤凰则象征吉祥如意。这些符号通过再现的方式来传达其含义。

汉画装饰符号还具有编码功能，它们的编码方式与符号的解释密切相关。符号的编码功能涉及将信息贮存起来的过程，在分析汉画装饰符号时，需要依赖文献等来源来解释这些符号的语义。通过符号的编码，我们可以恰当地理解汉画装饰符号的含义。例如，海宁汉画像石墓中的"天"字装饰，通过编码使人们认识到它是天的象征，反映了墓主祈求升天的愿望。画像砖和瓦当上的吉利语也起到编码的功能。

汉画装饰符号具有多种实现功能，包括结构的、表现的和再现的方法，同时还具备编码功能，通过符号的形态和解释传达丰富的文化内涵。汉画装饰符号展现了汉代人的创造力、积极乐观的精神世界，以及对生命的追求和想象力，呈现出多层次、多角度的审美感觉，欣赏其中的美感，使人深陷其中。

第四节　铸鼎与象物

一、汉画"铸鼎象物"的审美观

汉画像中的许多图像在中国文化中具有原型的意义。有些怪异的图像可以追溯到神话和巫术时代。原始岩画、彩陶纹饰、青铜器装饰纹样，特别是先秦时期的祠堂壁画，都与汉画像石有某种联系。这些图像的内容源自中国古老的神话传说、图腾崇拜和民俗信仰。

汉画像的象征表现可以追溯到先秦时期的"铸鼎象物"的审美观。这一审美观在文化学家和美学研究者的研究中得到了理论阐释。根据这一观点，中国古代文明中文字和艺术多用于天人之间的沟通，将世界分为天、地、人和神，上天和祖先被视为知识和权力的源泉，而与天地之间的沟通需要特定的中介人和工具，这就是巫术。掌握文学和艺术品的统治者拥有与上天和祖先交流的权利，也就具备了政治权力的话语权。

具体来说，中国古代的图像艺术在巫术文化中扮演着重要的角色。图像是被用作宗教仪式和祭祀的工具，用于与上天和祖先进行沟通。文字同样具有宗教功能，这一点在商周时期的卜辞中得到了证明。因此，图像和文字都被视为宗教文化的一部分，用于实现天地与人之间的联系。

"铸鼎象物"的观念源自先秦时期，这一观念在后来的汉画像中得到了体现。根据这一观念，图像和象征物被用来沟通天地，具有宗教和政治权力的象征意义。九鼎成为国家权力的象征，代表了九州的统一。在这个观念下，铸鼎和图像的含义不仅仅是装饰，还包括了宗教和政治的象征意义。

汉画像中的一些图像可以追溯到这一审美观。例如，汉代的"泗水捞鼎"的图像反映了夏代铸九鼎的传说，九鼎成为国家权力的象征。此外，汉画中的"远方图物"也值得研究。在中国原始彩陶艺术中，可以看到"远方图物"的表现，这些图像在神话传说中具有特殊的宗教意义。

汉画中的图像和符号承载了中国古代宗教和政治观念，反映了天地与人之间的联系，以及统治者的宗教和政治权力。这些图像和符号的审美观在中国文化中有着深远的影响，成为汉代艺术的重要特征。

二、汉画铸鼎象物的文化象征与历史表现

古代的铸鼎是权力的象征，通常摆放在庙宇中。然而，真正体现权力的是官庙，它的建筑和图画常常蕴含象征意义。在商代，地上和地下的建筑都代表宇宙。这种"明京"的观念逐渐演变成后来壁画的教化和历史表现功能。

屈原的《天问》据传在壁上创作，描述了他在祠堂中观看画像壁画，与古代圣贤、神灵互动的情景。尽管有些研究者对这一记载表示怀疑，考古学研究却证明了楚汉时期祠庙宫殿的壁画丰富多彩。例如，殷墟出土的彩绘墙皮、陕西扶风杨家堡西周基址的几何图案壁画残片都表明这一时期壁画的繁荣。

汉代的画像石、画像砖、壁画与官庙壁画传统有密切联系。刘师培指出，先秦和两汉时期壁画盛行，它们常常描绘神祇、怪物、祖先等，反映了当时的迷信和神秘氛围。古籍中也有关于官庙壁画的记载，如《尚书·咸有一德》和《商书》中提到的"庙"和"怪"，以及《说苑》中记载的宫墙文画。文学作品如司马相如的《子虚赋》也强调了壁画的多样性。这些记载表明，专业画师在汉代很常见，他们以画壁图为职业。

汉代壁画研究中的重要例子包括长沙子弹库楚墓的《人物御龙帛画》、长沙陈家大山楚墓出土的《人物龙凤帛画》，以及长沙《楚帛书画》等作品。此外，20 世纪 80 年代，考古学家在秦代阿房宫遗址发现了壮观的壁画，包括《车马出行图》《仪仗图》和《麦图》。这些壁画的构图类似于汉代画像石中常见的排列。此外，汉代的桐堂和后壁往往有"拜谒图"，图中通常描绘了"像设君室，静闲安些"的情景。

王延寿[①] 的《鲁灵光》描写了鲁国灵光殿的壮丽景象，详细描述了其

---

① 王延寿：东汉辞赋家，曾周游鲁国。《灵光殿赋》，叙述汉代建筑及壁画等，反映了当时社会生活的一个侧面。

中的壁画内容。这座宫殿实际上是宗庙，它代表了权力和宗教的结合。从"荷天""廓宇宙""配紫微"等词语中，我们可以看出，它们是宇宙的象征。它们通过祥瑞的图像表达了对神明的崇拜。这正是宗庙建筑的文化象征功能。

汉代的铸鼎象物通过壁画、画像石、画像砖等形式，将权力、宗教、历史传承和文化表现相结合，成为古代文明和精神世界的重要反映。这些作品不仅是艺术品，也是历史和文化的见证，深刻地影响了当时社会的思想和信仰体系。

三、汉画的象征主题

（一）天地神灵的象征

两汉时期的铸鼎象物审美在表现天地神灵的象征方面体现得尤为突出。历史文献如《汉书·郊祀志》和《后汉书·郊祀志》记录了当时对神灵崇拜的丰富表达。

考古发现也印证了这一点。在山东沂南的汉画像石、山东武氏祠画像石、洛阳卜千秋基的壁画，以及沙马王堆1号墓中的漆画等，都展示了各种神灵、怪兽的形象。这些图像不仅展示了汉代艺术家的想象力和创造力，也反映了当时社会对宗教信仰和神秘力量的重视。这种对天地神灵的艺术表现，不仅是对自然和宇宙力量的敬畏，也是对当时社会文化和宗教信仰的直观反映。通过这些艺术作品，我们能够更加深入理解两汉时期的文化背景和社会心态。

（二）历史圣贤象征

两汉时期的铸鼎象物审美在表现先贤烈士方面也有显著的表达。从史料记载中可以看出，当时的绘画作品不仅聚焦于神话和宗教，还广泛涉及历史上的烈士和圣贤形象。

《汉书·杨敞传》中提到的西阁上画，展示了汉代对历史人物的评价和记忆。这种绘画作品通过描绘桀纣等古代君主，表达了对德治与暴政的反思。蔡质在《汉官典职》中描述的明光省中墙壁上画有古代烈士的形象，这显示了对历史人物的尊敬和纪念。

《后汉书·蔡邕传》记载的光和元年（公元 178 年）鸿都门学的孔子及其弟子的画像，以及《玉海》中提到的成都学周公殿中的画作，都反映了对儒家思想和圣贤的崇拜。《后汉书·西域传》中记载的佛教画像的出现，则是汉代文化多元化的体现。

考古学发现也证实这一点，如在山东、苏北、南阳等地发现的画像石上，常见孔子见老子等古代圣贤的形象。这些画像不仅是对历史人物的纪念，也反映了当时社会对德行、智慧的追求和尊崇。通过这些艺术作品，我们能够更加深入地理解两汉时期的社会价值观和文化特征。

（三）功臣、贤士、列女之德

在两汉时期的铸鼎象物审美中，对当时功臣、贤士、列女的描绘是一个重要的方面，这些画作旨在彰显他们的德行和成就。从《后汉书·二十八将传论》中可以看出，永平年间，显宗为了追思过去的功臣，特地在南宫云台上绘制了二十八位将军的画像。同样，《汉书·赵充国传》中提到赵充国因其功德被列为未央宫的画像之一，显示了对其贡献的认可和尊敬。

《后汉书·胡广传》中记载了灵帝为了纪念胡广的旧德，特意在琼省内绘制其画像。《后汉书·蔡邕传》中提及的蔡邕去世后，各地学者为其画像并赞颂，这反映了对知识分子的尊重和怀念。

《后汉书·列女传》中的故事更是体现了对女性英雄的纪念。如女叔先雄的故事，她在父亲遇难后坚守孝道，最终被地方政府为其立碑并绘制形象以示纪念。

这些画像不仅是对当时重要人物的肖像绘制，更是对其品德、智慧和贡献的一种纪念和赞颂。通过这些作品，我们可以看到两汉时期社会对各类英雄人物的尊敬与崇拜，以及对其德行和成就的高度评价。这些艺术作品不仅具有很高的审美价值，还承载着深厚的历史和文化意义。

（四）有驱魔避邪图像

汉画中的驱魔避邪的图像是一个独特且重要的部分。这些图像通常描绘狰狞可怖的怪物，以达到驱邪避灾的目的。我国古代对于这类象征性图像的使用有着悠久的传统和丰富的文化内涵。

《风俗通义》[①] 中提到的汉代根据《山海经》[②] 传说，制作的二桃人[③]，以及画有神荼、郁垒[④] 等图像，就是为了驱逐邪灵和不祥之物。这种通过绘制神秘生物和符号来达到保护和辟邪的做法，在当时是相当普遍的。

这些驱魔避邪的画像不仅反映了汉代人民对自然现象和未知力量的敬畏，也体现了他们试图通过艺术来控制和影响这些力量的愿望。值得注意的是，这些图像并不总是在史书中有详细记载，它们往往与民间信仰和传统紧密相关。因此，很多情况下，只能通过研究民俗和神话传说来理解这些图像的象征意义。从汉画中可以看到许多来源于《山海经》和民间信仰的怪物形象，这些图像虽然在历史文献中难以找到确切的出处，但它们无疑是当时社会文化和宗教信仰的重要组成部分。通过这些艺术作品，我们可以窥见两汉时期人们对于自然界和超自然力量的认识与态度，以及他们试图通过艺术来实现精神上的安抚和保护。

我们从"铸鼎象物"的审美观入手，分析了汉以前图像象征的传统追溯了汉代图像象征的由来。我们看到，无论从内容还是形式两个方面，汉画像艺术在汉代的繁荣和兴起，都不是偶然的，而是有其民族文化历史的渊源。

---

① 《风俗通义》：作者是东汉末年著名学者应劭。该书以考评历代名物制度、风俗、传闻为主要内容，包括对礼乐祭祀等国家大典的记述，对民间传闻、鬼神信仰的辨正，以及对古今人物的评论，涉及汉代生活的诸多方面，是了解汉代风俗的重要资料。

② 《山海经》：作者不详，是中国志怪古籍，大体是战国中后期到汉代初中期的楚国或巴蜀人所作。该书现存 18 篇，其余篇章内容早佚。原共 22 篇约 32650 字。共藏山经 5 篇、海外经 4 篇、海内经 5 篇、大荒经 4 篇。内容主要是民间传说中的地理知识，包括山川、道里、民族、物产、药物、祭祀、巫医等。

③ 秦汉时期，中国民间灵异事件便流行用桃木雕刻神荼、郁垒二神，挂在家门口驱除恶鬼。后来有人嫌雕刻神像太麻烦，便改将他们画在桃木板上，即所谓的"桃符"。

④ 神荼、郁垒：上古传说能制伏恶鬼的两位神人，后世遂以为门神，画像丑怪凶狠。

从"铸鼎象物"的审美观出发，我们深入分析了汉代以前的图像象征传统，并追溯了汉代图像象征的起源和发展。我们发现，汉画像艺术的繁荣和兴盛，并非偶然现象，而是根植于中国民族文化和历史的深厚土壤之中。

汉画像艺术的内容和形式，既继承了先秦时期的审美传统，又在汉代社会文化的背景下得到创新和发展。它们不仅展现了神灵与圣贤的形象，还体现了当时对功臣、贤士和列女的尊崇，以及对驱魔避邪的信仰。这些图像不单纯是艺术创作，更是当时社会价值观、宗教信仰和文化认同的载体。

第七章　汉画传统审美观念在现代的影响

第一节　现代考古学中的汉画研究

一、汉画的历史价值

汉画像石是中国古代艺术的一种独特形式，主要分布在山东、苏北、皖北、豫东地区，豫南、鄂北地区，陕北、晋西北地区，以及四川、重庆、滇北地区。全国范围内的汉画像石有六千余块，它们覆盖了广泛的主题，包括生产活动、社会生活、历史故事、远古神话、天文星象、祥瑞辟邪和图案装饰等，为我们重现了汉代社会生活的方方面面。

这些汉画像石不仅反映了汉代的政治、经济、军事、思想、文化艺术、科技和法律，还成了形象化的汉代史料和汉代百科全书。1973 年 3 月，在河南省南阳市王寨汉画像石墓中出土的一块画像石，上刻有一彗星图，成为历史的生动注解。此外，山东诸城前凉台出土的画像石中，首次发现了一幅描绘汉代刑徒的画像，表现了对刑徒髡发的情景，反映了汉代阶级关系、政治、法律等多方面内容。

汉画像石中有纪年的刻录，准确地记录了历史瞬间。截至 2000 年，全国有纪年文字的汉画像石刻有七十多处。这些刻录提供了墓主人的姓名、官职、下葬时间、地点等重要信息，对于研究画像石墓的断代、汉代职官制度、民情风俗、书法艺术等都具有极高的史料价值。

作为一种成熟的石刻艺术品，汉画像石在中国美术史和雕塑史上占有重要地位。它们的题材多样、形式独特，石刻与绘画的结合不仅展现了汉代美术的多样化，也展现了成熟艺术形式的形式美和内在美。汉画像石对后世产生了深远影响，被认为是中国画成熟的标志，其在款式、透视方法和精神境界上的完整呈现，对中国文化历史的发展产生了重要影响。

汉画像石的研究为我们提供了独特的视角，通过这些石刻艺术品，我们可以深入了解汉代的社会结构、文化习俗、宗教信仰和艺术表现。它们是中国古代文化和艺术的宝贵遗产，对于研究汉代以及更广泛的中国古代历史具有不可替代的价值。通过汉画像石，我们可以更全面地理解汉代的社会生活和文化特征，从而更深入地探究中国古代文明的独特面貌和发展脉络。

二、汉画的文化价值

汉画像石作为中国古代艺术的瑰宝，其文化价值不仅体现在艺术成就上，还延伸至文化衍生产品。作为一种建筑材料，汉画像石的独特制作技法和艺术风格奠定了其艺术欣赏价值。其制作融合了绘画和雕刻两种技法，既有绘画的经营布局，又有雕刻的刀工笔法，两者相得益彰，创造出辉煌灿烂的艺术瑰宝。汉画像石在画面布置上既有散点透视效果，又有留白处理，是绘画手法的体现。成型的汉画像石是浅浮雕和线刻相结合的雕刻作品，具有独特的艺术风格，鲁迅曾赞叹其"气魄深沉雄大"。

汉画像石在艺术形式上采用现实主义和浪漫主义相结合的表现手法，内容涵盖神话传说、仙人故事、祥瑞异兽及狩猎、农耕、收获等现实生活场景，展现了一个对立统一的精神世界。王建中认为，汉画像石集中国先秦绘画艺术之大成，开辟了中国古代线描、雕刻、彩绘艺术于一体之先河，形成了一部绣像的汉代史，拓宽了中国传统绘画的题材内容，发展了表现形式，丰富了艺术技巧，奠定了中国传统绘画的坚实基础。

汉画像石的艺术成就影响深远，从古代到现代，从精神到物质，成为文化遗产的重要组成部分。南阳独特的汉画像石衍生品成为收藏的佳品。以南阳汉画馆为例，其文化产业主要以汉画开发为主，开发的产品包括金箔汉画、丝帛汉画、汉画拓片、汉画礼品书、汉画扑克等。丝帛汉画和汉画礼品书因其高文化品位和丰富内涵，成为河南省文物局指定的对外交流专用礼品。

南阳市博物馆根据汉画像石中的乐舞百戏图像，开发了汉代乐舞展演项目，如七盘舞、建鼓舞、长袖舞等，为游客提供视觉享受，取得了广泛的社会效益和经济效益。汉画像石以其在考古、历史、文化方面的卓越价值，成为人类社会的宝贵财富。总的来说，汉画像石不仅是历史的见证，也是艺术和文化传承的重要载体，对后世产生了深远的影响。

三、汉代画对现代造型艺术的影响

（一）汉画像石艺术与现代中国画造型之影响

汉代画像石的造型艺术语言对现代中国画造型产生了深远影响。从武氏祠画像石的拓片中，我们可以看出线条的流畅与力度之美。与在纸上绘制的国画不同，汉画像石在石面上表现线条的粗细、长短、曲直变化极具挑战，要求雕刻者要具备高超的技艺和对线条的敏锐理解。通过不同的线条，雕刻者展示了逼真传神的各种形象。常任侠[①] 指出，中国画以线条为主，自中国绘画产生时便是如此。

汉代画像石、画像砖在空间画面的处理上，采用散点透视法，即把人们视觉移动过程中观看到的物象集中表现在同一个画面中。具体表现形式有四种：一是平铺排列法，即物象在同一水平线上呈并排状；二是穿插排列法，物象呈横向并排，但由于斜角透视，出现了纵深关系，形成重叠或交叉错位；三是俯视散列法，采用高点散视观察，使物象由近到远散布式呈现；四是散点透视法，与西方的焦点透视法不同，汉画像石作为封建建筑的构件，其图案整体相互联系，呈现象征性世界。

---

① 常任侠（1904—1996）：安徽省阜阳市颍上县黄桥镇新庙村人，著名艺术考古学家、东方艺术史研究专家、诗人、中国艺术史学会创办人之一。

汉画像石的美学特征在于其追求抒情、传神、写意和意象的表达。中国艺术崇尚自然、顺应自然。汉画像由于材质的特殊性，其美学追求不同于中国画中墨韵变化的线条，而是以质朴、单纯的线条贯穿始末，以质朴、古拙为创作核心。

汉画像石的造型艺术语言对现代壁画造型也产生了显著影响。壁画作为一种环境装饰艺术，在传统民间美术中的题材、构图及装饰语言对现代壁画创作具有重要作用。画像石将绘画与雕刻融为一体，现代壁画长期借鉴汉代画像石艺术。一些壁画模仿画像石中的线刻、减地处理方式，而另一些壁画则借鉴了画像石的装饰元素、构图手法、线条表达等。画像石艺术与壁画的相通之处，对研究现代壁画的造型艺术具有重要意义。总的来说，汉画像石不仅是历史文化的见证，也是现代艺术创作的重要灵感来源，它的艺术语言和美学特征继续在当代中国艺术中发挥着重要作用。

（二）汉画造型艺术对现代陶艺影响

汉画像石对现代陶艺造型的影响，主要体现在其对画像石造型内在精神的传承与发展上。汉画像石的艺术风格与精神在现代陶艺中得到了新的诠释和创新。

深沉博大的造型美。汉代艺术造型的显著特征是其"大"的表现，代表着胸怀之大、力量之大、气魄之大。汉代儒家强调的"大一统"文化思想，是道家与儒家思想的结合产物，倡导升张态肆、深沉雄大的美学观念。这种美学观念在现代陶艺中得到了体现，通过对陶艺造型的放大和夸张，展现了一种大气磅礴、气势恢宏的艺术风格。

质朴古拙的造型美。汉画像石的刻画方式，由于材料和技法的限制，使得画面呈现出一种质朴古拙的美感。这种美学追求在现代陶艺中得到了延续和发扬。现代陶艺家在创作中，往往追求一种简洁而富有质感的艺术风格，强调造型的自然流畅和神似，而非过分精雕细琢，从而展现出一种朴素、自然的美。

汉画像石的艺术成就对现代陶艺造型产生了深远影响。它们的自然纯朴、浑然天成的风格，透露出的拙雅之气，启发了现代陶艺家在创作中追求"意到形简""线滞而意不滞"的创作理念。鲁迅评价汉画像石时所提到的"气魄深沉雄大",不仅是对汉画像石艺术的赞誉,也是对汉画像石在现代陶艺造型中影响的肯定。汉画像石的艺术精神不仅是中华民族文化精神的体现,也是人文精神与中华民族特质的集中展现,其在现代陶艺中的影响体现了传统与创新的完美融合。通过对汉画像石艺术的学习与借鉴,现代陶艺在继承传统的基础上,实现了艺术形式的创新和发展。

四、汉画艺术的创新和生发

(一)汉画的艺术特点

汉画,这一中国古代艺术的宝库,在历经千年后,依然闪耀着独特的艺术光芒。汉画不仅汇聚了战国楚地、华夏等地域的多样绘画风格,更形成了独具特色的雄厚、浩荡的汉代风格。从墓室壁画、画像石、画像砖、版画、瓦当等众多形式中,汉画展现了广泛的动物题材和丰富多彩的内容,艺术手法灵活多变,想象力无拘无束。

汉画的写实性极为显著,如马王堆一号汉墓出土的帛画,展现了精湛的线描技艺和动物形象的生动表现,将装饰与写实完美结合。同时,汉画的意象性也不容忽视。中国画历来重视意象的表达,汉画在这方面的贡献尤为突出。汉画艺术的意象与中华民族的文化意识、民族心理、思维方式密切相关,深受儒道释文化的影响。从画像石、画像砖到墓室壁画,汉画的意向性表达形式多样,包括以意表象、以象得意和意象相应等。

汉画的线条造型是其另一重要特点,它是中国绘画的优秀传统之一。线条的参差离合、大小斜正、肥瘦长短、俯仰断续等属性的统一,展现了其独特的表现力。汉画的线条充满生机,轻捷灵动,形态奇逸,如淮北萧县出土的《神龙迎宾图》中,龙的线条流畅、生动,充满升腾之感。

体积与空间是汉画的又一特点。汉画借助线条的虚实、强弱、粗细等对比,形成一定的空间立体效果,尤其在质感表现上,线条的凝重与光润展示出不同的质感。

汉画的韵律节奏感表达也是其艺术魅力的一部分。线条的虚实、疏密对比,形成动态线与节奏线,平面装饰性极具代表性。这些特点为中国画的产生和发展奠定了坚实的基础。

(二)汉代壁画对后世艺术的影响

汉代壁画在中国绘画史上具有开创性的地位,其对后世艺术的影响深远。汉画的独特布局、线条造型,以及丰富的色彩应用,奠定了中国传统绘画的基础,并对后世壁画创作乃至整个中国传统美术理论与技法的发展产生了深刻影响。

汉墓壁画的突破之一在于构图方式。汉代壁画常见的平列式构图展现了秩序性与表现力,符合"经营位置"与"置陈布势"的画论。其散点透视的画面空间,使绘画从静态的位置关系发展为动态的空间变化,展现了更为丰满多样的画面效果。汉画的线条简洁流畅,轻重缓急,对后世"遒劲逸笔"的风格产生了启示。在创作题材方面,汉墓壁画的鸟瞰视角描绘社会情况,逐渐成了历朝墓室壁画题材的主流,并推动了具有情节性的宫室壁画创作。此外,汉画受阴阳五行学说影响,展现了"五色"与宇宙的协调搭配,形成了富有自然情感与伦理价值的艺术语言。汉人崇尚的"随色象类"为后世设色原则提供了基础。

汉画的影响延伸到现代,如北京故宫长春宫《红楼梦》壁画,描绘小说中的故事情节,采用了细腻的笔调和部分西洋画法,体现了中西画法融合的尝试。现代社会中,重彩壁画的形式发生了变革,内容上从传统宗教题材转向描绘新时代的社会生活和审美思想。如何在现代社会文明中传承和创新中国重彩壁画的传统,成了新一代壁画工作者的责任。

近代以来,中央美术学院等机构成立壁画专业,培养了大量壁画创作人才。1979年机场壁画的绘制打破了中国壁画领域的沉寂,标志着中国壁画的复兴时期的开启。如张仃、袁运生等艺术家的作品,展示了现代壁画的多样化发展。通过对传统颜料和载体的改进,现代壁画家在继承传统技法的同时,也尝试了使用新的材料和创作方式。例如,王文彬的《山河颂》结合了重彩与浮雕技法，产生了新的艺术效果。现代壁画的多样化，体现了中国重彩壁画的发展，壁画作品不仅是艺术创作的成果，也是民族文化精神的体现。

汉代壁画的影响不仅限于技法和材料的传承，更在于其精神和美学理念的延续。汉画的托物言志创作模式，对后世自然美欣赏与文艺创作产生了深远的影响，形成了中国绘画的一个重要传统。如今的壁画工作者在创作中继续探索和实践这些传统元素，使中国重彩壁画在新的历史时期焕发出新的生机和活力。通过这种传统与现代的结合，中国重彩壁画在全球艺术舞台上展现了其独特的魅力和深厚的文化底蕴。

（三）汉画像石艺术在城市雕塑中的应用

汉画像石艺术在城市雕塑中的应用，展现了中国古代艺术形式与现代城市美化的完美融合。汉画像石艺术不仅在国画、年画、雕刻等方面产生深远影响，而且在装饰艺术、城市雕塑、建筑外立面、公共设施表面等多个领域都有广泛应用。

在具体应用方法上，可分为直接表现应用和间接表现应用两种方式。直接表现应用中，汉画像石的艺术形式可视为浮雕范畴的一种，其凸出或隐现的雕塑语言，特别适合用于城市雕塑的设计与制作。例如，山东曲阜孔庙的汉画像石浮雕就是一个成功案例，其在雕刻技法和画面形象构成语言上，达到了雅俗共赏的审美效果，但在画面形象构图和具体造型上做了现代化的调整，更加符合现代人的审美需求。

间接表现应用则涉及对汉画像石艺术形式的深层次理解与领悟，如汉画像石的整体性和综合性，以及它在视觉形式、造型流畅性、简约构图等方面的独特性。城市雕塑设计在考虑整体性时，应结合城市文化背景，从而在城市雕塑艺术中创造出具有独特城市文化特色的作品。通过汉画像石的视觉内容在城市雕塑中的应用，可以使城市的审美意蕴更加鲜明。

以灵宝市城市雕塑函谷关道文化柱为例，该项目在设计与应用中将汉画像石艺术形式与城市雕塑设计理念相结合。道文化柱的设计考虑了城市历史文化和景观环境，通过对汉画像石构图与造型的现代化改进，使得文化柱既能展现道家文化和老子思想，又能适应现代城市审美和环境要求。

汉画像石的艺术形式作为中国传统文化艺术瑰宝，其在现代城市雕塑中的应用不仅是对传统艺术的保护和传承，也是对古代文化艺术的创新发展。通过在城市雕塑中应用汉画像石艺术，不仅丰富了城市文化的内涵，也为现代城市提供了独特的美学体验。这种探索和实践表明，汉画像石艺术在现代城市雕塑中的传承与发展是值得持续关注和深入研究的课题。

（四）新汉画的实践——传统与现代的艺术融合

新汉画，作为现代美术创新的重要突破口，展现了汉画艺术在当代的转化与发展。这种艺术形式不仅继承了古代汉画的经典元素，更是在现代艺术创作中引入了挑战和创新。新汉画从传统汉画中汲取灵感，融合了现代绘画技法，例如没骨画法、水墨交融，及中西色彩的结合，为汉画注入了全新的寓意和表现形式。

在新汉画的实践中，艺术家刘山岷的作品堪称典范。他的创作不仅展示了汉画符号的强大魅力，还体现了独特的韵律之美。在他的作品中，传统汉画的元素与现代艺术的表现手法相结合，展现了一种文化深厚且富有时代感的艺术风格。新汉画的出现，不仅展现了汉画的不朽魅力，还为中国画创新开辟了新的领域，体现了古代艺术与现代创新之间的持续对话。通过这种艺术形式的融合与发展，汉画的艺术精神得以在新时代继续发扬光大，为当代艺术界带来了无限的灵感和创新可能。

王阔海[①]作为新汉画的代表性艺术家之一，将两千多年前的汉画与西洋画完美结合，形成了当代独特的水墨画风格。杭州市工艺美术学校原校长王征对王阔海的评价表明了新汉画的重要性和影响力："王阔海的新汉画非常大气，不拘一格，很有品位。他的作品表现了大汉雄风，这与他个性的一致性，使他能够在中国画的众多创作者中脱颖而出，走出了属于自己的独特风格。"

---

① 王阔海：生于1952年，原名王克海，山东招远人，毕业于解放军艺术学院国画系。国家一级美术师，中国新汉画创始人。

马培童①的焦墨画同样是新汉画的优秀例证。他选择的题材丰富多样，包括吴哥窟佛教造像、秦始皇兵马俑、徐州出土的汉画等，他的笔墨善于创新，在形式上既展现了写实的风格，又融入了古代文字和图案的元素。陈传席②对马培童的评价强调了创新的重要性：马培童在焦墨画上的创新，发展了这一绘画形式，使其焦墨画具有特别的艺术风格，这是前人所未有的。

新汉画的实践不仅是对古代艺术的继承与致敬，更是对现代艺术创作的一次深刻挑战和创新。它将汉画艺术的博大精深与现代绘画语言相结合，创造出了新的艺术形式，为当代艺术的创新与发展提供了丰富的素材和灵感。新汉画作为一种艺术形式，其在传统和现代之间的对话与融合，为当代艺术的创新与发展提供了宝贵的经验和启示。通过新汉画的实践，可以看到中国传统艺术在现代社会中的生动发展，为当代艺术的创新提供了丰富的素材和灵感。

第二节　汉画在现代艺术领域的影响与应用

一、汉画的艺术性和民族性

汉画，作为中国古代艺术的重要组成部分，以其独特的艺术性和鲜明的民族性在现代艺术设计领域中占有重要地位。汉画不仅体现了汉代的社会生活、文化艺术和思想信仰，还展现了当时的生产科技水平。它包含壁画、帛画、漆画、器绘、画像石、画像砖、瓦当、铜镜等多种形式，这些丰富的图案和纹饰为现代艺术设计提供了宝贵的灵感来源。

在现代平面艺术设计、多媒体艺术设计、环境艺术设计以及工艺品设计

---

① 马培童：笔名守一，1956 年 7 月生，江苏沛县人。自幼酷爱绘画。师从程大利老师。2014 年，创立铜柱堂焦墨研究室。现为中国画院、惠州创作基地专职画家。国家一级美术师，中国非物质文化遗产传承人

② 陈传席出生于 1950 年，南京师范大学美术学院教授，博士生导师，中国美术家协会会员。在书画创作上重传统，格调高古，富书卷气，自成一家。

中，汉画艺术元素的应用应避免简单的直接拼贴，而应采取更为深入和综合的手法。例如，截取汉画中的图像作为造型元素，对汉画图像进行矢量简化或二次处理后再运用，将汉画与其他传统艺术形式相结合，或整合同主题的汉化资源进行优化利用，都是有效的方法。这些方法不仅能够保持汉画的原始魅力，也能使其与现代设计元素相结合，产生新的艺术效果。

汉画的艺术风格和雕刻手法对中国绘画、雕塑、版画，以及民间工艺美术都产生了深远的影响。目前，学术界在汉画研究方面主要集中于图案资料的汇集、分类、图形解读与鉴赏，侧重于背景、意义和文化内涵的分析。然而，在现代艺术设计中应用汉画元素的研究相对较少，这一领域的深入探究对于提升汉画艺术元素在现代设计中的应用价值具有重要意义。

通过现代艺术设计中运用汉画元素的案例分析，我们可以总结归纳汉画与现代艺术设计相结合的方法。例如，在某些现代建筑的外立面设计中，汉画的图案被用来增加建筑的文化气息和视觉美感；在数字媒体艺术中，汉画元素结合现代技术手段，创造出独特的视觉效果。这些实践表明，汉画的艺术元素不仅能够丰富现代艺术设计的内容，还能够促进艺术设计事业的繁荣与发展。

汉画的艺术性和民族性在现代艺术设计中的应用，不仅是对传统文化的传承和发扬，也是对现代艺术创新的有益探索。通过对汉画图案进行应用性研究，可以开阔设计思路，激发创新灵感，进而推动现代艺术设计的发展。

二、汉画艺术元素在现代艺术设计中的运用

（一）汉画在现代平面艺术设计中的运用

汉画的主要形式，如半浮雕的汉画砖、汉画石、瓦当等，多以转印的黑白单色图像呈现。尽管如此，其强烈的阴阳对比和精致的面线关系，仍然构成了现代平面艺术设计的宝贵资源。这些图案不仅体现了汉代艺术的独特风格，也为现代设计提供了丰富的灵感和创作元素。通过对这些古老图案的现代解读和应用，设计师能够在现代平面艺术设计中创造出既有历史感又具现代审美的作品。

1. 现代图书装帧设计

在现代图书装帧设计中，汉画元素的应用尤为显著。尤其是在涉及汉画考古、历史文化艺术的书，如《画像石鉴赏》和《美术考古与艺术美学》等，汉画的典型特征——古代艺术、民族艺术、历史文化，被广泛用作封面或插图设计。例如，鲁迅先生借用羽人驯龙图设计的《心的探险》封面，其曲线构图与文字的有机结合，成为现代图书装帧设计的典范。另一个例子是《美术考古与艺术美学》的封面设计，运用了汉画中的扶桑花图案，创造出优雅宁静的美学风格，与图书内容的主旨相得益彰。

许多汉画研究类和鉴赏类书常选取书中具有代表性的汉画图案作为封面，直观地向读者展示图书的精华内容，同时也充当了图书内容的宣传，省去了额外绘制封面的工作，直接凸显了图书的主题。这种设计方法不仅展示了汉画的艺术魅力，也为现代图书装帧提供了独特的视觉效果。

2. 现代邮票设计

中国邮政历来重视文化遗产在邮票设计中的应用，汉画作为我国重要的文化艺术遗产，也得到了邮票设计中的广泛利用。早在1956年，我国就发行了以井盐、住宅、射猎、农作为主题的汉画纪念邮票。1999年，再次发行了以车马出行、舞乐、嫦娥、荆轲刺秦为主题的系列汉画纪念邮票。这些邮票的图案描绘了汉画中丰富多彩的生活场景和历史故事，展现了汉画艺术的独特魅力。如图7-2-1：

图7-2-1　2008年奥运会期间发行的具有汉画特征的邮票

2008年，中国邮政为纪念奥运会从雅典到北京，发行了《奥运会从雅典到北京》的纪念邮票套票。其中一枚邮票上的图案特别引人注目，天坛上方的两个武士形象选自南阳汉画像石，与古希腊绘画中的勇士造型形成了对应。汉画中武士的矫健身姿，极好地体现了运动的主题，展现了汉画艺术在现代文化传播中的独特价值。通过这种艺术形式的运用，不仅彰显了中国文化的博大精深，也为全球观众呈现了中国文化的独特魅力。

3. 现代标志设计

汉画的造型艺术以其拙朴、深沉、简洁的特点著称，人物刻画形神兼备，栩栩如生。在汉画中，大量富有象征意义的图案，尤其是龙、凤、鹿、鹤等吉祥长寿的瑞兽形象，常被用于现代标志设计，尤其在保健品品牌中普遍可见。许多单位和机构依据自身性质和特点，挑选汉画中的典型图案作为标志的原型。

例如，北京舞蹈学院的校徽就采用了汉画像中"长袖舞"的形象。这种选择不仅体现了学院的艺术特色，还与汉画的优雅和流动性相呼应。同样，中国汉画学会的会标选择了汉画中的青龙图案，体现了学会的专业性和中国传统文化的底蕴。如图 7-2-2：

图 7-2-2 北京舞蹈学院的校徽

徐州城市的标志则选取了汉画中常见的车马出行图，并对其进行了时尚化和现代化的变形。这种设计借鉴了汉画图案简洁的块面形体组合和阴阳单色的配色方式，展现了汉画艺术在现代设计中的广泛应用和影响力。这些例子表明，汉画不仅是艺术的宝库，也是现代设计的灵感源泉。

4. 现代包装设计

在现代包装设计领域，汉画图案以其古拙、色彩厚重、大气的文字风格，以及抽象的造型，强烈的对比度和接近大自然的肌理效果，被广泛应用。这些特点使得汉画图案在包装设计中呈现出一种精致而贵重的整体感，特别适合用于礼品包装，以展现独特的民族气质和文化底蕴。

汉画图案的运用不仅增强了产品的视觉吸引力，还赋予了产品深厚的文化内涵和艺术价值。这样的包装设计能够有效地传达出产品的品质和独特性，同时也是对中国传统文化的一种传承和展现。通过巧妙结合传统元素和现代设计理念，汉画图案在现代包装设计中发挥了重要作用，为产品提供了独特的文化标识和视觉体验。

（二）汉画艺术元素在现代多媒体艺术设计中的运用

利用多媒体，由计算机辅助设计的汉画动画的影像形式有别于传统手绘动画的细腻精致，其对比精细的绘图方式、简洁明快的块面结构，可在视觉上达到复古效果，由于造型夸张色彩明快更适宜在网络、电视上观看，较容易被现代商业传媒的主要使用者及广大年轻人所接受和欣赏。

（三）汉画艺术元素在现代环境艺术设计中的运用

在现代多媒体技术的辅助下，汉画动画呈现出与传统手绘动画截然不同的视觉风格。利用计算机辅助设计，这些动画展现了对比精细的绘图方式和简洁明快的块面结构，使得作品在视觉上达到了一种复古的效果。由于其造型夸张、色彩明快，这类动画更适宜在网络和电视上观看，容易被现代商业传媒的主要使用者及广大年轻观众所接受和欣赏。

南阳理工学院软件学院创作的动画作品《盘鼓舞》，以南阳汉画像石中的《舞乐百戏》为题材创作而成。这部作品不仅体现了汉画艺术的魅力，也展现了现代动画技术与传统艺术结合的创新。通过动画这一形式，传统的汉画以全新的方式呈现，既保留了原作的艺术风格，又加入了现代视觉艺术的元素，吸引了更多年轻观众的目光。

汉画动画的这种创新应用，不仅丰富了动画艺术的表现形式，也为传统文化的传播和创新开辟了新的路径。它证明了传统艺术与现代科技完美结合的可能性，为传统文化的现代表达提供了新的视角和思路。

（四）汉画艺术元素在现代工艺品设计中的运用

1.装饰雕刻设计

古人所倡导的"吉事有祥"理念，体现了对超自然力量的崇拜和对吉祥的祈求，这一理念在汉代逐渐演变为一种民俗。此理念在工艺品设计中占据重要地位，尤其在装饰雕刻设计中尤为显著。

2.装饰画装饰扎染设计

人们常相信象征吉祥的图案和物品能带来好运，因此在室内装饰中，常选用带有吉祥元素的挂饰。

2.现代工艺装饰画设计

汉画中的车马出行图和斗牛走兽等元素，在现代设计中被赋予了新的吉祥寓意，例如"出入平安"或力量与活力的象征。

3.装饰雕塑设计

许多现代装饰雕塑作品也融入了汉画艺术元素。雕塑作品《吻》（全称《中华第一吻》）的创意来源于汉画中的一对接吻人物形象。

汉画艺术元素在现代工艺品设计中的运用不仅体现了对传统文化的继承和发扬，也展示了传统艺术与现代设计理念的完美结合，为现代工艺品增添了深厚的文化底蕴和独特的艺术魅力。

三、现代设计中汉画艺术元素的运用方法

现代艺术设计长期以来对汉画元素的运用，虽受益于其考究的装饰风格和纯熟的造型技巧，但在创新上往往受限于传统模式。许多设计简单地采用图形直接拼贴的手法，缺乏创新性，这主要是由于创作意识的局限所致。传

统装饰图形经过几千年的传承和锤炼，表现技巧精湛娴熟，其基本形式几乎固化，这也增加了再创造的难度。因此，现代艺术设计在运用汉画艺术时，只有结合多种手法，才能产生良好的艺术效果，实现传统与现代的完美融合。

（一）汉画在现代设计中的直接应用

在现代设计中，直接截取汉画图像作为造型元素是一种常见的应用方式。这种方法保留了汉画的原始形态，不进行过多的装饰或处理，直接将其作为设计元素。这样的运用手法广泛出现在图书装帧设计、邮票和明信片设计，以及传统民俗产品的外包装设计中。它同样常用于具有强烈传统风格的企业、组织或单位的标志设计中。通过刻意保留的机理，这种设计增添了古色古香的传统韵味，强化了文化的历史感和艺术价值。

特别是以青龙、白虎、朱雀、玄武为主题的瓦当图案在这种设计运用中尤为常见。瓦当的造型本身就采用正圆形作为图案设计的边框，构图紧凑，主题明确，使其成为可直接运用于设计中的图形元素。这些图案不仅体现了汉画的艺术风格，还便于在现代设计中保持其独特的视觉效果和文化内涵。通过这种方式，汉画艺术元素在现代设计中得到了有效的传承和创新应用。

（二）汉画艺术元素的现代化转化与应用

在现代设计实践中，将汉画图像进行矢量简化或二次处理后再运用是一种常见的方法。许多汉画图形元素虽在设计时基本保持原貌，但为了使用的便捷性和适应现代设计的要求，通常会对原始图像的斑驳机理进行简化或消除。这种处理后的图形元素不仅保留了优雅古典的主体构图，还融入了现代设计的简洁明快特点，使其既具有历史文化的厚重感，又适应现代审美的需求。

这一方法尤其适用于现代标志设计和工艺品设计等领域。通过简化处理，汉画图像在现代设计中的应用变得更加灵活，图案的辨识性和操作性得到显著提升，更符合现代标志设计的需求。同时，这种方法也有助于保持传统文化的旺盛生命力，使传统艺术在现代社会中焕发新的生机和活力，为现代设计带来新的灵感来源。通过这样的创新应用，汉画艺术元素在现代设计领域中继续发扬光大，展现出其独特的艺术价值和文化魅力。

（三）汉画与其他艺术形式的结合

将汉画与其他传统艺术形式相结合，可以将原本局限于浮雕石刻和浇筑印模的画像砖、画像石中的汉画艺术解放出来，使其在更广泛的艺术领域中发挥作用。这种融合方式不仅限于传统的汉画艺术载体，还可以运用于木雕、扎染、年画等多种艺术形式，为传统艺术带来新的生命力。

从汉代以来，中国各个时代的装饰艺术都深受汉画的影响，特别是珍禽瑞兽、祥云佳木等寓意吉祥的元素，尽管随时间演变而发生变化，融入更多装饰手法和吉祥传说，但其核心设计元素保持着历史的连贯性。这一特点为不同艺术创作手法的结合提供了融合的可能，使得传统汉画艺术元素能够在多元艺术形式中得到创新和延展，进一步丰富了传统文化的表现形式和内涵。通过这种方式，传统的汉画艺术不仅被保留和弘扬，还与现代艺术创作相结合，展现出更加多样和丰富的艺术风貌。

（四）汉画资源的整合与创新应用

面对丰富的汉画资源，如南阳汉画中的星相主题，我们可以进行二次创作，通过分类和排序的方法整合这些原始的、孤立的、散乱的信息。例如，南阳汉画馆拥有众多星相主题的汉画，如伏羲女娲图、武士图、舞乐百戏图、车马出行图、拜谒图、斗兽图、羽人戏兽图等，这些作品提供了丰富的艺术元素和灵感来源。通过对这些作品的二次创作，可以模拟拷贝、截取某些形式要素，进行更高层次的创作。

汉画作为一种重要的民族文化艺术资源，其图案和纹饰具有鲜明的民族特色、历史感和文化内涵。汉画丰富的艺术造型和多样的表现手法是现代艺术设计的重要源泉。将汉画资源运用于现代设计和艺术创作领域，不仅有助于拓宽设计思路，还能促进艺术设计事业的繁荣和发展，实现传统文化与现代创新的完美融合。

四、汉画艺术与当代创作的深远影响

汉画，作为中国古代美术的瑰宝，展现了一种独特的艺术风格和深沉的文化底蕴。北宋的米芾在《画史》中赞誉汉画老子像具有"圣人气象"，这反映了汉画艺术的深刻内涵和鲜明个性。鲁迅先生也认为，汉石刻之美在于其恢宏的气势，而唐石刻则技艺流畅。汉画艺术的魅力在于其劲健、变形、运动、充实和装饰之美，这些特质赋予汉画一种原始而强烈的艺术表现力。

汉代美术的发展，不仅是艺术形式的进步，更是社会文化的全面映照。汉画题材广泛，涵盖社会生活的各个方面，从神仙祥瑞到历史传说，再到日常民俗，汉画无所不包。其表现手法的多样性，如质朴与华美、肖形与虚幻、工整与随意等，使得汉画成为一个多元且丰富的艺术领域。

汉画的艺术元素，如画像砖、画像石，不仅在艺术上独树一帜，还在社会内容和表现技法上具有独特性。这些艺术品成为后世研究的重要对象，其灵魂——图式和技法，流传至今，在佛教艺术造像和后代陵墓营造中得以延续。

当代美术创作中，汉画的精神和技法仍具有重要的启示意义。汉画中的夸张变形、动态表现力和视觉冲击力，对现代艺术创作提供了强大的灵感源泉。汉画不仅仅是历史的遗产，它在当代艺术中也继续发挥着其独特的魅力和影响力。汉画艺术的运用，既能为现代艺术创作提供鲜活的素材，也能激发对中华文化的自豪感和精神振奋。如此，汉画成为连接古老与现代，含蓄与张扬的桥梁，其在现代美术创作和设计中的应用，证明了其跨越时代的艺术价值和生命力。

第三节 汉画收藏与传播的独特价值

一、汉画拓片的收藏前景

汉画拓片，作为中国古代艺术的一种形式，融合了雕刻与绘画技术，被誉为"敦煌前的敦煌"。它不仅具有强烈的民族特色和丰富的文化内涵，而

且体现了汉代社会生活、生产科技、思想信仰和文化艺术的繁荣景象。由于历史久远和各种外界因素，目前多见的汉画作品主要是画像石和画像砖。

（一）收藏前景与价值

1. 艺术价值

汉画以其粗犷雄浑的艺术风格、古拙质朴的美感，或为中国古代美术宝库中的瑰宝。北宋米芾在《画史》中评价汉画老子像："汉画老子于蜀都石室，有圣人气象"，体现了汉画在艺术表现上的"深沉雄大"。鲁迅也认为汉人石刻深沉雄大，反映出汉画艺术的独特魅力。其特点可概括为劲健之美、变形之美、运动之美、充实之美和装饰之美。

2. 收藏前景

汉画拓片在艺术收藏市场上分为普通收藏与专业收藏两种类型，各有不同的收藏目的和价值定位。普通收藏主要基于个人对艺术品的喜好，以及对生活环境的美化需求。这类收藏往往更注重个人审美和装饰价值，收藏者可能更多地受到作品的视觉吸引和个人情感的驱动。

专业收藏则更加侧重于汉画拓片的艺术和学术价值。专业藏家在选择拓片时，会关注作品的历史背景、艺术成就和独特性。这类收藏者通常对汉画有深入的了解和研究，他们在收藏时不仅追求美学价值，更重视作品在历史和文化研究中的重要性。因此，具有代表性的、历史意义深远的、艺术价值高的拓片，特别是那些罕见或独一无二的作品，通常是专业藏家追捧的对象。

从长远来看，随着人们对传统文化和艺术认识的不断深化，汉画拓片的收藏市场有望得到进一步扩展和提升。无论是普通收藏还是专业收藏，汉画拓片都具备了持续受到关注和欣赏的潜力，预示着它在未来的收藏市场中具有广阔的发展前景。

（二）收藏策略与注意事项

1. 鉴别真伪

由于市场上伪作的泛滥，收藏者需要具备辨别真伪的能力。汉画拓片收藏要求收藏者有清晰的目标和强烈的责任感。例如，民国时期孙文青等学者的阐释，提高了人们对汉画的了解和鉴赏水平。收藏汉画拓片时，重视历史和艺术背景，培养鉴别知识和经验，才能使收藏更具价值。

2. 经济支持

汉画拓片的收藏不仅需要独到的眼光和艺术鉴赏能力，同样需要一定的经济支持。对于刚入门的收藏爱好者，理智的做法是从价位相对较低的汉画拓片开始，这样可以在不承担太大经济风险的情况下逐步提升自己的鉴赏能力和收藏水平。

对于有经验和财力的资深藏家来说，追求高价值、艺术价值显著的精品和孤品是一个值得考虑的方向。这类作品不仅在艺术和学术上具有重要价值，而且在长期的收藏中往往有更大的价值增长潜力。但同时，这也意味着更高的投入和更大的风险。

收藏汉画拓片需要将对艺术的热爱与经济实力相结合，特别是对于高价值的汉画拓片，更需要精确的市场判断和充分的资金储备。因此，无论是初学者还是资深藏家，都应根据自己的经济能力和收藏目的，谨慎选择合适的收藏策略。

3. 文化价值

汉画拓片的收藏不仅是对物质价值的积累，更重要的是它在文化和艺术修养方面的显著贡献。这些艺术品的收藏可以使人心灵得到愉悦，提升个人情操，并在感官享受的同时，增长古代文化的知识，加深对古代文化的理解。通过收藏汉画拓片，收藏者能够更深入地接触和理解汉代的社会生活和文化艺术，从而实现对古代文明的传承与弘扬。这种收藏活动不仅是对历史的一种尊重和致敬，更是对当代社会文化多样性的一种贡献和丰富。因此，汉画拓片的收藏价值远远超越了其物质层面，成为连接过去与现在，传统与现代的重要桥梁。

（三）收藏的社会意义

汉画拓片的收藏，不仅是对中国古代文化的传承和弘扬，也是对现代社会的一种艺术教育和文化启蒙。它可以帮助人们更深入地理解汉代的社会生活、文化艺术，并从中汲取灵感和智慧。随着收藏者对汉画的深入了解，汉画拓片的艺术价值和收藏价值将进一步凸显，为中国古代艺术的研究和传播做出贡献。

汉画拓片的收藏是一个结合艺术鉴赏和投资回报的复杂过程。收藏者需要具备良好的艺术修养、鉴别能力和合理的投资策略。随着市场的逐渐成熟和收藏者的不断涌现，汉画拓片无疑将成为艺术收藏和投资市场的一大亮点。

二、汉画拓片的文化魅力与市场价值

汉画拓片的收藏逐渐成为现代社会中的一种时尚趋势，反映了人们在物质生活改善后对精神文化的追求。作为中国汉代贵族阶级在墓室、祠堂等建筑石材上雕刻的绘画艺术品，汉画展示了汉朝的生产生活场景，强调对景物和人物的细致描绘。这些作品以浅浮雕和阴线雕刻技法呈现，构图饱满而简洁，富有深沉、简朴的艺术风格，同时兼具极高的艺术欣赏价值和历史研究意义。

汉画拓片不仅赏心悦目、能陶冶情操，还能丰富知识、提升文化艺术修养，并为藏家带来投资增值的可能。汉画的艺术风格粗犷雄浑、造型古朴，是中国古代文化艺术宝库中的璀璨瑰宝，凝聚着匠人的惊人想象和卓绝创造力。汉画拓片的制作过程保留了原作的细节和质感，使得每件拓片都具有独特的艺术韵味和历史价值，对当代人提供了丰富的汉代社会生活和文化艺术的洞察。

随着收藏市场的开拓发展，汉画拓片日渐受到更多人的青睐，其文化底蕴和艺术光华吸引着众多收藏者，包括外国友人，展示了其艺术魅力和潜在的收藏价值。因此，收藏汉画拓片不仅是一种物质投资，更是一种文化和艺术的探索和享受。

汉画艺术，源于秦汉时期，标志着中国古代艺术的一个重要发展阶段。这一时期的汉画以其丰富的内容和多样的表现手法，在我国美术史上占据了重要地位。汉画的特色在于其简约而粗犷的风格，凸显了线条的重要性，线条不仅构成了物象的基础，也赋予了艺术作品独特的视觉效果和深刻的文化内涵。这种艺术形式的出现，推动了我国绘画艺术进入一个新境界，形成了具有鲜明民族特色的刻画艺术。汉画的雕刻艺术在简单中见精妙，以浅浮雕兼阴线刻技法为主，既省时省力，又不失艺术效果，反映了汉代艺术家们对美的独特理解和创造力。

汉画拓片作为中国汉代的重要造型艺术之一，一直受到藏家的推崇。市场上的汉画拓片主要有三种形式：原拓、翻模拓片和仿制原石拓片，其中原石或原石翻模制作的拓片由于其文物价值，市场价格及收藏价值最高。汉画拓片的收藏不仅是对艺术的欣赏，也是对文化的传承，吸引了众多国内外藏家的关注。

收藏汉画拓片需要明确目的和强烈的责任心，不仅出于对民族文化、民间艺术的热爱，还要有耐心和恒心。初次涉足汉画拓片收藏的人应理性对待收藏的价值，除特色精品外，不宜盲目投资高价藏品。重要的是提高鉴别能力，防止购买伪品。

汉画拓片的收藏市场随着人们对其文化价值的认识逐渐升温。因其深厚的文化性和艺术性内涵，汉画拓片成了收藏和投资的亮点。收藏者需要跨地区了解市场行情，对收藏品进行深入研究和鉴别。汉画拓片投资决策需谨慎，结合艺术价值和市场趋势，进行综合分析和科学决策。

在汉画拓片的收藏过程中，个人的兴趣、知识积累和学术探索至关重要。随着收藏群体的扩大和市场的繁荣，汉画拓片的收藏价值和投资潜力将不断显现，成为收藏界的新焦点。通过收藏汉画拓片，人们不仅能获得艺术和精神上的享受，还能为传承中国传统文化做出贡献。

三、汉画收藏与陈列

汉画艺术，相比青铜、佛道艺术、书画、陶瓷等，海外流失量最小，最重要的作品几乎全部保存在中国大陆。汉代壁绘墓的重大发现，大多在新中国成立后，其中包括画像石、画像砖、漆绘等，这些发现大多通过考古发掘获得，归属于国家博物馆和文博单位。我们今天能深切享受汉画带来的视觉和精神享受，得益于众多博物馆和陈列馆的贡献。

在画像石、画像砖的收藏方面，辨别真伪是主要问题。画像石、砖及其拓片的收藏，主要由公有的文博部门负责。由于盗墓等非法行为，一些汉墓画像石、砖流入社会，最终多数流向公私博物馆、陈列馆成为藏品。但这也为伪造假货提供了机会，公私收藏者面对这些真伪混杂的画像石、砖，唯一的对策就是提高鉴别能力。经过数十年的努力，收藏界基本守住了自己的阵地，画像石、砖的公私收藏现状较好。

汉画艺术的保存状况表明，中国在保护和传承自己文化遗产方面取得了重大进展。这不仅对学术研究提供了宝贵资料，也为普通公众提供了接触和欣赏这一重要文化遗产的机会，增强了对民族文化的自豪感和归属感。

汉代壁绘，作为汉画中的重要组成部分，其保存和收藏的复杂性主要体现在保护上。这些历经2000多年的艺术作品，能保存至今的仅占极小比例。一旦考古挖掘，原本与环境保持自存均衡的壁绘面临氧化、变色和脱落的风险。目前的保护办法主要是完成考古工作后回填，这虽很无奈却是常见做法；条件允许时剥离保存，但目前尚无万全之策保证其真实性；在原址保存，依赖环境条件，结果不一。

壁绘的这种特殊保存状态意味着，同一作品在不同时间观看会有明显的差异。虽然现在普遍采用数字技术记录，但因技术、条件差异，记录结果的准确性仍是问题。从文博考古部门出版的资料可以看出，如何有效延长汉墓壁绘的生命、使其成为现代人的精神食粮，是个重大挑战。出版精美的相关作品，可能是扩大其传世性和广泛性的一种有效方式。

汉代留下了丰富的文化遗产，其中汉画作为重要组成部分，在全国各地的汉墓中有大量出土。中国的汉画陈列几乎遍布全国，包括许多专题性的汉画馆和博物馆。较为知名的包括河南南阳汉画馆、江苏徐州汉画像石艺术馆、山东滕州汉画像石馆、山东青岛画像砖博物馆、陕西西安秦砖汉瓦博物馆等众多省市级博物馆内的汉画专题陈列。中小规模的如山东微山、山东嘉祥武氏祠、河南新野、陕西榆林等处汉画像石、砖陈列馆。全国各级博物馆，不少设有汉画专题陈列，如北京故宫博物院铭刻馆、山东博物馆、山东邹城市博物馆、山东临沂市博物馆、河南博物院、河南洛阳市博物馆、河南洛阳古墓博物馆、陕西省考古博物馆、四川博物院、重庆中国三峡博物馆、安徽淮北市博物馆、安徽萧县博物馆、湖南省博物馆、湖北江陵博物馆、江苏扬州博物馆等等。

　　这些陈列馆虽然只展出了部分出土的汉画实物，但已足以让观众深刻感受到汉代的文化魅力。配合相关的出版物，观众可以更全面地了解汉代的艺术和文化，感受汉代的历史风貌。通过这些展览和资料，汉画的独特美感和历史价值得到了广泛的传播和认可，成为连接古今、展现中华文化深厚底蕴的重要途径。

参考文献

[1]王充.论衡 [M].杭州：浙江古籍出版社，1998.

[2]王充.论衡 [M].上海：上海人民出版社，1974.

[3]（汉）桓宽.盐铁论 [M].杭州：浙江籍出版社，1998.

[4]马汉国.微山县画像石精选 [M].郑州：中原出版社，1994.

[5]高书林.淮北汉画像石 [M].天津：天津人民美术出版社，2002.

[6]高文.四川汉代画像石 [M].北京：人民美术出版社，1998.

[7]建中，闪修山.南阳两汉画像 [M].北京：文物出版社，1990.

[8]文灿，刘松根.河南新郑汉代画像砖图 [M].上海：上海书画出版社，1993.

[9]南阳汉代画像石编辑委员会.南阳汉代画像石 [M].北京：文物出版社，1985.

[10]班昆.中国传统图案大观 [M].北京：人民美术出版社，2002.

[11]周积寅.中国画论辑要 [M].南京：江苏美术出版社，1985.

[12]魏建明.汉代画像石的意象造型方式特点浅析 [J].艺术研究，2007（4）：62-63.

[13]刘尊志.考古资料所见汉代一般家庭中附属人员的类别 [J].天津师范大学学报（社会科学版），2022（283）：122-128.

[14]信立祥.汉代画像石综合研究 [M].北京：文物出版社，2000.

[15]贺西林.从长沙楚墓帛画到马王堆一号汉墓漆棺画与帛画 [C]// 中国汉画学会第九届年会论文集：（上）.北京：中国社会出版社，2004.

[16]陈锽.楚汉覆棺帛画性质辨析 [C]// 中国汉画学会第九届年会论文集：上.北京：中国社会出版社，2004.

[17]杨孝鸿.从西汉的升天到东汉的升仙 [C]// 中国汉画学会第十届年会论文集.武汉：湖北人民出版社，2006.

[18]杜少虎.天人感应拙笔妙彩 [C]// 汉文化研究.郑州：河南大象出版社，2004.

[19]姚智远，徐蝉菲.儒教神学对两汉之间丧葬画像的影响 [C]// 中国汉画学会第十届年会论文集.武汉：湖北人民出版社，2006.

[20]阎根齐，欧少娟.论汉墓壁画"乘龙升仙"主题思想 [C]// 中国汉画学会第十届年会论文集.武汉：湖北人民出版社，2006.

[21]蒋英炬，杨爱国.汉代画像石与画像砖 [M].北京：文物出版社， 2001.

[22]南阳地区文物队.唐河汉郁平大尹冯君孺人画象石墓 [J].考古学报，1980（2）：239-262.

[23]管恩洁.论白庄汉画像石墓的价值 [C]// 中国汉画学会第九届年会论文集：上.北京：中国社会出版社，2000.

[24]王建中.汉代画像石通论 [M].北京：紫禁城出版社，2001.

[25]郑清森.略论商丘汉代画像石的产生、发展与分期 [C]// 中国汉画学会第九届年会论文集（上）.北京：中国社会出版社， 2004.

[26]杭间.中国工艺美学史 [M].北京：人民美术出版社，2007.

[27]詹郭鑫.神灵与祭礼：中国传统宗教综论 [M].江苏：江苏古籍出版社，1992.

[28]李发林.汉画考释和研究 [M].北京：中国文联出版社，2000.

[29]绥德汉画像石展览馆.绥德汉代画像石 [M].西安:陕西人民美术出版社，2001.

[30]李林，康兰英，赵力光.陕北汉代画像石 [M].西安：陕西人民出版社，1995.

[31]周保平.对汉画像石研究的几点看法 [J].东南文化，2001（5）：32-37.

[32]罗二虎.东汉画像中所见的早期民间道教 [J].文艺研究，2007（2）：

121-129.

[33]赵超.汉代画像石墓中的画像布局及其意义[J].中原文物,1991(3):7.

[34]朱存明.汉画像的象征世界(前言)[M].北京:人民文学出版社,2005.

[35]朱存明.汉画像的象征世界[M].北京:人民文学出版社,2005.

[36]陈江风.汉画与民俗[M]长春:吉林人民出版社,2002.

[37]寻胜兰.新民族图形[M].北京:中国建筑工业出版社,2009.

[38]潘祖平.设计的第一要素——信息[J].创意与设计,2010(6):74-76.

[39]黄宛峰,刘太祥等.河南汉代文化研究[M].郑州:河南人民出版社,2000.

[40]马静娟,龙华.汉画像石装饰图案释读[J].文物世界,2014(6):3-8.

[41]李发林.汉画考释和研究[M].北京:中国文联出版社,2000.

[42]杨絮飞,李国新.汉画学[M].郑州:河南大学出版社,2013.

[43]朱存明.汉画像之美——汉画像与中国传统审美观念研究[M].北京:商务印书馆,2011.

[44]陈显泗.中原文物丛谈[M].郑州:中州书画社,1983.